SD選書 260

環境としての建築

建築デザインと環境技術

レイナー・バンハム 著
堀江悟郎 訳

鹿島出版会

THE ARCHITECTURE OF THE WELL-TEMPERED ENVIRONMENT
by
Reyner Banham

This translation by kind permission of Mary Banham
Japanese edition published by arrangement through The Sakai Agency
本書は一九八一年に刊行した同名書籍の新装版です。

再刊に寄せて

相良和伸

建築を目指す学生に薦めたい。

今回、ＳＤ選書として再刊されることで、学生にも手軽に読めるようになったこの機会に、とくに将来意匠設計に携わりたいと考えている学生にはぜひ目を通しておいてほしい書物の一つである。

本書では、目覚ましい発展を遂げつつあった環境制御技術が、近代建築の流れのなかでどのような役割を果たしてきたのかが明らかにされている。ル・コルビュジエやフランク・ロイド・ライトなどの近代建築の大御所たちが、急速な技術の進歩に直面し、四苦八苦し、また、うまくそれを取り入れてきた様子が描かれている。

ほんの少し内容を紹介しよう。

ル・コルビュジエが設計したある住宅の居間についてみると、昼間は、窓と壁を巧妙に配置することによって自然光によるすばらしい昼光照明がなされている。その反面、夜間照明は、天井真ん中に取り付けられた裸電球のみであった。あまりにも強い光を出していたために、作品集に掲載する写真の原板感光剤を焼いて穴をあけてしまい、手描きで写真を修正しなくてはならなかったというエピソードが紹介されている。これは、機能を隠さず表に現すべきという当時の風潮が行き過ぎた結果の例であろう。

また、ヨーロッパを中心としたインターナショナル・スタイル（国際様式）の流れとは一線を画していたフランク・ロイド・ライトについては、一連のプレイリー住宅を取り上げ、その環境制御への取り組みを高く評価している。最後のプレイリー住宅の一つであるベイカー邸では、居間の巨大な張り出し窓が、換気、日陰、暖かさ、明るさ、腰かけ、緑葉、眺望、草花、そしてプライバシーを提供しており、この豊かな環境的性能が、どんな新しい技術にもよらずに達成されている。一方、当時一般的となっていた温水暖房装置については、張り出し窓のために一番大きい放熱器が設置され、居間の両側の高窓のために温水配管からの放熱量がうまくバランスするように考えられていたことが紹介されている。

本書は、環境制御技術が近代建築に大きい影響を与えてきたことを初めて明らかにした建築歴史書だといわれている。ここで扱われている環境制御技術は、十九世紀以前の裸火による照明と暖房から、配管による蒸気暖房や電灯の発明・電力供給を経て、大規模な建築や快適な住宅を可能とした技術、宇宙服の生命維持装置に至るまで、大変幅広い時代範囲について論じられている。原著の初版が出された一九六九年の時代背景としては、日本では大阪万博開催を翌年に控え、世界的にはオイルショックが一九七三年であったことを考えると、まだまだエネルギーが使い放題であり、省エネルギーや省CO_2などは全く考慮されておらず、技術的進歩が全面的に賞賛されていた時代であったといえよう。

しかし、今日のエネルギー関連技術についていえば、オイルショックを経て、省エネルギーの重要性を身にしみて感じることになり、それ以上に、東日本大震災を契機として、エネルギー供給がストップすることまで視野に入れた事業継続計画（BCP: Business Continuity Plan）まで求められる時代となっている。さらに、昨今の地球温暖化に関しては、わが国のCO_2排出量の三分の一は住宅や業務ビルの建設と運用エネルギーに伴う排出であるといわれており、建築分野における省資源と省エネルギー対策は世界規模での社会的要請となっている。一方では、急激な情報処理技術の発展に伴って、これまた、急激な通信技術の発展が続くことになり、今では多くの人がスマートフォンを駆使して様々な形でのコミュニケーションを享受することが可能となっている。このような時代の建築はいったいどうあるべきであろうか、本書から何か良いヒントを見つけることができればと思うが、いかがであろうか？

本書は、「訳者あとがき」に触れられているように、堀江悟郎教授が大学院の輪読会テキストとして十年以上使ってきたものを、機会があって訳書としてまとめられたものである。私自身、大学院修士課程に在学中（一九七四－七六年）に輪読会に参加しているが、とにかく英文が難解で苦労したことを今でもよく覚えている。その後、名古屋大学に助手として赴任してからも個人的に読み進めて、少しでも堀江先生の翻訳作業のお役に立てればと、少し粗訳がまとまるごとに先生に原稿をお送りすることを続けていたが、最近の若手教員の忙しさに比べて、自分の時間がたっぷりとあった古き良き時代であったと感慨深いものがある。ただ、現実的には、私は建築の学生とはいっても環境・設備系研究室の出身であったので、バンハムの、いわゆる文学的表現ということかも知れないが、皮肉的な言い回しに振り回されて、日本語に訳してみても何が何だかという状態で、かえって堀江先生にご迷惑ではなかったかと今更ながら申し訳なく思っている。

本書では、堀江先生のお考えもあって、できるだけ原文に近い翻訳を心がけられているために、テンポ良く読み進めることは難しいかも知れないが、周辺も含めて少し俯瞰的に眺めて読むと理解しやすいと思われる。また、逆に、ざっと目を通すだけでも様々な事例を通してバンハムの考え方に触れることができると考えている。

最後に、本書の邦題について触れておきたい。直訳すると「うまく調節された環境の建築」ということにでもなるかと思うが、これでは何となく間の抜けたタイトルだと堀江先生もずいぶんと悩まれたようである。最終的には思い切った超訳で、「環境としての建築」とされたことは、今日的に深い意味が込められていると思っているが、本書を読まれた皆さんはどのように感じられるであろうか？

（さがら・かずのぶ／大阪大学大学院教授）

二〇一三年四月

環境としての建築　目次

バディ・ボルドンが
　言うのを聞いた
あの窓あけろ
　汚れた空気は行っちまえ
あの窓あけろ
　汚れた空気を外へ出せ
あいつが怒鳴るのは
　そうきこえたさ

古謡

DTP　北田雄一郎

第一章　不当な弁明

世の中がもっと人道的にできていて、建築家の第一の人間的責任がどこにあるかもっとよくわかっていたら、以下の章は弁明の必要どころか書かれる必要さえ全然なかっただろう。建物を創り出す技法と実務を、知性的には別々とされる二つの部分——ひとつは構造、もうひとつは機械設備——に分けることができないということはずっと以前に明らかになっているはずだった。たとえ業界の習慣や請負の法令がこういう分割を強制しているように見えても、それはやっぱり間違いである。

建築に対する人道的考慮に立っても黙認できるような分割がかりそめにもあるとすれば、それは、生存しうる、または価値のある環境を作るような、基本的な生命維持体を提供する何らかの機械設備と組み合わされた構造部分と、人・情報および物資の循環と交流を容易にするような、また別の機械設備と組み合わされた構造部分とに分けることであろう。

ラジオのたれ流しが情報または環境的背景だと思われたり、配管を流れる温水が環境条件の維持や有用物資の輸送に寄与すると見なされるだろうという事実は、右に提案した分割をすることさえも重大な疑問にさらされているということをわれわれに警告しているはずである。しかし環境の建築を考察するという本書の目的にとってこの分割が正当であることが、議論の進むにつれはっきりしてくるだろう。

建築の歴史も、現在までに書き上げられたところでは、人類が建物を使用しまたそれから報われるということに関しては何の意味もない分割、つまり価値があり議論すべきだとされている構造と、今日まで歴史的考察からほとんど完全に除外されていた機械設備との分割に対して、まだ弁明や言いわけの理由を見てはいなかった。ほんの少し反省しさえすれば、建築史は居住に適した環境を創り出す技術的方法のすべてを網羅しなくてはならないということが、どんなに明らかに見えてくるかと思われるのに、現在手に入る本の中では、建築史が居住空間をつつむ構造によって顕現するその外形のみをほとんど専一に扱っているという事実は変わっていない。

それゆえ、この研究の主題というものは、それが議論の余地のないほど建物の外観に影響を及ぼしたときだけ、建築史家の注意に衝撃を与えたのであって、その最も注目すべき例はフィラデルフィアにあるルイス・カーンのリ

リチャーズ記念研究所、ペンシルベニア州フィラデルフィア、1961、ルイス・カーン設計。

ラーキン・ビルディング、ニューヨーク州バッファロ、1906、フランク・ロイド・ライト設計。

チャーズ記念研究所である。ルイス・カーンは機械設備を収容するのにモニュメンタルな外観の巨大さを与えることによって、設備の歴史の中で最近の革新のどれもがやらなかったやり方で、建築評論家たちの注意を無理やりこの主題に向けさせた。電灯とか吊り天井とか（革命的発明の二大例として挙げているのだが）によって建築のこうむった変化がどれほど深甚なものだったかは問題でなくて、その変化がただ外観には現われなかったという事実のために、建築史の中にはその居場所が与えられなかったのである。

なお、リチャーズ研究所において明らかに見られるものは、またバッファロにあるフランク・ロイド・ライトのラーキン・ビルディングにおいても、半世紀以上前に同様明らかに見られたのである。だのにこれはリチャーズ研究所における外部的設備工事の、ただの形式的な典拠だとして引用された例を除けば、ライトがこの機械設備の先駆的なシステムの外観に与えた力強いモニュメンタルな形を問題にした建築評論家はほとんどいない。

しかしこれほど意義深い建物に、これほど浅い興味しかないというのは、止むを得ないことでもあり予知できることでもあった。建築史の記述や解説の仕方というものは

——怠慢と学会の慣性のため——様式の起源以外のほとんど唯一の興味といえば、構造の分野における発明の首位争いをあげつらうことだけであるくらい、狭くなることを許されていた。この二つのうち、様式的起源の学問が支配的で、大量のいわゆる歴史的研究は、尖塔の頂点で釣り合う影響力の数についての中世の論争と同じくらいあるのである。

結果的には、建築の発展にきわめて強い関連をもつ歴史的話題の莫大な領域が、多くの建築学部や建築史学科で教えられてもいないし話されてもいない。その一部は建築の外側からのもので——後援や法による規制や職業組織など——他は内側からのもの——用途の変化や使用者の期待の変化や使用者の要求に奉仕する方法の変化など——である。後者の中でも機械による環境制御は、期待が変化したことを表示するものとしても、また昔から構造が最優位だったことに対する取り消しえない修正としても、最も明白で目覚ましい重要性をもつものであるが、最もわずかしか研究されていない。

だから、最初当面の研究をしらべはじめたとき、その意図は純粋に建築的な歴史を書くこと、すなわち建築家たちが何を機械的な環境制御の正しい使用であり開発であるとしてきたのかを考え、これが彼らの建物のデザインにどのように自己表示をしたのかを示すことであった。これを達成するためには、この制御法の純粋に技術的な歴史についてある程度の基礎知識が必要なことは当然だったが、しかもこの主題については包括的な研究が皆無であることを発見したのである。全領域を包含し、あるいは主題を尽くしているというので、私にしつこく推薦された一つの著作は、ジークフリート・ギーディオンの『機械化の文化史』一九五〇であった[注1]。しかしこれはそんな評判をうける値打ちの全くないことがわかった——それがこの議論の帰着しなければならぬ点である。

だが、一次的な資料（商用カタログ・職場での講演・専門誌など）の勉強を強化したおかげで、この主題についての見解がたいへん豊富になったことは間違いないが、この分野についての一般的で簡明な学問主体がないため、これらの読物から引出した見解がどれほど釣り合いのとれた包括的なものかを評価する機会がほとんどないということを、今ここではっきり言っておかねばならない。

多分事態はもっと深刻であろう。なぜなら研究主体の欠如は、技術面と同様建築の面でも釣り合いを失っているだろうことを意味するからである。こうして、たとえば「原初形態の美学に及ぼしたマルト・シュタムの製図様式の影響」とかなんとかいう題の尖塔頂点型の学位論文の平均的制作者が、学者ぶった人間として保証されている。その人は、ある時代ある場所で働いた一群の建築家の名声の釣合いに、思いきった修正を与えはじめているのかもしれないが、彼の修正しようとする名声には既知の釣り合いがすでに存在している。というのもアカデミックな仕事の継続主体が、講演やセミナーや学術論文などの評論によってその釣り合いを保持しているからである。

しかしこの仕事の継続主体の保証の外に一歩出れば、名声の釣り合いがないばかりか、名声そのものも存在しない。誰がほんとうの巨匠であり革新者であるのか、誰がただ天才の尻馬にのっかっているだけなのか、それを知る者はいない。近代建築史家に、誰がピロティを発明したのかときけば答えてくれるだろう。誰が（同じくらい重大な）回転扉を発明したのかときけば答えはない。フォン・ウェルスバッハ男爵、サミュエル・クリランド・デヴィッドソンとは誰か、ロンドンのレスタスクエアの「ウェストエンド」映画館のファサードで初めて仕とげられたのは何かときけば、たとえ答えられたとしてもたいそうあやふやであろう。それでもこれらはすべて近代建築の発祥に際して実際に起ったことがらのどんな歴史の中でも、脚注以上には値することなのである。

この主題に対するこういう無知と無保証の状態や、アカデミックな論文の全くの欠乏と貧困の中では、『機械化の文化史』の評判はわからぬでもない。環境と技術に対する聡明な観察によって、私の研究にたえずインスピレーションを与えてくれたジェームズ・マーストン・フィッチでさえ、彼自身の著作がいつもギーディオンの観察の浅くて思慮の足りない本質をあかしているという事実にもかかわらず、ギーディオンの本を「アメリカの技術の新しい顕著な研究」と述べている。

彼の本の真の罪科はその受け容れ方にある。著者のはかりしれぬ名声のゆえに、建築界は『機械化の文化史』を、将来の研究に対してほとんど無限の機会を開いた学問分野への試験的な発端としてでなく、権威ある決定的な声明として受け取ったのである。その刊行につづく二十数年の間に、注釈も、批評も、注解も、拡張も、破壊さえもされなかった。「ギーディオンは、ほとんど残らず言いつくした」と言われている。

この本はギーディオンが言わずにおいたことのほんの少しを表わしている。これもまた試験的な発端であって、その短所は研究が進むにつれて明らかになることは疑いないと思う。なぜなら、特にギーディオンのものと共通な少なくとも一つの欠点――「典型的なもの」という概念を使うこと――に悩まされているからである。

以下の章はすべてを尽しているわけではなく、したがって決定的なものではない。部分的な知識に照らすだけでは、確実性のある特定化はできないで、ただ希望的な典型化ができるだけである。すなわち、実際にできることと言えば、特別な時期になされた仕事の種類を指示し、その時期にその技法を用いた建築の種類を代表すると思われる特定の建物を選ぶことだけである。しかし百科事典的な知識もなく、研究や討論のための活動中の主体もない中で、最も典型的な建物とか、同じ点を例示する数多くの建物の中の最善のものとかを選び上げたという自信をもつのは、誠に困難なことである。誰が何を最初に思いついたかという正確な日付の首位をきめるのは、こういった情況のもとではなおむずかしいが、この点でもまたこの研究の文脈の中で、正確に決められたものよりむしろ典型的なものを使っていることが弁護されうるだろう。

ギーディオンと弟子たちが『機械化の文化史』の編集にあたって利用したもののうち、特許局の記録は、法的な発明の首位を文書で確実に決定するということはできるが、こういう正確な日付は建築史の研究には全く無価値だと思われる。建物というような実用的な芸術にあっては、創造的な霊感などは、カタログで発注して現場に配送されて構造物にとりつける、できのよい金物の利用性ほどの重要さもないのである。だから蛍光灯の初期の特許は建築史にとってほとんど重要でなく、およそ三十六年もたってから信頼できる蛍光管が市販されて利用されるようになったことが最終の帰結なのだ。もっとまぎらわしいのは、最初の空気調和の特許が下り、「空気調和」という新語が作られる二、三年前に、一つか二つの大きな建物が空気調和(何らかの意味で)されていたこともありうるのである[注2]。

こういう条件の中では、設置とか開発とかの絶対的な首位を確立しようと試みるのは、今のところ賢明ではないだろうし、発明の一番乗りにあまり注意をはらいすぎるのも要領の悪いことであろう。だから多くの場合、前向きの考え方と進歩的な実践とを合体させていると思われる建物で満足して、これをその時点でなされた最善の、または最も興味ある作品の典型だとするのは良いが、ギーディオンがライナス・イェールをヤンキー発明家の典型そのものの地位にまつり上げたことのうちに、暗黙に（あるいは明白に）見られる観念的な絶対というものの含みを、典型化の概念のせいにするのはよくないと思われる。以下の章の中で典型化を使用するのは純粋に解説のためであって、言及するために選ばれた建物は、「最初のもののうち」であるよりも、むしろその級の最初のものではないほうが多い。

また、こうとも考えられる。つまりこれは最初のものについてよりも大部分のものについての本であると。技術的な装置の発明と応用は、知的な論文の静的で理想的な世界のことではない。それは、仕上げ足りなかった者とやり過ぎた者との、競争的な相互作用によって推進される（または推進されてきた）ものであって——その二者が同一人のことさえあろう。なぜなら応用面でのいくつかの突破口は、それと一致する発明の突破口がなくても達成されているからである。しかし、なにがしか方法の極端性と個性の法外性とがなかったならば、何事も突破されなかったであろう。

ル・コルビュジエは一九二五年に「技術者は固定され、計算者として止まるべきである。なぜなら、彼の特別な正当性とは純粋理性の限界内に止まることだから[注3]……」と忠告しているが、事実は、もし技術者が、職業的な限界や社会的な慣習を無視して、彼らの片寄った偏執的な目標を追求する代りにこの忠告をきいていたら、ル・コルビュジエ自身の建物の多くは、建てることも住むこともできないものであっただろう。環境管理の機械化の歴史は極端主義者の歴史であって、でなかったらその大部分は決して起こらなかった。これら極端主義者の多くは建築家として登録されていないし、そう認められてもいないという事実は、彼らがわれわれの時代の建築に対して行った貢献の大きさを決して変えはしない。おそらくこのような人々が建築の歴史の中に適当な場所を見出すならば、建築の実践の中に彼らの適当な場所を見出すというむずかしい問題を解くのに、いくらか助けになるであろう。

〔注〕

1　Sigfried Giedion, *Mechanisation Takes Command*, London and Cambridge, Mass., 1950.（邦訳：機械化の文化史、栄久庵祥二訳、鹿島出版会、一九七七）

2　第九章参照。

3　Le Corbusier, *Urbanism*, Paris, 1926, p.48.（邦訳：ユルバニスム、樋口清訳、鹿島出版会、一九六七）

第二章　環境管理

残存する考古学的な証拠からみると、最も乾燥したところや極寒の地域を除けば、現在地球上で実際に人が住んでいる全ての部分で、人類は独力で生存できることを示しているように思われる。実効的な言葉は「生存する」ということであって、手・歯・足・および生来の知恵で武装しているにすぎない裸の人類でも、雪原や砂漠以外の地上のあらゆる場所において生きていられる生物であると思われる。しかしただそれだけにすぎない。たんに生きのびるだけでなくて繁栄するためには、赤手空拳、後押しなしの独力で行なう生存競争がゆるす以上の、くつろぎと余暇とが人類にとって必要である。

そのくつろぎと余暇の大部分は、直接の環境を制御するための技術的方策と社会的機構の展開から生じるもので、その制御とは、暴風雨に濡れず、冬には熱を夏には冷気を生み出し、音響的にも視覚的にもプライバシーを享有し、個人の財産や社交的活動をうまく整えるのに都合のよい場を所有するというようなことである。ここ百二十年ほどを除くすべての時代に、人類はこれらの環境改善を達成するために、得心できるような一つの方法だけで解決してきた。すなわち、重厚（マッシヴ）な恒久的に見える構造物を建てるということである。

このような問題に対する部分的な解決は、雨降りにはコートを着るという代替法で、いつもすまされてきた。つまり太陽を避けて天幕に入るとか、寒い夜は焚火のまわりに集まるというようなことである。しかしコートは愛想のわるい解決法であって、天幕は詮索ずきな目を避けるにはよいとはいえ、音響的なプライバシーには不足であり、焚

天幕の環境的行動。
1　天幕は風を避け雨をしめ出す。
2　大部分の輻射を反射し、内部の熱を保持し、日射熱を排除し、プライバシーを維持する。

火は、役にたつほどの広さの地面を住みよくするのに十分な熱と光とを用意することはできるが、あらゆる種類のプライバシーには役立たず、雨に対しては何の防護にもならない。

しかしこうした考え方をこえて、構造的な型の（着衣を含む）環境的補助手段と、焚火を原型とするような補助手段との間の基本的な相違に気がつかなくてはならない。その違いをたとえ話にしてみると、ある蛮族（たとえ話の中だけに出てくるような）が夕方野営地に着いて、そこで倒れた木材がたくさんあるのを見つけたとする。その木材の環境的な潜在力を利用するには二つの基本的な方法がある。すなわち風除けとか雨除けとかを作るのに使う――構造的な解決法――か、火を起こすのに使う――原動力（パワー）で処理する解決法――かのどちらかである。高貴な合理主義者から成る理想的な種族[注1]なら、利用できる木材の量をよく考え、夜にはどんな天気になるだろうか――雨降りか、風が強いか、寒いか――を予想し、それによって木材資源を処分するであろう。実際の種族は、先祖からの文化的傾向を受けついでいるからもちろんそんなことはせず、決められた習慣に従って火を起こすか小屋を建てるかのどちらかである。そしてこれは、この研究から分ってくるように、西欧の文明国の人々が、たいていの場合、今でも行なっていることである。

人々をこのようにしむける文化的習慣は、明らかにその種族とか文明とかが以前の経験によって取得したもので、その経験は苦しいものだったろう。資本の支出額からいえば、構造的な解決法は通常莫大なたぶん損害をこうむるほどの一回の投資となるであろう。一方、力（パワー）で処理する解決法は、どうしても減耗する資源の定常的な消費となり、それを補充することは困難である。大部分の「前技術的」社会は、燃料とかその他役に立つ原動力の資源が通常豊富でないので、上のような問題についてほとんど選択の余地をもっていない。この理由から、世界の建築を形成してきた今日までの全ての主な文明は、論証もできるし実際にも明らかなように、物理的・心理的双方の環境的要求を満たすためには、もっぱら重厚（マッシヴ）な建物を建てることにたよってきたのである。

その結果、文明国における建築家・批評家・歴史家・その他環境管理に関係のある全ての人々は、遊牧民なら常に享受していた空間体験や文化反応の領域を欠くことになった。重厚な構造という手段で環境を組織化する人々の文化は、自分たちが住んできたような壁・床・天井で限定された、境界で囲われたものとして空間を視覚化する傾向がある[注2]。この主張に対しては、明らかに留保や言いぬけもあるだろうが、これが一般的に正しいということは、建築家やデザイナーが、「自由な」あるいは「無限の」空間を、壁で囲まれた部屋に相当する長方形をもつものとして視覚化するという固執的態度など、多くの事例に見られるだろう――一九二四年のフレデリック・キースラーの「空間都市（シテ・ダン・レスパース）」はその明らかな一例である。

これに対して、堅固な構造物を造らない社会では、その活動を何か中心的な焦点――水溜り、日陰になる樹木、火、偉大な教師――の回りに集める傾向があり、外側の境界があいまいで、機能的な必要に応じて調節ができ、ほとんど規則的な形をもたない空間を住みどころとしている。焚火から出る熱や光は同心円状の実効的帯域を作り、火に近いところは一番明るく暖かくて、離れたところは一番寒くて暗いから、睡眠は外側の輪の活動であり、目を使う仕事は内側の輪に属するのである。しかし同時に、熱の分布は風によって偏り、煙のなびく風下側は好ましくなくなるので、快適性や必要性という他の対価によって同心円帯域は乱されてしまう。

こういった経験は、力（パワー）で操作される環境と根本的な関連があることがわかるだろうが、乏しい人類学的情報の保証以上にその帰結を追求しなくても、それらが建築の伝統のうちに現われてくるような経験ではないことが見てとれるだろう、力で操作される環境に大きなかかわりをもつ近代建築の伝統においてさえも。建築の伝統は、われわれが一般にその概念を理解しているように、重厚な構造による環境管理方法にたよっている社会や文化の中で作り上げられ

焚火のまわりの環境条件。
1　輻射熱および光の帯域。
2　温気および煙の風下へのたなびき。

たものである。さらに、前技術的社会では、ちょっとした水準の文明化した文化でさえ、これを作るのに必要な資源物資や設備の蓄積のためには、建築材料はあたかも貴重で永久的なものであるかのように取り扱われることが要求された。それは居住に適した環境を創り出すためばかりでなく、それを保持するためにも必要であった。屋根付き空間のたくわえのために列を作るような、物理的あるいは文化的に必要な機能が不足することはほとんどなかった。建物は永持ちするよう作られたし、また投入した労働力や材料の費えをもっともだとするほどの、長年にわたる避難所の性能という十分な見返りを生むために、そのように造られねばならなかったのである。

建築は、この重厚で耐久的な構造物を造り出すことを意図した芸術だと見なされるようになり、また建築自身をそのような芸術でしかないと職業的に見なすようになったのであるが、それが現在建築のもつ問題と不確実性との理由の一つである。社会は――国家の庇護とか市場操作とか、ふさわしいと見るどんな組織によってでも――人間活動に適合する環境の創造を規定する。建築の職業というものは、重厚な構造で枠組みされた閉空間の提案には反射的に反応するが、それは建築家がそうするように教えこまれてきたことだからであり、社会が建築家に期待するよう教えこまれてきたことでもあるからだ。

しかしこういう構造物には数々の根拠から異議が唱えられるであろう。文化的には目立ちすぎ、経済的には高価すぎ、機能的には改造が困難だとか、環境的には社会の要望する性能を履行する能力がないとかである。より技術的な社会が北半球に現われて、もっと赤道寄りに前進基地を作ろうとするにつれ、これら全ての異議はだんだん強くなった。しかし建築の専門職は、重厚な構造にさらに変種を加えること以上には何もしなかったし、これが環境問題を処理するのにただ一つの止むを得ない技法だといわんばかりに平常通り対応してきた。

ほんとうは、それは決してただ一つの止むを得ないやり方ではなかった。適当な構造なら夏に涼を保ってくれることはあろうが、どんな構造でも零度以下の温度で人を温めてくれることはないだろう。適当な構造なら眩しい太陽光線の影響を防いでくれるかもしれないが、どんな構造も暗くなってから物を見る助けになることはできない。一方、建築の理論や歴史や教育は、構造物が必要な環境管理を十分満たすという明らかさまな仮定に立って進んできたとはいえ、一般の人類は、何の補助もない構造物はすこしも適当でないという事を経験から常に熟知していた。力（パワー）というものは常に一年のうちのある部分、毎日のうちのある時には消費されなければならなかった。冬には火を焚かなければならなかったし、日が暮れればランプをともし、日中の暑い時には、扇子を使う筋力や噴水のための水力が使われた。

これら環境的力（パワー）のぎりぎりの消費のために、建物の設計には平面にも断面にもいくらかの用意——煙出しの煙突とか導水路など——をいつもそなえなければならなかった。アダム兄弟のような幾人かの建築家は、召使いがランプや燭台に点灯するための隠れた通路を備えるよう、平面の中の「置き忘れた空間」を巧みに利用した。しかしこういう用意は、費用としてもまた目に見える容積としても、概して取るに足らぬほどのものであった。建築はそれを脚注や付録ていどのものとして扱い続け（アルベルティの煙突についての寛大な見解にもかかわらず）、壁や屋根の重厚な構造物をその本領として固守することができた。

「重厚な（マッシブ）」という言葉は強調される値打ちがある。大部分の西欧建築が直接由来するところの地中海地方の伝統では、避難所（シェルター）に対する社会的投資を永久的——少なくとも耐久的——にするという要求に対して、通常それを重厚なものにすることで答えてきた。厚くて重い構造物は、嵐や地震でも容易にひっくり返らないし、火事や洪水でだいなしになることもめったにない。しかしこういう構築物は環境的な利点をもってはいるが、それがヨーロッパ文明の三千年の間にすっかり慣例的になってしまったので、全ての構造技術に固有のものだというふうに誤って考えられた。それで、「機械の時代」に対する未来主義的熱狂によって促進された軽量構造法にはそれがないとわかったとき、途方にくれた泣き言が生じたのである。

顕著な利点は音響的および熱的なものである。厚くて重い構造は音響遮断にも熱絶縁にもすぐれているし、同じほど重要な蓄熱容量にもすぐれている。重厚な構造のこの最後に挙げた性質は、ヨーロッパ建築を住みやすいものにすることでは、おそらく一般に認められている以上に大きな役割を果たしてきたのだ。与えられた熱を吸収して貯え、そして熱源がなくなったあとで環境にその熱を返すという重厚な構造の能力は、二つの仕方でヨーロッパ建築に役立ってきた。すなわち暖炉・煙突胸壁および煙突のどっしりした石積みは、日中火の燃えている間はその火の熱を貯え、夜に火が消えて寒くなったときに徐々にそれを家に返すという役立ち方であった。

あるいは、家の厚い壁は、暑い気候では室内が暑くなる速さをゆるめながら日中の太陽熱を貯え、それから日没後には、その熱は家の中へ放射されて夜の急激な冷えをやわらげるのに役立つだろう。同様な蓄熱効果は、通過をゆるされた光のエネルギーと、通路を阻まれた熱エネルギーとを区別する濾過器として、ガラスを用いるというもっと洗練された形で、普通の温室に使用されている。そしてこの全技法は、環境主義の巨匠ジョゼフ・パクストン卿が一八四六年に考察したチャツワースの「保存壁」にちなんで「保存」型環境管理と呼ぶのがよかろう。

この保存方式はヨーロッパ文化にすっかり染みこんだ規範となってしまったかの観がある。しかし、日常使用ではそれほどはっきりはしてなくとも、湿気の多いまたは熱帯性の気候ではいつも、徹底的に「選択」方式によって修正されなければならなかった。それはたんに望ましい環境条件を保持するためでなく、望ましい条件を外から入れるために構造物を用いる方式である。こうしてガラス窓は光をいれるが雨を入れず、庇は反射光を入れるが直射日光は遮り、ルーバー付の格子は換気空気を入れるが視線の侵入を排除する。

伝統的構造は利用する力（パワー）の「再生」方式の存在を十分認めることなしに、いつもそれを取りこまなければならなかったが、ちょうど同じように、右の二つの方式をも、その存在を認識していなくてさえ、いつも混合しなければならなかった。しかし伝統的なしきたりの中で、もしこれら種々の方式があまりはっきりと区別されるべきでないとしても、より保存的な解決法と、もっと選択的な解決法とを見分ける重要な地理的または気候的な理由があり、またこれら二つを本来再生的な解決法と区別する歴史的な分水界が存在する。

保存的方式は主として乾燥した気候に適しており、その中には地中海地方や半砂漠的条件などと同様に寒くて乾いた地方をも含んでいる。選択的方式は湿気の多い気候、特に熱帯において、最も高い必要度で用いられる。湿度は、ここでは緯度や温度よりもっと決定的な要因であって、そのことはアメリカ合衆国南部の伝統的建築にたいへん明瞭にうかがい知ることができる。湿気の多い南東部でのその建築の特質は、ジェームズ・マーストン・フィッチによって次のように要約されている。

一　高く上げた居住室の床……卓越風に最大露出を提供。

二　亜熱帯の太陽と雨をよけるばかでかい軽量日傘型の屋根。

三　傾いた太陽と吹き降りの雨から壁を守るための連続したポーチとバルコニー。

四　最大換気を得るための床から天井まである大きな扉と窓。

五　暑い日を心地よくするための高い天井、中央広間、通風のよい屋根裏。

六　換気とプライバシーのどんな組み合せでも提供するルーバー付よろい戸……など[注3]。

これは流動空気をとり入れるのに夢中になって、他の外環境のほとんど全ての面を排除する古典的性格の選択方式である。暑くて乾いた砂漠の南西部に普及している保存方式についてのこういう見事な要約は、まだこれから見つけねばならないが[注4]、その決定的な違いは即座に明らかである——屋内と戸外とを絶縁するための重厚な日干し煉瓦の壁と比較的小さな開口や、スペインの地中海地方の伝統から受けついだ日影の中庭など。ルイジアナのフランス風とミッション・スパニッシュのような、異なる文化的伝統のどんな部分が、環境的方法のこの区別に対する役割を果たしたにせよ、全体として地方的条件に適していなかったら、どちらも生きのびてはいなかったろう。そして地方的条件における決定的な違いとは湿度である。

環境管理に包含される全ての要因のうちで、湿度は、ほとんどの建築の歴史にとって、最も有害で、微妙で、制御しようにもとらえどころのないものであった。過乾燥気候での湿気不足は、水を撒いたり、蒸発損失を減らすのに日影を利用するなど、粗っぽく改善できるが、大気中から余計な水分を取り去るのは、全ての前技術的な努力では実際上できない相談であったから、それだけの余裕のある人々にとっては転地をすることはいつも道理にかなっていたのである。——インドの英国人がシムラのような高原避暑地へ出かけたり、肺病やみのニューヨークの実業家がコロラドに引っこんだりするように。

余分の湿気に対しては、今のところ力（パワー）を消費する再生方式の解決法のみが有効であるとされている。だから湿気の多い気候に対処する二つの主な方法の間には、地理的であるよりもむしろ歴史的な区分がある。先に述べたルイジアナ型の構造的解決法は、力(パワー)の技術とその制御法において、ある種の決定的な進歩が達成されてはじめて代替され得たのである。

これらの進歩は、環境技術の一般的革命の一部であるが、そのうちでも湿度の制御は発展が遅かった。そしてその革命の決定的な年というのがあるとすれば、それは一八八二年、電力の家庭普及の年である。すなわち、それまでの未熟な環境的進歩を強化し、空気調和のよりどころとなっている湿度制御のような、最近の洗練された進歩のために、本質的な基礎をつくり上げた達成の年である。第一の環境制御であった構造に、はじめて代替問題を持ち出し、再生方式を、保存方式および選択方式のつつましい侍女としてよりもむしろ危険なライバルとして導入したのは、この革命であった。

説明するのはむずかしいが、再生方式への最も活気のある進歩を見せたのが、重構造に専念することの最も少なかった「ヨーロッパ」建築の地域――北アメリカ――であったのは事実である。このことは、軽量なアメリカ風住宅を作った豊富な木材がまた、その家を暖める高性能のフランクリン・ストーブやランフォード暖炉に豊富な燃料を提供したという、単純な符合によるのかもしれないし、あるいはもっと直接的な因果関係があって、こういう板小屋の貧弱な熱性能が、高性能の早く暖まるストーブを環境上必要なものとしたのかもしれない。あるいは、このどちらかの提議よりもっと偶然に一致したような何かがあったのかもしれない――つまりこういう精巧なくふうが、その果たすべき性能の筋道とは何の関係もなく、ただ何かを発明しようとか、今あるものを改良しようとかということだけで発明されたというような。

何が起こったにせよ、十九世紀後半までに、北アメリカの人々は、代替の伝統となりはじめていた再生的な環境補助手段の展開のうちに、習慣と腕前を獲得していたことは明らかである。世紀が進むにつれて環境的な発明の中心が移行してゆくことのうちに、この発展しつつある再生方式の伝統の重要さが見てとれる。照明と暖房のための家庭用環境動力源としての石炭ガスは、純粋にヨーロッパで発達したもので、その設立の父祖としては、フランスではフィリップ・ルボン、ドイツとイギリスでF・A・ウインザー、イギリスではウィリアム・マードックである。しかし十九世紀末には、エジソンが電灯照明の、キャリアが空気調和の、真の親であることは疑問の余地がない。もちろん多数のヨーロッパの発明家が、これら再生方式の補助手段への手がかりに貢献してはいるが、実用システムへの発展はどちらの場合も純粋のアメリカの物語である。

単純に保存的および選択的な構造にたよるより、むしろ再生的な設備で動力を消費することによろうという環境管理の歴史は、少なくとも先駆的な局面では主にアメリカの歴史である。これは決して、ヨーロッパの建築家や発明家の器用さまたは決定を勝手に批判しているのではなく、それよりも合衆国の条件のもつ異常な問題と利点との反映なのである。その問題とは、どこでも極端な気候のところに、アメリカ人が木材で建てた軽量構造のもつ問題であり、利点とは、多くのアメリカ人が西方に向い、豊富な動力のある地帯にもちこんだ比較的軽量な文化のもつ利点であった。

これら全ての要件のうち、重厚な文化（物理的または比喩的に言って）というやっかい者がいないということが、一番重要であったようだ。アメリカ合衆国における出来事が、技術的にはヨーロッパにいくらも先行していないことが、どれほどしばしばあったかは驚くばかりだが、アメリカ人は自分が何をしているかをよく知っていて、そのためよりよい仕事をしたのだと思われる。後章でなされる比較に先行して、調整環境の建築の傑作、ラーキン・ビルディングを再び引用しよう。これは物理学的および生理学的事実では、その約二年前に完成したベルファストのロイヤル・ヴィクトリア病院ほどには進歩していないが、ロイヤル・ヴィクトリア病院で達成された進歩は、むしろ偶然のものと思われ、その建築としての質はラーキン・ビルディングとは同日の論ではない。

疑いなく、この質のちがいにはライトのそびえ立つ天才がおおいに関係があるが、しかしその天才は、再生方式の道具類の取扱いについての大きな経験の上に育ったもので、その経験は、開発の必要をはるかに強く確信していた文化の文脈の中で、ヨーロッパの彼の同時代人の誰が自慢するよりもはるかに大きかった。なじむということが決め手であることには一片の疑いもない。機械装置が手に入るようになるのと、建築家がそれを活発に利用するのとの間には、普通は時間の遅れ、ときには数十年もの遅れがあるのだ。

このことは、直接的には装置そのものの発達の問題とは関係が少なく、建築家が自分をそれになじませる必要のほうが関係が多い。建築家は、現実の物理的環境の創造者としての役割にあたって、注意深くかつ実務的でなければならない。たとえ機能不良をひき起こしたのが、施主自身の経験不足や浅慮のせいであったとしても、何かがうまくいかなければ、施主は決して許しもしなければ忘れもしないということを建築家は知っているから、何かを新しく基本的な用途に拡張しようという自信をもつまでに、ときには一世代の間でも、その使用状態を見ていなければならない。

だから、技術的潜在力はいつも建築的実施よりも先を走りつづける。この二つの間のギャップは、一般的には建築とはみなされない分野、たとえば温室・工場・輸送機関などにおける環境的な実験で、一般的にうめられている。空気調和をはじめて工業的に使用した時と、有名な建築家の設計した建築などに自信をもって採用された時とでは、四十年に及ぶへだたりがあるが、その長い期間には物理的な実験だけでなく、多くの思惑や突然の妙案なども同様に含まれており、その中で、ある特定の技術を最終的に建築に供用することを考えつくような、アイデアの風土が生まれるのである。

この思惑は哲学的あるいは専門的な真空の中では生じない。商業的・個人的利益が深く関与し、策略がめぐらされ、派閥がものをいう。こうして、技術側から現われるものの大部分は、公然または隠密の販売促進用文書であることがわかるし、建築側から現われるものは、しばしば施主向きの宣伝や、専門的自己批判や、あるいは芸術の将来の発展をねじまげようとする企てである

専門的興味をもたない夢想家の現われるところでさえ、パウル・シェールバルトと彼の本『ガラス建築』[注5]の場合のように、宣伝の目的は明瞭であり、世界を心のあこがれるものにより近い鋳型にはめようという意図は明白である。なぜなら、環境は人間を傷つけるところで人間と接するのであり——それはシェールバルトを深く傷つけた——、そのために、この主題の文書は非常に緊密に実用性と絡み合っている。こういう文書の多数は、建築図書の別の支流として、多分他と離して論じうるような性質と興味とをもったものなのだが、しかしそうすることは、それの現実性を奪うことになってしまう。以下のどの章も、ただ

理論だけに関係しているのでもなければ、たんに実用とだけ関係しているのでもない。述べられた言葉は、建てられた建物と同じように、技術と建築との密接な対話の中の交換であって、それは人間の歴史に生粋の再生的建築の可能性がはじめて出現した時期であるところの、本書の内容である時期を通じて、ますます密接で複雑になってきた対話なのである。

〔注〕

1　この種族はロージエの『エッセイ』とか、ル・コルビュジエの『建築をめざして』の中に出てくるような尊敬すべき祖先である。彼らのでてくるような基本的なたとえ話の変遷は、「理性の時代」からこの本にいたる間に、建築の技術的、社会的性質についてのわれわれの概念が変わりつつあることを、興味をもつ読者に見抜かせることができよう。

2　第七章中のパウル・シェールバルトの観察を参照。

3　*Architecture and the Esthetics of Plenty*, New York, 1961, pp.244-245. の中のエッセイ「The Uses of History」より。

4　ただし、南カリフォルニア大学のラルフ・ノールズと彼の学生たちは、メサ・バードなどインディアン部落住居の熱的性能について研究を開始した。

5　*Glasarchitektur*, 第七章参照。

第三章　暗い悪魔的一世紀

環境技術における根本的な改良がたどってきた道を理解するには、改良家や発明家の機械的好機や、文化的利益についての知識だけでなく、彼らが仕事をしていた雰囲気についての知識も必要である。「雰囲気」という言葉は文字どおり読まれるべきである。交通混雑についてと同様、大気汚染についてどんな不満が今日行きわたっていようとも、どちらも十九世紀の都市の情景において、顕著な悪だったという多くの証拠があるのをわれわれは忘れがちである。この両者を自動車のせいにする二十世紀半ばのわれわれの一般的な習慣は、これらを鉄道・工場システム、または他の流行の悪のせいにする十九世紀の習慣と同様、根本的な原因が、たんに限られた空間に人間を過密につめこんだことだという事実を無視している。一方、アリストテレスの言うように、「良い生活をするために都市に集まること」は人間にとって必要だったが、それらの都市は、人間が集まることのために、汚染や混雑の場所となるのが常であった。工業化の進んできた一九世紀の寄与は、さらに多くの人々をさらに高い密度に集中させることであり、また健康に対して避けがたい視覚的ならびに嗅覚的な形の脅威を与える新しい工業廃棄物によって、事態の重大さを印すことであった。

最も冷たい言い方をすれば、工業化社会における人間の労働条件および生活条件は、極度の緊急事で、しかも戸惑うほど新奇な環境問題を惹起した。住居地の絶対面積と人口密度とは、廃棄物処理の問題や流行病の脅威（しばしば悲劇的に実現された脅威）をもちこみ、強力な法律活動を呼びおこした。工場や鉱山のような場所における数多くの労働者やプラントの集中は、工場法やそれと同様の立法以上のものを要求した。衛生技術や換気技術が、急進的な発明によって革新され改良されなければならなかった。労働時間が長くなって、商店や事務所建築のような地上の建物でも、先例のないほど人工照明設備を（火災の危険も伴って）必要とした。そのうえ、工業および原始的な発電からの廃棄物による大気汚染と、人間の呼吸および照明源の不完全燃焼による室内の空気汚染とが対応して、この両者が、それがなくてさえほとんど耐えがたいほどなのに、ますます問題を悪化させるのに役立った。

しかし、照明源の燃焼が不完全だったことと、戸外の汚染物質の大部分が廃棄物だったというたんなる事実が、人道主義的な立法や汚染の犠牲者たちによる政治活動を伴うまでもなく、環境改善に対してもっと直接的で強制的な動機を与えた。この非能率と浪費とは、ある人には利益の損失を意味したが、その損失を軽減しうる才能に恵まれた発明家にとってはもうけの期待を意味した。視程のほとんどない、煙のとばりに蔽われたシカゴの二枚の劇的なパノラマ写真の下に、「浪費がいっぱい」という題で、暖房技術者M・C・ハイエットが一八九五年に宣言している。

マナドノック・ビルディングの十五階の窓から見下ろして、煙をはく煙突や洩れている蒸気を眺めている間に、右の主題（すなわち、浪費がいっぱい）を思いついた。なぜならこの主題の中には、光景に示される経済状態が表現されていたからである。シカゴ河を横切って、温水や蒸気が個々の建物の下水管から河へ排出されるのを見たり、街を歩いてマンホールから蒸気が洩れ出しているのを見るとき、「浪費がいっぱい」ということが心に着いて離れず、「こういう源泉からの不必要な浪費が、シカゴにとって毎日どれほどの費えになっているのだろうか、五万ドル？　十万ドル？」という思いが浮かんだ[注1]。

これだけではなく、明らかにこれに見合う人的資源の浪費もあった。どれほど多かろうと少なかろうと、十九世紀の製造所の持主や工場長らは、少年労働を消耗すべき必需品のように見なしていたが、その必需品はもし見ることも息をすることもできないなら、どんなに新鮮で無傷であっても役には立たなかった。ウィリス・キャリアの最も初期の工業用空気調和設備の一つは、葉巻工場に立ちこめるタバコのほこりをしずめる目的のもので、そこの条件があまりに悪いので、労働者の能率がひどく低下していたからだった。平均的な十九世紀の産業環境の不潔さは、今の二十世紀からすればほとんど信じられないくらいである。伝説も同様の、殺人的スモッグと絶え間ない煤の落下とは、娯楽産業によってシャーロック・ホームズの話の中の絵画的効果に生かされていた。さらに、精神分析の初期の文献にみられる強迫的な手洗行為の発生率は、こういう状態に耐えなくてはならなかった人々の心を、その肉体同様、大気汚染物がむしばんでいただろうことを暗示している。

もし無益な廃棄物を除去することが、環境の改善に対する一つの常在的な動機であったとするなら、もう一つは人間の生活のたんなる保全と、生存のための十分な健康とであって、結局はこれがより重要なものである。早くも一八六〇年代には、制御された環境――粗末な制御ではあったが――に働く人々と、それほど制御されない環境で働く人々との健康の違いは、公的に記録されるほどのものであった。アーネスト・ジェイコブは、その死後出版された『換気と採暖』の中で、ジョン・サイモン卿が枢密院に提出した報告を引用している。

その年（一八六三年）の田園地方の肺病の死亡者を一〇〇とすると、マンチェスターの死亡者は二六三を数え、リーズでは二一八であった。最大の死亡率は、印刷工や仕立屋など、大部分夜間に働くので強い光を必要とするために、たくさんのガスを燃やさねばならぬ人々の階級に発生した。他方、坑道の十分に換気されていたノーサンバランドとダラムの鉱夫たちが、この法則の貴重な例外となっていたことを、当時の統計が示している[注2]。

健康の保全が、環境的研究と改良に対するこれほど大切な動機だったのだから、この分野で医者の果たした重要な役割については驚くにあたらない。機会としてはどうであれ、今日、驚くに足るのは、医者の進歩的活動が建物の分野での直接活動を含んでいたということである。彼らの著書にはしばしば、建物の環境的性能に関する身近な実際的知識や、こういう事柄に対する建築専門家の見えすいた無関心についてのあからさまな軽蔑や、建物のデザインの改良に関する提案や、医者自身の手で改善された建物の構造さえもが、示されているのである。

だから、前述のジェイコブ教授は、彼が職業柄または個人的に訪れなくてはならなかった家の暖房や換気といった事柄については、それを建てた建築家たちよりも病理学者としてはるかに情報に通じているということを全く疑っていなかった。環境的事項に対する建築家の見解など彼は迷信よりましとも思っていなかった。

……ほとんどの場合、建築家たちは、場当たりの通風煉瓦や「ベンチレーター」と呼ばれる特許器具を導入することで満足している……真の換気はたいへん稀なので……建築家は窓のいくつかが開けられるようになっていれば、このことは達成できたものとふつう考えている。またある者は、「ベンチレーター」がありさえすれば、特にそれが長い名前をもっていて「女王陛下の公文特許」で保証されていれば、要求された目的は請合いだと思っている。

雨水を受けるために屋根に落し戸を作って、水を供給しているというのと同じようなものだ[注3]。

この最後の点は十九世紀後半の建築の一般的な状態との関係で、ある重要性をもっている。大部分の建物に、ダクトによる強制換気のどんなシステム（必要な場所に送れるよう十分な水頭圧のかけられたパイプの中の水に匹敵するような）も実際にはない状態では、空気の動きは、全体の建物構造の付随的な働きと外の気象条件とで出来上る、ほとんど制御のできない機能であった。つまり、一本の木の陰とか、戸を閉めることとか、予備の寝室にあかりをつけることなどが、辛抱できるかできないかの条件の違いをつくりだすだろうということである。付随的な設備における革新の効果について、ジェイコブはたとえばコンサートホールにおいては、

電灯が一般に使われるので、（ガスを用いた）サンバーナー——これはかつて照明の目的に用いられた——からの熱は今や換気には利用できない[注4]……

また、環境的補助としての外気象の利用については、

完全に静穏な日は、最大換気回数の要求される時であり、全ての風力駆動計画が失敗する時でもある[注5]。

ジェイコブ教授の薄い本の全内容は、換気の手順と熱の配分とについての、構造全体および居住者とその活動の全ての連帯という概念である。それは主として、牧師・教会建築委員会および教会建築家のための指導書として書かれた。彼の最も痛烈で特徴的な、知性的軽蔑と人道的同情とのまぜあわせを作り上げたのは、宗教上の儀式や勉学のための建物が環境的に不十分なことであった。

健康の法則を犯す一番の悪者は、教会の建物や他の礼拝所に対する責任者たちである。その理由は探すにも及ばぬくらい[注6]……

そして「建物まるごと」の環境の、見事な分析の例が続く。

教会は、まだ人々がつめこまれずお勤めも短くて、何よりもガスによる照明のなかった中世時代に決められた古くさい平面どおりに建てられる……。一般的には、身廊とその両側に側廊のある形に建てられ、クリアストーリー窓から採光される。これでは、内陣も含めて四つの高さの異なる天井をもつこととなって、屋根の高さで空気を排出するのがきわめて困難である。クリアストーリー窓は上昇してくる空気を冷やし、会衆の頭上に冷水シャワーのようにそそぎかける。屋根はけ

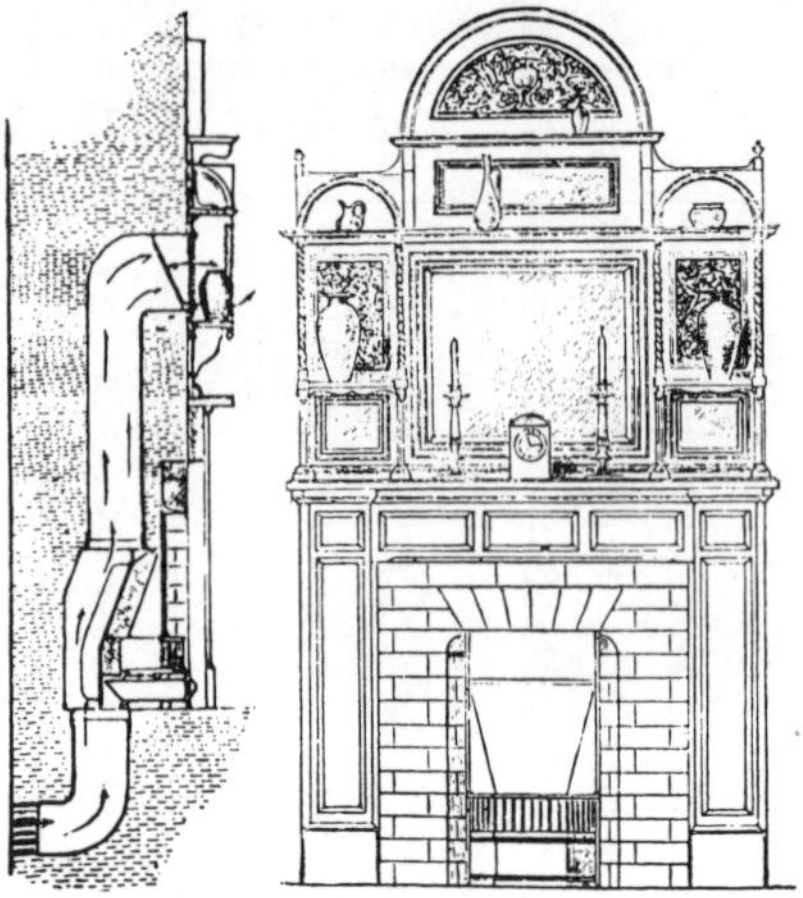

外套上に温気の隠し出口と予熱室をもつティール暖炉。

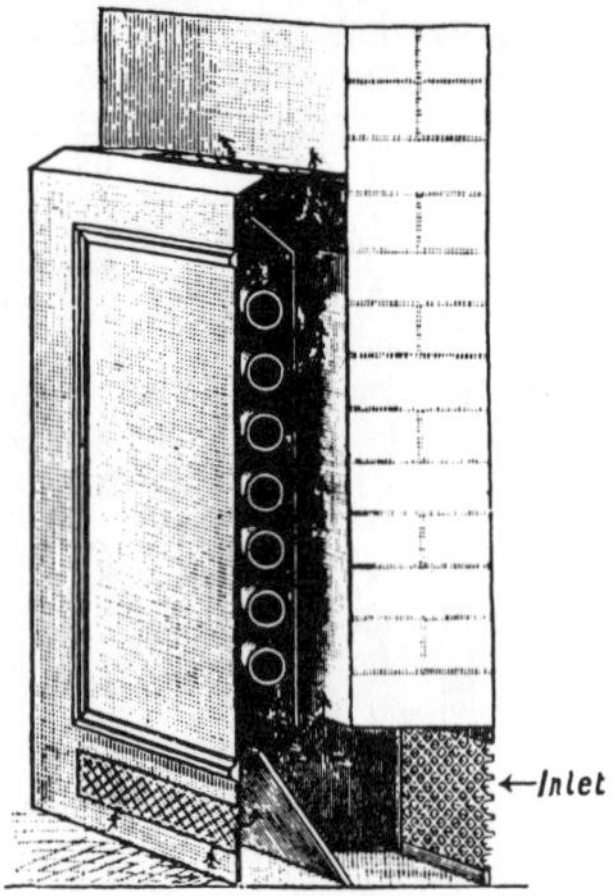

ジェイコブ教授の「ラジエーター用混合弁コイル箱」

わしくて暗く、多量の光を必要とするので、照明の目的のために必要量の二倍ものガスを燃やしているのが普通である。……非国教徒の礼拝堂はしばしば廻廊があり、それだけ人がこむのでさらに悪い。最悪のものはたぶん、わが大都市の貧しいほうの教区に、牧師の精力によってとても沢山存在する、多数の伝道室（ミッションルーム）であろう。これらはしばしば一対の小屋を用いて間に合わせに作られる。このことに関しては建築家は誰も相談を受けず、模様替えは土地の大工がやり、衛生条件は全然考慮されない。最もきびしい倹約が見られ、特に暖房装置がそうで、普通は小さな一個のストーブである。そして日曜ごとに、ほとんど洗ったことのない子供たちの大きなクラスの後に、全く洗ったことのない大人の群集が続き、空気は「吐き気がする」としか書きようがなくなる［注7］。

このおしまいの「大いなる洗わぬ人々」についての意見は紳士気取りで言っているのではない。ジェイコブは個人的観察をもとに、明らかに真面目な真実を語ったのだ。開業医は、普段の回診コースにおいて、また鉱山や工場の監察官に随伴する往診医として、十九世紀が惹起した多様な環境的災害を観察するまたとない機会に恵まれ、めったに建築家が気付かぬような状況にさらされるのが常であっただろう。医者は一般に集会の禁止などについてあなどりをもっており、直接的な物理的行動について合理主義者的信念をもっていることは十分よく知られているから、彼らがしばしば、当時の状況に対してたんなる口先だけの抗議以上に走ったことについては、驚くほどの理由は何もない。彼らはときに地方的レベルや国家的レベルで政治的な手段を行使したばかりでなく、中には模範的な構造物まで造った人もいた。

直接用いうる環境的動力の便利な源泉が何もないので、彼らはその環境的目的を達成するために、家屋の全構造と使用法とを新しく設計して、彼らの医学的知識と環境物理学の初歩的原理とを、ジェイコブの評論に内包されているのとまさしく同じ全体論的なやり方で適用しなければならなかった。たとえば、リヴァプールではドリスデール博士とヘイワード博士という人たちが、二人とも一八六〇年代に家を建てたが、その全体設計は換気と暖房の問題を方向転換させた。J・J・ドリスデールは先駆者であった。一八六〇年の彼のサンドボーンの家は今でも建っている。ジョン・ヘイワードの家はグローヴ街の八角家（オクタゴン）であるが、これはもっと複雑で、いくらか洗練されたものである。七年ほど遅れて完成され、やはり今でも残っているがたいそう荒廃している。どちらの建物についても、設計者の意図と同じくらいよく文献が残されている。というのは二人の医者は『住宅建築における健康と快適』（一八七二年）という教科書を合作し、一方、ヘイワードは、グローヴ街の彼の住宅の完成直後に、リヴァプールの建築・考古学会において、その研究報告をしているからである。

この二つの文献にあるオクタゴンの形と機能に関する記述は、非常に明快で系統だっており、実用的に開発された利用価値のある環境技術の、すばらしい解説となっているので、その後の学問が加えるべきものはほとんど残っていない。実をいえば、言うべきことの全ては、彼が換気を制御しようという決意によって、家の全平面と断面および構造を変えてしまったその方法と、ガス灯を含め実際に家中の全ての物を、目的（換気）実現のため構造を助けて働くよう、意識的に設置するというふさわしいやり方とに、注意を惹きつけることである。この家の簡潔な記述が『健康と快適』の中にある。

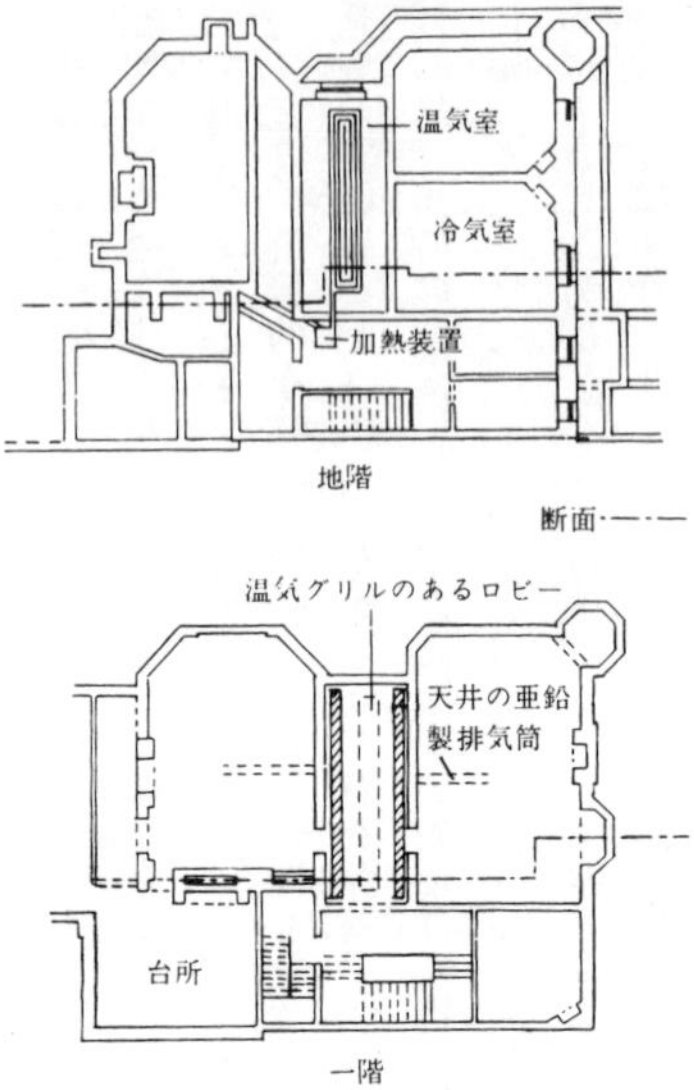

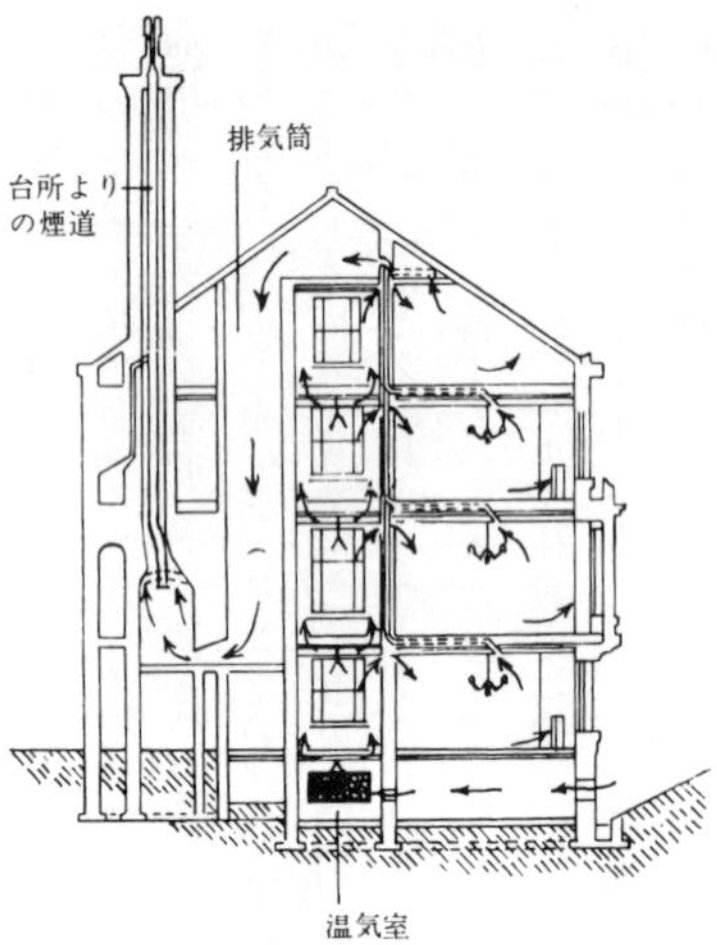

リヴァプール・グローヴ街にあるオクタゴンの平面図・断面図。ジョン・ヘイワード博士によって1867年自宅として建てられた。

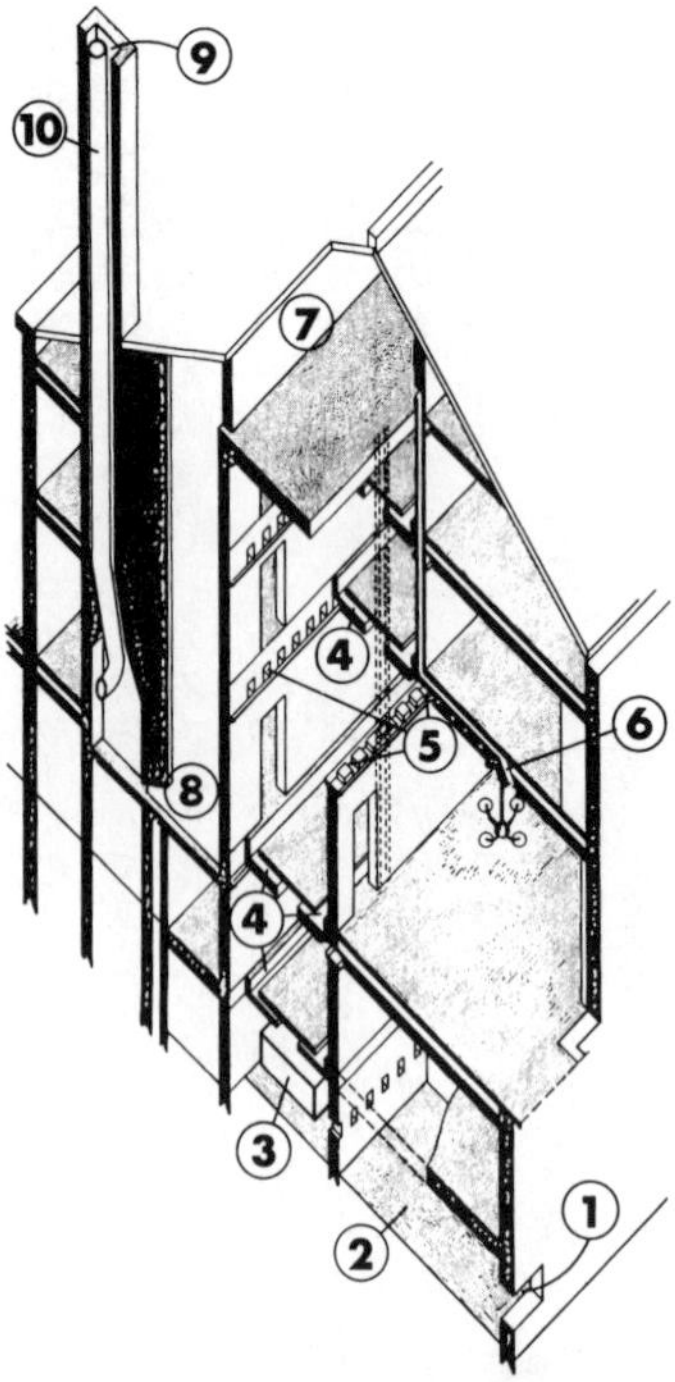

オクタゴンの切開き見取図、空気の循環を示す。

1　新鮮空気取入口
2　地階の集塵室
3　加熱コイル
4　ロビー床の空気通路
5　蛇腹の空気通路
6　ガス灯上の排気口
7　排気室
8　排気下降ダクト
9　排気煙突
10　台所レンジの煙道

地階は主として新鮮な空気を集めて暖めるのに当てられる。一階にはあなぐら（つまり冷蔵庫）と舞踏室と二つの執務室がある……。二階は居間用である……。三階は家族の寝室と朝食室でできており……四階は召使の寝室と子供の遊戯室、物置と二つの水槽室である。その上に、屋根の棟の下に排気室があり、そこへ家中のすべての室からの汚れた空気が全部集められ、そこから台所の火に引き込まれ、立て穴を通って一階まで降りてきて、台所の火のうしろから煙突の煙道のまわりの立て穴を昇ってゆく[注8]。

廃熱を動力とするこの種の上昇＝下降用対流ダクトの使用は（この場合はいつも燃やされている台所レンジによる）、適当な送風機が利用できるようになる前の時代には、空気を抽出するかなり一般的な形式であった。オクタゴンの設計の中で一般的でないのは、ホールと階段室から扉で隔てられた閉じたロビーに向って、全ての主要な室が面していることである。各階のロビーは平面図上で正確に重ねられていて、垂直の供給ダクトを形成し（ヘイワードは「廊下」と呼んだ）、建築・考古学会に報告された以下のような方法で、各室に清浄な温気を配給した。

中央廊下の各階の天井の中央に沿って二フィート幅の装飾的な格子があり、その上の床の両側にはそれぞれ一フィート幅の鉄格子がある。これによって暖かい空気が下階のロビーから上階のロビーへ昇ってゆくのだが、ここで各階への供給のため一たん引止めて、直接最上階まで昇るのを防いでいる。

この廊下の地階の天井の下には、パーキンスの一インチ径の温水パイプのコイル五本が走っている。新鮮な空気はこの地階の下の部分に入り、上昇しながら温水パイプで暖められ、一階のロビーへ入りこむ。次いで二階のロビーへ、また三階・四階のロビーへと入ってゆくので、中央廊下は一階から屋根裏まで新鮮な暖かい空気で満たされる。

……この中央廊下へ家中の主要な室が開いており、ここから、ただここからだけ、これらの室は新鮮空気の供給をうけるのである。

廊下とそれに面した各室の天井まわりの蛇腹には七インチの高さの格子形装飾があって、この二つの蛇腹にはさまれた壁には七インチ×五インチの穴が根太の数のゆるすだけ明けられている……

各室の中央にあるガス灯のシャンデリアの上に、九インチ×四・五インチの亜鉛管に通じる九インチ四方の開口があり、これを穴あきの装飾でおおっている……この亜鉛管は天井の野縁の間を通り、上階の廊下と部屋との間の壁の煉瓦積みの中にある九インチ×四・五インチの煙道に入り、そこの弁で調節される。この煙道は壁の中を立上り、屋根裏部屋に作られた排気室に開いている。各部屋からの煙道はそれぞれ別々にこの室に開いていて、またクロークルーム、着替室、浴室、台所、および、地階の使用人用のも含め、全ての便所からの煙道もある。十八の煙道があり……この室の北の端から、裏階段に作られた六フィート×一四インチの煉瓦の煙道あるいはシャフトが通じている……この出口あるいはシャフトは、二階の下まで真直に下りてから、東向きに横切って台所の炉のうしろを立上り、正方形のシャフトに集められる……これは少なくとも五平方フィートあって、台所の煙道をかこんでおり、あわせて大きな煙突となって、長いサイフォンと強いドラフトを確保するため、家中のどの煙突よりも高く立ち上げられている[注9]。

以上よりすると、実際には換気は天井の下の薄い層に限られており、空気は蛇腹の穴から入ってガスランプの上の円形装飾のところから出てゆくのだということがわかるだろう。しかしこの温気の供給は、暖房のつもりではなかった——熱は各部屋の昔ながらの暖炉によって用意されていて、その煙突は新鮮な空気を蛇腹から引き下ろし、部屋を横切ってとり入れたのであろう。暖かい新鮮空気を供給する精巧なシステムの機能は、永久に閉ざされた窓のもつ理由と同じであった。つまりそれは、新鮮な空気をどんな方法で供給するにしても、その時代のありふれた構造では普通につきまとう冷たいすきま風を防ぐことにあった。これを達成するために作らねばならなかった設備の精巧さと、そのために家全体の形と構造に及ぼした効果とは、たぶん今日では、得られる利益にくらべて全面的に釣り合いのとれないものだと見えるかもしれないが、「すきま風」は英国では温熱的な快適性につきまとって離れない敵であった（今もそうである）ことを忘れてはならない。すきま風を伴わない空気供給法を手に入れ、また都市の大気に普通にある塵埃や砂ぼこりも除かれた（地階の小部屋で沈積させられるようになっていた）ことは、その当時、特に環境面の知識や実践が進行中であった背景に照らして見ると、家庭用環境管理としてはたいした利益と思われたであろう。

一八六〇年代までに、暖房の実践は、勘にたよるよりも、性能と制御に関する知識を数量化させたものに立脚しはじめるようになっていた——少なくともボイラーと放熱器の性能は、数値的表現と計算の範囲内に入っていたようである。しかし、数量化の進歩は、慣習の固定化が加わって、熱の供給に関する思いつきや人道的考え方などを馬鹿げたものにしてしまう効果をもつことになった。そしてその世紀の終りには、ボールドウィンの『暖房・換気および加熱法の概要』(一八九九)のような仕事から判断するとすれば、普通の人間の想像力を使うことは止ってしまったも同様であった。ボールドウィンにとって、熱的な刺激に対する生理的反応や人間の快適性の問題は、まるで存在しないか、または考察の対象とはならないもののようである。暖房の目的と重点とは、圧倒されるほど機械的な無感覚さでテキパキと述べられている。

「ボイラー」＝蒸気または水で加熱する場合、ボイラーは通常第一要件である[注10]。

室内は華氏七〇度に保つのが普通である[注11]。

「なぜ結露の問題が最重要なのか?」と問われれば、私は次のように答えよう、その他の計算の基礎となるデータの最初の項目がそれに該当していると[注12]。

ボールドウィンがこんな風にやれたのは、当時、室内は華氏七〇度に保たれるべきであり、それ以上の人間的研究は必要ないという一致した意見が通用していたからではないかという異議があるかもしれない。実際には、そのような合意はなかったし、あったためしもない。もっとも、その後の「環境主義者」が、同様なプロクラステス式*の提案をしたことがある——たとえば、地方的な必要や好みにかかわりなく世界中どこの建物にも、摂氏一八度の温度を維持すべしというル・コルビュジエの提案など。いずれにしても、ボールドウィンの暖房に対するアプローチを魅力のない機械的なものに見せているのは、彼の換気についての観察が、まだ定量的な主題ではなくて、人道的な直接のものだということにある。それらは、明らかな個人的経験に基づく本当の観察であって、暖房についての彼の見解の簡略な独断論をぬきにすれば、当面の問題の正しい考察の支持となっている。彼は次のように記している。

初期の調査者は、室の汚染の指針としては大部分嗅覚にたよっていた[注13]。彼も、直接の先輩や著名な同輩の大部分と同じように、明らかに「鼻の人」であり、その分野での経験主義者であった。

実際、十九世紀後半の環境に関する文献研究の大きな報酬の一つは、暖房が規則と公式に従わされるようになった一方で、換気はそうはゆかず、なお議論の的になってはいたが、その多くは感覚的で、そのうえ思惑的なものであったということである。工業化社会が、大気の中に煤やスモッグや、さらに濃い汚染物を出すような進路をとったため、実用的な機械的解決に慣れた常識人を明らかに困惑させる事態に立ち至った。「暑さ」や「寒さ」は比較的簡単な器具で十分に測ることができたし、その原因も判定できたが、空気の「新鮮さ」や「息苦しさ」は、その原因が判定できないことが多いために、測定もできなかった。空気汚染の二つの極悪犯、すなわち二酸化炭素と高湿度が遂に露見した時でさえ、どちらも熱のように簡単な測定や継続的な監視をゆるすものでなかったし、またどちらも常態では無色無臭だから、計器なしで直接観察ができるものでもなかった。

さて、人間の感覚に与える最初の二つの衝撃は、通常「におい」と「すきま風」とであった。においは居住室ならどこでもみとめられ、特に人が多くて暖房されている時はそうであったし、すきま風は、部屋からにおいを除去するのに十分なほど空気を入れれば、いつでも起こるように思われた。すきま風をなくそうという企ては、ヘイワード博士のようにコンプレックスになるか、またはボールドウィンが記録した場合のように欲求不満となったようだ。

上等な現代住宅では、しばしば構造が良すぎて水分がのこるだろう……あるニューヨークの大邸宅では、あまり気密にできていたので、火床に供給する空気は排気煙道を下りてこなければならず、また、窓を明けるまでは、レンジの火に供給する空気はレンジのフードの換気筒から下りてこなければならなかった[注14]。

しかし、もしすきま風がその源で止められるものならば、においもその源で止められねばならないが、汚染と息苦しさの究極的な原因が無臭であるため、最終的な裁決者が人間の鼻であった世代の技術者に検出できなかった間は、これは困難だったことがわかる。正確な知識は、断片的で具合悪く散らばっており、迷信に近い個人的憶説にとりかこまれていた。

たとえば、肝要な汚染物についての科学的な知識と推論の発達は、事実、ドワイト・キンボールが一九二九年に書いたとおりであった。彼は偉大なフランスの化学者ラヴォアジエを第一人者とした後、

彼は一七七七年に酸素と二酸化炭素の研究をはじめた。

彼の後を継ぐ真の先駆者のリストが続く。

この後百年ほどの間、二酸化炭素論は換気について広く信じられていた。次いでマックス・フォン・ペッテンコーフェルの理論（一八六二―六三）が出た。彼は初めて、換気の悪いのは二酸化炭素以外の他の要因があるのだという結論を打ち立てた。悪い空気の有害な効果と良い空気の有益な効果とは、後になって、空気中に仮説的な有機物質があるという誤った理論を導いた。その後、正常な居住空間に関する限り、空気の化学的特性よりむしろ熱的な特性が、換気に関連して致命的な重要性をもつことを証明したハーマンス（一八八三）、フリュッゲ（一九〇五）およびヒル（一九一三）の業績が認められた[注15]。

この「熱的特性」（乾・湿球温度計で測定されるような）は、とても把握しがたいものであることがわかっただけでなく、先駆者たちは誤解されていたのであった。マックス・フォン・ペッテンコーフェルは、二酸化炭素の測定値をあらゆる汚染物質のレベルについての実用的示標として提案したという理由で、二酸化炭素説の提案者であると誤解されていたが、明らかに彼はそうではなかった。もしペッテンコーフェルほど著名で名声のある（彼は周知のように現代衛生学の父である）人までが誤解されるほどならば、知識の一般的な混乱は驚くに足りないだろう。堅実で、道理のわかる実際的な人々は、ペッテンコーフェルの間違ったイメージと戦うため、また嗅覚的問題の極悪非道と吐き気を解明する過程でも、（他に頼るものが何もないので）自分たちの個人的経験に立脚していたのだった。それで、ニューヨークの暖房コンサルタントのコンラッド・マイヤーは、その著書『暖房および換気工学に関する意見』（一九〇四）の中で次のように書いた。

炭酸ガスはその言葉の普通の意味では毒物ではなく、一般に推測されるよりはるかに多量でも、悪影響を及ぼすことなしに存在するだろう……一方、炭酸の存在から推測し得ない物質や不純物、たとえば過剰な水蒸気や、呼吸器・不潔な歯・汗・よれよれの着物などか

らのむかつくようなにおい、いろいろな条件からくる細菌の存在、ほこりっぽいじゅうたんや壁掛けによる息苦しい空気、組合わされたその他いろいろの要素などが、多くの場合もっと大きな不快と不健康のもとになっているだろう[注16]。

汚染空気についてのマイヤーの悪魔学で目立つことは、それが真犯人である二酸化炭素（炭酸ガス）と水蒸気を含むのみならず、「むかつくようなにおい」などのありふれたヴィクトリア朝の悪漢どももほとんど全て留保してあり、彼の目に入ったどんな悪魔にも（「その他多くの要素」として）席を与えていることである。これは、いかに彼が自分の鼻の証言に従って状況を見ていたかということである。体臭に関する先入観は、現代の読者にはつまらない強迫観念か神経症のような印象を与えるかもしれないが、この主題については明白な鼻による証言がたいへん一般的で強調されていたから、キンボールの述べた有機毒物（前述）への信用も理解しうるほどである——特に、空中浮遊バクテリアの知識が一般大衆の間に普及しはじめた時機に、他のどんな物が、居住室内にまぎれもなく常在する「息苦しいにおい」の源泉になり得ただろうか？

この意味での「におい」について大事な点は、それを惹き起こしたのがひどくなった工業排出物ではなくて、たんに閉じられた空間に呼吸をする人間がいるだけということである。この空間は、改良構造で密閉度がよくなるほど、また、ガスで明るく照明され、暖房で暖かくされればされるほど、状況はなおさら悪くなってゆくのだから、社会的な立法だとか田舎へ引越しすることなどで改善できるしろものではなかった、言い換えるなら、それは教育を受けた人々や富裕な人々が、尋常な手段で避けられるような危険——鉱山や工場内の労働とか安アパートの生活などというたぐいの——ではなかった。環境的改善をおしすすめる要素として、すでに引用した衛生学と効率、経済と利益への考慮に、さらに、室内の重苦しさに対する育ちのよい人々の美的嫌悪と、朝目覚めたときたびたびおそわれるそのための頭痛とが、付け加えられねばならない（ジェイコブ教授も、牧師は、人が一杯の教会で日曜まる一日お務めをしたあと、月曜頭痛にみまわれたと記している）。

「新婦人」や、アングロサクソンでない国々の解放的な同様の婦人を育て、あるいはその婦人たちに主宰された家庭の人々は、家庭用の大きさに作られた環境的新案製品の主たる支持者であり、効力の立証者であった。電灯照明の登場はこの情況と切り離すことができない。その清潔さと、多少神秘的な特質とは、世紀半ばの多くの姿勢を特徴づけていた粗野な唯物論や決定論から離れ、もっと神秘的で美的なアプローチを好むようになっていった知識階級の興味と、ぴったり共鳴するように思われた。アール・ヌーヴォーとティファニーの、細い曲線や淡色の壁や輝く装飾は、ガス灯の排気が繊細な製品を腐食したり装飾を黒くしてしまうという、全くの物理的理由のみならず、照らし出す光の性質と配分とが完全に様式に合うからという、純粋に美的な理由でも、電器照明なしでは考えられないものであっただろう。

　アール・ヌーヴォーが旧様式の最後でなく、新様式の最初のものであるかぎりにおいて、それは、環境的標準も含め、十九世紀の室内意匠の規範を拒否するという決意をもつ。芸術と技術は、暗さ、粗野、詰め込み過ぎ、および息苦しさをはねつけるために結合した。一八九〇年代以前にも先行した企てがあったが、環境的技法の根本的な革命がなかったので、それらは比較的つまらないものであった。しかし、もしその革命の転機を印すものが電気照明の突発的な利用であるとすれば、改良と革新の発酵は、その世紀の大部分にわたって進行しつつあった。人間の環境に革命を起こさせるのに必要な、部品のひとそろいの進歩は、それ自身一つの歴史である。

〔注〕

1　M.C. Huyett, *Mechanical Heating and Ventilating*, Chicago, 2nd ed., 1895, p.76.

2　*Notes on the Ventilation and Warming... etc.* (SPCK Manuals of Health), London, 1894, pp. 19ff.　ジェイコブ教授はリーズのヨークシャ・カレジで教えていたが、彼の小著が刊行されるわずか以前に死去した。

3　前掲書 p.28.

4　同書 p.94.

5　同書 p.57.

6　同書 p.26.

7　同書同ページ。

8　*Health and Comfort in House-building*（1872）p.68. オクタゴンの見取図を含み（但しダクト工事の詳細はないが）手に入る情報の全ては、J・I・チェンバース、A・B・ショウ、R・J・ウィンターおよびR・N・デントの共同主題報告に載っており、その報告は現在リヴァプール大学の建築学部図書館にある。

9　同書 pp.92-94.

10 Baldwin, *Outline of Heating Ventilating and Warming*, New York, 1899, p.22.

11 同書 p.34.

12 同書 p.32.

13 同書 p.13.

14 同書 p.53.

15 *Heating, Piping and Air-conditioning*, June 1929, 'Air-conditioning, its future in the field of human comfort', p.93.

16 *Reflections on Heating and Ventilating Engineering*, 1904, p.20.

この文書はニューヨーク公立図書館に眠っていた尨大な量の技術パンフレットの中から見出された（Bound Pamphlets, VEW, pv12, No.1）その体裁と内容から、アメリカ機械工学会ニューヨーク支部の年度講演のようなものであったと思われる。

〔訳注〕

* 旅人を鉄の寝台に寝かせ、はみ出した足を切ったり、短いときは引き伸して殺したといわれる古代ギリシャの強盗。

第四章　部品のひとそろい——熱と光

前章によって、十九世紀の間に利用できるようになってきた環境技術の種類について、すでにいくらかの概念が得られたであろう。しかし技法の発展については、いくらか詳細をつくして考察をする必要がある、とはいっても、この著作の範囲内で完全な技術史を提供する意図はないのだが。まず、居住空間に供給しうる環境的動力（パワー）の型がどう変わったかを確証することが大切だ。十九世紀の中頃には、まだこの動力の性質は本来の原始的なもので、その基本的な性格は、多かれ少なかれ動力が用いられなければならぬその場所で燃料を燃やすということであった――石炭や薪は炉格子やボイラーで、油・ガスまたは獣脂などはランプやろうそくで。水だけが、普通にパイプや導管によって運ばれる唯一の物質だったから、家庭用規模の機械類がまだない状態で、必要な動力は大部分その場の環境に対して直接そのまま用いるしかなかった。

　しかし、水を加熱しそしてパイプを通して循環させることができるという事実は、もっと後の洗練された環境制御形式の原型を与えた。つまり、ある便利な場所で燃料を燃やし、こうして発生させたエネルギーをどこか他の都合のよいまたは必要な場所で利用することである。このやり方で温水を用いる最初の提案は、ルネサンスまでさかのぼるが、その実用は、十八世紀末の蒸気工学の先駆的時代になってからである――ジェームス・ワットは一七八四年には蒸気で暖房した自分の事務所をもっていたし、言い伝えによると、この方法ではじめから暖房された最も早期の建物は、十九世紀の初年にリーズにあったマシュウ・マレイの「蒸気館（スチーム・ホール）」であったという。

　手ごろな効率のボイラーがあれば、経済的に生産された熱は、ポンプを使わなくても、かなり複雑な配管網を通って、適宜に配置された放熱器まで対流によって循環させることができた。それがわりあい簡単だというわけで、家庭用装置として実用に提案された。また、運転のための十分な保守技術さえあれば、循環ポンプその他の工作を加えて、この基本的な技術をもっと大きな装置に適用することもできた。一八六〇年代までに、公共のものや住宅など、いろいろ多くの建物に蒸気または温水による暖房を見出すことができた。ということは、紙の上でも、また監督や配管工がなすべき現場での決定レベルでも、装置の設計についてかなりの技能の蓄積があったわけである。これは環境的革命の多くが拠って立つところの技能の一大貯蔵庫であったが、しかし製図事務室の習慣や配管工の俗習の頑固さが時には熱心な改革者の足を引っぱったという証拠もある――ウィリス・キャリアの場合、彼の初期の空気調和設備の一つについている冷却装置が正しく運転される前に、機関士の運転癖を直さなくてはならなかった。

しかし、配管による蒸気暖房はまた、電信とともに、環境的動力の使用に関するもう一つの明瞭かつ必要な発展の原型である。もし熱を中央のボイラーから家のあちこちへ配分できるのなら、それはまたあちこちの家へも配給できるはずである。

蒸気暖房の初期のころ、多くの人々が、単一熱源から一つ以上の建物を暖房していたのは疑いない真実である。しかし、トーマス・A・エジソンが中央照明事業の父とみなされているように、熱産業でも、中央事業所からの暖房の開拓者として一般に名指しされた一人の男がいる。ニューヨーク州ロックポートのバージル・ホリー氏である。一八七六年にホリー氏は、彼の邸宅のボイラーから彼の地所の裏にある納屋まで地下配管を走らせ、後には隣接家屋にも接続した。一八七七年には、ニューヨーク州のロックポートに初めての実験プラントを作り、多数の住宅・商店・事務所などが次の冬には上首尾で暖房された[注1]。

ホリーは、実際はエジソンと肩を並べるような改革者ではなかったけれども、この比較はある意味では正しい。両者とも、一八八二年から八三年にかけて、ニューヨーク市の下町に、基本的に類似のサービス、すなわち中央供給源からの清浄な環境的動力(パワー)を、ついに「流れにのせた」のであった。それまでの技術は、生のままか半加工の燃料（たとえば石炭ガス）を家庭に送りこみ、室内で多少とも不便で不潔な燃やされ方をしていたのだが、ホリーは、家の中に掃除しなければならぬ残滓を残すこともなく、大事な空気を消費することもない、直接使用しうる清浄な熱を供給した。

その過程のうち、裸火をなくしたことはかなり重要な発展であるが、後に考察する。ここで関係のある次の話題は、供給されたものにせよ、発生させたものにせよ、熱を室内に適用することである。一般的に言って、十九世紀半ばの技術は、熱がたんなる輻射や対流によって、環境に自分から入ってゆくままにしてやる以上のことは、何もしてやれなかった。十九世紀の数え切れぬほどのストーブの「新案」特許が、燃焼改良や周囲空気への熱移動の改善によって、性能をどれほど高めたにせよ、蒸気や温水の放熱器のデザインがどれほど洗練されたにせよ、ストーブや火格子や放熱器は、習慣や便宜や美的な好みできめられる室内のある場所に立っていて、そのまわりの空間を暖めることは、すきま風や明いた窓や、ランプによる局所対流や家具の妨害などのなすがままであった。こういう状況に打ち勝つための真剣な試みで、いくらか広まった唯一のものは、いわゆる炉辺（イングルヌック）すなわちフランク・ロイド・ライトやC・F・A・ヴォイジーや、またその同時代の人たちによる文字どおりの部屋の中の部屋、大邸宅の室内の暖炉のまわりだけであった。この作りつけの腰掛で囲われた場所は、すきま風から守られたたよりがいのある熱的性能をもつ領域を提供した。結局は中世の使い方の復活ではあるが、配管による中央暖房がすでに解決された時代だからこそ、うまく復活できたのであろう——利用できる熱を火のまわりの領分でそれほど多くとらえてしまうと、もし背景となる暖房がなかったら、部屋の残りの部分は熱的にいえば、ないも同様になっただろうからである。

しかしながら、先に言及した熱伝達についての改良は無視できないが、それはほとんどの場合、対流している暖かい空気と、処分しなければならぬ煙や蒸気とを分離することに基づいていた。このやり方の本当の始祖が誰かということは、ほとんど疑いがないようだ。

> 温気暖房の原理は、一七四二年ベンジャミン・フランクリンによって始められた。当時の彼のストーブには、鉄板で囲った小室があり、冷気箱から空気が供給される。小室の頂部にある側壁または側柱に空気の逃がし口がある。

ウィリアム・ゲイジ・スノウは一九二三年にこう書き、なお加えて

> 今日の温気炉は原理的には同じだが、もっと精巧になっている[注2]。

フランクリンの、あるいはその直後の世代による他の進歩には、ランフォードの喉元を狭くした火格子のような、さらに効率のよい燃焼助成法が含まれていた。たくさんの改良ストーブや火格子も、燃焼用の空気を暖房空間外から引きこんで別に供給するよう要求した。この空気の処理がだんだん洗練されてゆくのは、放熱器を包んだりこれに通じたりしている格子窓からのみ外部空気を引きこむようなやり方によって、おし進められていたが、偶然的な換気源が

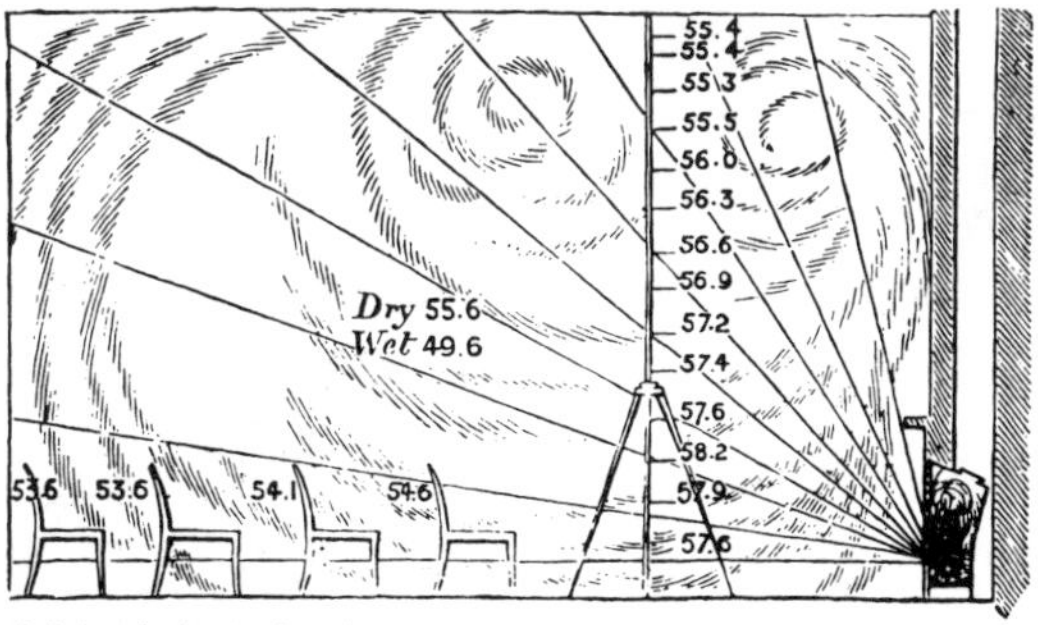

講義室の気流・温度分布および湿度。
1857年キャンベル測定。

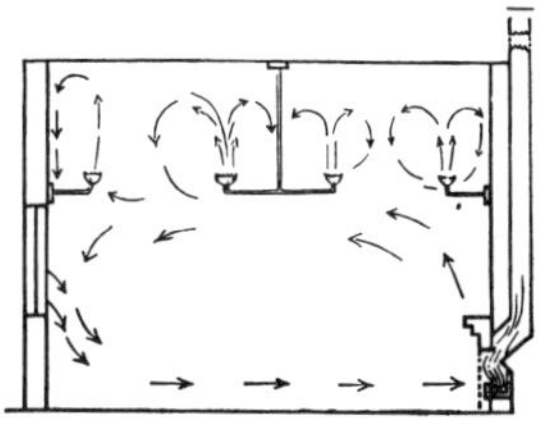
暖炉で暖房されガスで照明
された部屋の空気循環。

次々に減ってゆくこと、たとえば窓の気密性が良くなったとか、熱源が直接燃焼でなくなったので部屋から煙突が消えてしまったとかのために、むしろ必要なこととなっていった。偶然に委ねる部分が少なくなるにつれ、建物の熱および換気の性能についての多くの様相が、意識的に制御され研究されねばならなかった。たとえばジェイコブは対照試験にもとづく気流と熱分布の図を示すことができた。

しかし、おそらくこれら全ての改良や革新のうち最も肝要なものは、部屋を暖める空気と燃焼ガス（入ってくるものも出てゆくものも）とを分離したことであろう[注3]。室を暖める空気が、燃焼に用いまたそれから出る空気とは別の回路にいったんのっかれば、その独立性が開発できた。もし壁に適当な開口かダクトがあれば、ストーブの置かれた室以外の室も循環のうちに入れることができた。遅かれ早かれ、誰かがこのストーブを地下室に追いやり、その温気箱に空気の取出口をとりつけ、熱を必要とする家の各部分へ、この温気をダクトで送るようにせねばならなかった。

これは大多数の北アメリカの住宅の基本的暖房法となっているので、驚くべき発明だということがわかるのだが、その起源はもはや失われて伝説も届かぬように思われる。

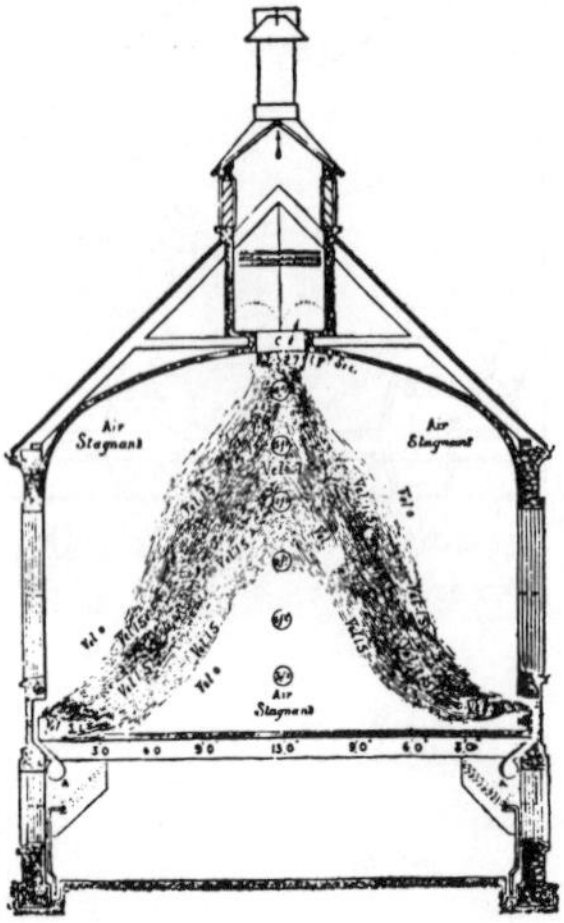

「模型」病室内の気流。（これら図版はジェイコブ教授によってガルトンの『健康住宅』1880から再版された。）

ウィリアム・ゲイジ・スノウは『板金職人』というはっきりわからない出版物から次のように引用している。

……いったい誰がこの暖房装置をはじめてでっち上げたのか、いつそれがなされたか、を知るのは困難だ。はっきりとは決められないが、その時期はあらゆる確かさからいえば一八三六年以前である。年寄りの温気炉職人の多くが次のような印象をもっている。すなわちこの線に沿った実験が、コネチカット州ハートフォードの近所にはたくさんあったし、一八四〇年頃までに多数の温気ストーブの作られたことがわかっているいると[注4]。

温気ストーブあるいは温気炉の使用に伴い、たんなる暖房以上の付加的利益がもたらされたことは注記すべきである——空気によって熱を配達するのだから、空気の動いている時に限られ、したがって換気と分離することができないのであった。温気の動きが換気をよくしたのか、あるいは換気が温気の動きうるよう改善されねばならなかったかのどちらかである。しかし因襲的な建築形式のなかで、これを達成するのはいつも容易だったわけではない。何階にもわたる複雑な設備をするには、ありふれたヴィクトリア朝の構造では、垂直ダクト用の空間を見つけるのがしばしば困難であった。もっとも、張出しのある部屋や多角形の部屋の末端の裏側に、下地壁で仕切った空間を作って巧みに使用することが、少なくともボストン地区では行なわれていたらしい。しかしダクトを用いた温気が当然の成功を得たのは、中西部から北アメリカのほとんどどの部分にも広がっていた、ほぼ標準化した地下室付き平屋建の住宅においてであった。地下室は温気炉を置く余地を用意しただけでなく、ダクト網を効率よく経済的に配置し、それによって、建物の周囲をめぐって温気をその最も必要なところへ供給する自由度をも与えたのである。

　しかしながら、意識された設計という意味で、はじめて暖房および換気の問題を一緒にして取り組んだ十九世紀半ばには、効率をよくするための代価は、通常、対流による空気循環の必要のために構造全体を適応させることであった。すなわち小規模では前章で考察したリヴァプールのオクタゴンのやり方であり、大規模では巨大な煉瓦造のダクトを用い、これにはしばしば気流を促進する熱源が自蔵されていて、会館建築や公民館などの空気を引っぱった。建物の平面や断面の上で不便さを忍ぶという代償をはらって、こういう技法によりかなりのところまで達成されたが、換気と暖房の手法はどちらも本当は効果的な送風機の発達に伴っていたのである。

　ウィリアム・ゲイジ・スノウは、B・F・スタートヴァント会社の一八六〇年（この有名な換気設備会社の設立の年）のカタログにある「送風機付き炉の胎生期のアイデア」

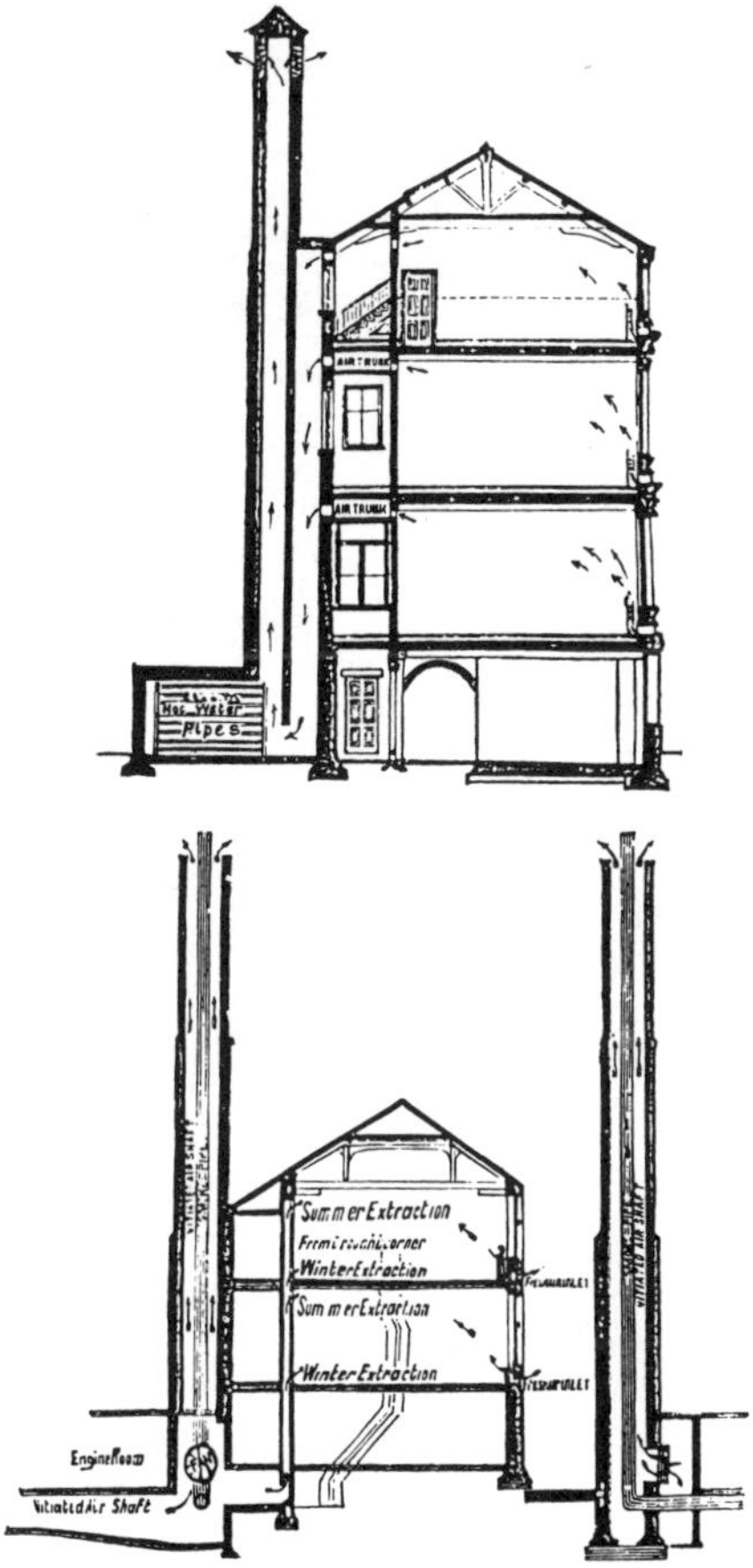

上　熱サイフォン排出装置をもつ暖房換気。
下　動力送風機による排気をもつもの。

を記録している。しかしもちろん、このアイデアはもっと遠くさかのぼる。J・T・デザグリヤーは一七三六年、海軍船艦の低甲板や、英国下院の議場に空気を供給するため彼が提案した遠心型送風機の把手（クランク）をまわす人をあらわすのに、まさにベンチレーターという語を発明した。にもかかわらず、送風機による強制換気が盛んになりはじめたのは、一八六〇年以後の時期である。鉱業や海運業における、また産業工程（たとえばデヴィッドソンがシロッコファンを開発するきっかけとなった茶の乾燥など）におけるさし迫った要求と、建物の大きさや複雑さの増加などの全てが、発明に対する強力な刺激となった。蒸気機関と、後にはふつうの都市ガス主管から引いた低速のガスエンジンが、動力を供給した。一八七〇年には、スタートヴァント社は、もう全く「胎生期」などではない蒸気コイルと遠心送風機の組合せの特許をとることができた[注5]。

しかしこういう施設は、その大きさや重さのため、建物の構造のうちに置き場所を作るのがしばしば困難だったので、一八八二年になってもなお、保守的な換気専門家は次のように主張することができた。

> 汚染空気を建物の上階からひき下ろし、地下の導管によってエンジンシャフトまで導くという企ては、一般的には非常に回りくどく非科学的な換気法……全般からみて、熱せられた立て管は蒸気機関でまわす送風機よりも有利であると、有能な人々は断言している[注6]……

この問題は、送風機とその付属設備をおく位置として、ありきたりの地下室以外の場所を見つけること、あるいは、装置をもっとかさばらない重くない物に作ること、またはプレナムシステムやその分派で見られるような別のやり方で送風機を使うこと、などによって解決されるはずであった。別のやり方というのは、汚れた空気が、たまたま存在

家庭用温気配分の遠隔制御用混合弁。スタートヴァント・カタログ、1906年。

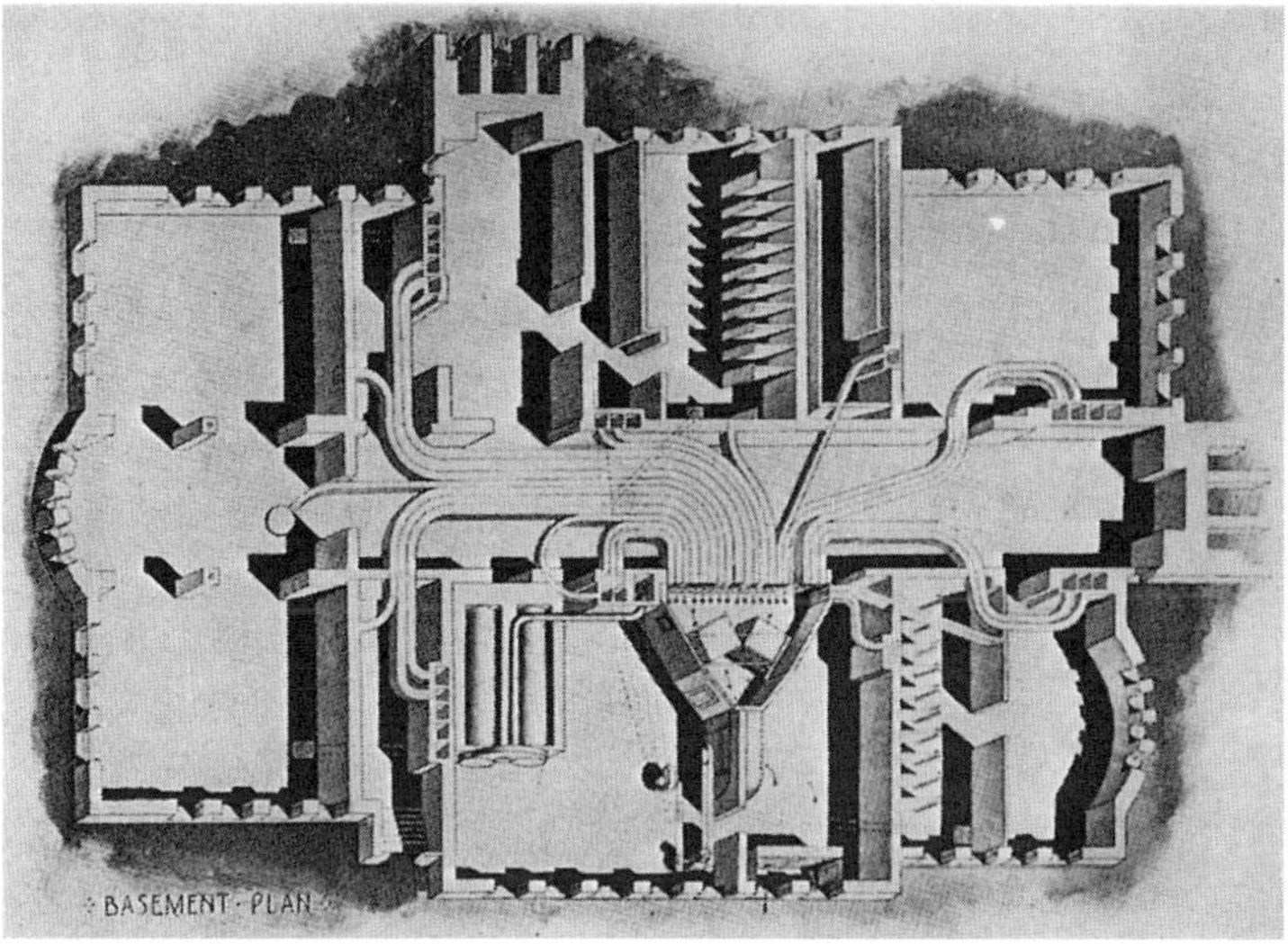

上　ミシガン州メノミニーの学校地下室におけるダクト工事、ボイラー、送風機および加熱室。スタートヴァント・カタログ、1906年。
下　ボストンの商店の入口と展示空間に温気を送るスタートヴァント装置。1906年カタログより。

する出口か、または設計された出口から出てゆくように、わずかな圧力の下で換気量を保持するため、動力送風機を用いることである(この種のシステムでは、空気の流れが「下水」の恐ろしい臭いを直接建物の外へ運び出してくれるからというので、好んで衛生設備の区域を出口の通路にあてた)。

しかし、送風機の進歩的な利用は、二つの大きな要因によってその世紀の終りまで抑えられていた。その障害の一つ、すなわち空気力学の知識の欠如は、スタートヴァントやシロッコのような会社の実務経験の集積とか、フランスのラトーのような人の設計業績や、ロシアのジウコフスキーの理論などによって徐々になくなっていった——前者は現代的な高速遠心送風機の発明者、後者は軸流送風機理論の親である。進歩へのもう一つの障害は、家庭用または個人用規模の送風機に用いうる小型動力源のないことであったが、これは家庭電化とニコラ・テスラの交流電動機とがほとんど同時に開発された結果として突破口はもっと急速に開けたようである。この基本的な開発は、どちらも一八八〇年代に属しており、同じ頃ニューヨークの下町で、ルームクーラーとしての電気扇風機について初めての記事が見られる。でき上った装置が比較的小さくて、それが実際に換気されている部屋の中に置かれているということは、電気の動力部分と換気装置の大きさの減少程度や、それらの管理と設置の手軽さが増したことにくらべると、余り重要でないかもしれない。二十世紀になって換気法が洗練されてゆくのは、これらの基盤の上だったのである。

しかし当時までは、換気技術は、ヘイワード博士の用いたものと基本的には同じ部品のひとそろいでやってゆかなければならなかったし、通常これは対流の動力源として、熱を直接利用していたから、その長所はどうしても夏の冷房向きではなかった。空気の取入ダクト内に氷を積み上げるとか、(世紀の終り頃に向っては)取入空気を冷やすため冷凍機から供給される冷却コイルを用いるなど、いくらかのことはできたにもせよ、こうしたやり方は相対的に湿度を上げるので、ただ温度を下げるだけでは必ずしも快適さを増進しなかった。一九〇六年になって、A・M・フェルドマンがニューヨークのカーン・アンド・ローブ銀行のために考案した巧妙な暖冷房装置(その発明の才は機械的であると同じほど建築的でもあって、後章で考察される)は、銀行のホールの温度を、戸外の日影の温度華氏九一度から一〇度も下げることができたが、それには相対湿度を五三パーセントから六三パーセントまで押し上げるという代償があったのである。

冷房が必要と感じられるような地域（暑くて湿気の多い地方）の大部分では、湿度の制御も同様に必要だった――求められていたのは、完全な空気調和のみが供給しうる総合的な環境制御のごときものであった。しかし、大気が照明用燃料の燃焼排出物という最も悪質で最もしつこい室内汚染物から根源で浄化されてしまうまでは、全面的な制御を試みることさえ多分効果がなかっただろう。改良された空気調和と、蛍光灯のために減少した熱出力とが、事務所建築の設計に新たな自由を与えた一九四〇年代を見てもわかるように、照明環境と空気環境との制御法の間の相互作用は、ただ照明源によって課せられる熱負荷という理由だけでも、ほとんど不可避なのである。しかし裸火の光源によるべらぼうに大きな熱負荷と、やはりそこから発生する水蒸気、一酸化炭素および純炭素などの、大気への負荷のあるところでは、たとえ空気調和をはじめたとしても、フィラメントによる電灯がこういう大気中の廃棄物を一息で大方吹きとばしてしまうまでは、キャリアとクレーマーにはほとんど得点がなかったと思われる。空気調和の発祥は、都合で第九章まで待つことになるが、照明の革命は、近代建築に特有だと思われる環境条件を達成するのに非常に基本的なものなので、待たせるわけにはゆかない。

人工照明の利用は、十九世紀の中頃以後に急速に高まったが、その増大は、燃やされた燃料費よりも「燭光時」で測ったほうがもっと目ざましい。この世紀半ばまでは、平均的な世帯の照明が、おおむね中世の水準からそれほど高くなっていたかどうかは怪しい。つまり、毎晩一本のろうそくを一、二時間もやし、こうして得られた乏しい光を、できるだけうまい使い方をすることで、世帯の生活が仕立てられていた――ということは、読書や裁縫など、一番必要のある人は卓上のランプに最も近く、それより必要の少ない人はそれだけ離れていたわけで、ちょうど焚火のときの状況のように、空間はさしあたって壁に囲まれたのと全く同様に、ランプのまわりに集中していたのである。たとえば、アーガンド式のような効率のよい油焚きのランプは、こうした状況に実質的に影響を与えたのではなく、この世紀の半ば以後、配管による石炭ガスの利用度の上昇したことが、燃やされる燃料や、使用される照明や、用いられる照明用ガス栓の数などの増加を本当に始まらせたのである。数学を分析してみると、一八五五年から一八九五年までの間に、フィラデルフィアのような都市で平均的な世帯の使用した照明の実量は、二十倍に達する増加を示すことができる[注7]。

利用しうる光や使用された光の総量は、それ自身人間の生活における大きな革命を構成するにちがいないが、ガスを配管で送っていたにもかかわらず、光を得る手段は前歴史時代のままであった。上記の増加は全て、一八九五年前の五年ほどを除けば、効率のわるい燃やし方の裸火という手段で得られたものである。実際の光源となるのは、炎の中の未燃炭素粒の白熱されたものであるから、その炎が油またはガスのどちらを燃料とするにせよ、またそれが魚尾型・蝙蝠(こうもり)翼型あるいはその他どんな型のバーナーで燃やされたにせよ、効率のわるいのは当然であった。炭素粒は白熱光の媒体として役立った後、煤の細い柱となって立ち昇り、天井その他どこへでもくっつくのだった。煤はガス灯シャンデリアの上の天井をくろずませ、時には真黒にし、蛇腹をうすぐろくぼかしてしまうので、十九世紀の主婦たちが、春の大掃除の儀式に苦心したのはこの煤の一皮をどう処理するかということであった。煤を出す照明の季節（秋から冬）の終りには、彼らは煤を吸った織物や壁掛や敷物や、詰物をした家具などを全て部屋から出して、少なくとも浮き上がった煤だけは叩き出し、同時に天井を掃き、白く塗りなおすことさえもするのであった。しかしこういう家庭内の大騒動は、同じように骨の折れる「洗濯日」の儀式をとり行なうため、月曜日ごとになにもかもひっくり返す習慣をまだ守っている世帯においてさえ、だんだん歓迎されなくなった。清浄な光源は、明らかに両儀式の苛酷さを減少するのに大いに力があったし、不潔な照明の使用量が増すことは、それに見合う全般的な家内のごみや汚染の増加をますます明示することになった。

現に照明から排出されているものを、拡がらないようにする試みはいろいろあったが、当然、大部分はガス灯シャンデリア自身の真上の区域に集中していた。照明器具の上に排気格子(グリル)を用いるのは、リヴァプールのオクタゴンだけに特有だったのではない。実際にそれは煤の多い排気を処理する方法でもあり、また天井直下の濃厚な汚染域から汚れた空気を対流で排出するのに、廃熱を利用する方法でもあった。こういう格子は、ふつう装飾物やローズ形の中にはめこまれているが、この装飾物とは、照明器具の吊下げ点のまわりにあるかなり厚肉の浮彫りで、葉飾りなど建築的装飾を施した相当な大きさの平板である。このような対象で特徴づけられた豊かな装飾は、装飾芸術の豊満なヴィクトリア朝趣味からきたものかどうかはわからないが、その浮彫の厚みや切込みや渦巻きは、やはり煤の多い排気をこの装飾の範囲内にとらえ、真直ぐ天井に拡がってゆくのを阻止するのに結構役立ったと思われる。

しかしながら、この問題の最悪の部分は一八八〇年代の初め、ガス照明技術における大きな突破口で突然避けられることになった。そのころ、オーストリアの途方もない発明家アウアー・フォン・ウェルスバッハ男爵が、経済的に成立つガスマントルを作り出したのである。それは希土類元素の酸化物をしみ込ませた耐火織物の球で、ガス炎の熱によって白熱光を出すのであった。マントル自身が白熱光を出すので、未燃の炭素が白熱する必要がなく、正しく調節された空気の流れに伴い、炎はブンゼン灯の原理によって効率的に燃えることができた。その結果、熱の放出はまだかなりの量のままであったが、煤の排出は大きく減少した（通常の家庭の条件ではめったになくなりはしなかったが）。

このことは非常に大きな前進で、特に小ぎれいで便利な倒立マントルがでたときそうであった。だれでもガスの家庭照明で暮らしたことのある人は、それが推奨すべき点を多くもっていることを知っているだろう――正しく調整されればとてもたのしい色調スペクトルをもつ、あたたかくてささやくような親しみのあるその輝き。ガスマントルは、その加熱の相手である白熱ガス炎とともに（発光体として石綿糸を用いたモデルは一八八〇年代の初めから用いられた）、二つのことがなかったならば大きな未来をもったことだろう。その第一は、最初の特許所有者としてのフォン・ウェルスバッハの態度であった。それは絶対的財産権というほとんど封建的な考え方と、会計上の方法におけるレヴァント人*的な狡猾さと、できるだけ大もうけしようという率直な十九世紀的決意の組み合わされたもので、第二の事柄、すなわち家庭用電灯の実用システムの完成という形の解放が、目前にせまったまさにそのとき、それら全てが結びついて彼が市場を思うままに牛耳ろうと試みるにまかせた。ウェルスバッハのマントルは、エジソンやスワンの勝利がガス照明を根底から払拭してしまう前にそれ自身を十分確立するのには、ちょっと遅すぎる場面に登場したのであった。

電灯照明は、ガスの提出していた環境問題に対してひとまとめで二つの解決を与えた。熱を少ししか出さず煤を作らなかったのである。のみならず、ガスにくらべてサービスや手入れを要することが劇的に少なくなり、ガスの熱や必要な空気のために、ガスをほとんど使うことのできなかった多くの制限付き空間にも、設置することができた。こういう利点があったので、はじめのうちガスにくらべて、設置費や使用料がどんなに高価であったにせよ、電灯照明は抵抗しがたいものであった。あまりに魅惑的であったので、頑固で経費にさとい実業家が、電力供給の得られる前でさえ、新しい建物にそれを設置するよう要求したくらいである。誰もがみとめる有名な例は、バーナムとルートの設計したシカゴのモントーク・ビルである。所有者たちは、一八八一年二月五日付（これは世界ではじめて電力供給の主幹線のできる正味十二カ月前である）の手紙で、そのシカゴ代理人オーウェン・F・オルディスにこう提案している。

> 配管工事が少なければ少ないほどトラブルも少ない。ガス配管を含め全ての配管が、よくわかりまた近づきやすいようにできるだけ集中させるべきだ。また将来の電灯照明のために配線しておくことも得策であろう。それをするのは今ではボストンでは珍しいことではない[注8]。

一体、これほど強固な商業精神でさえ、まだ約束にすぎないサービスにこのように心を奪われたとすれば、照明および環境の動力源としての電力の到来を、人々があたかも恵み深い魔法の幻を頂戴したかのように、宗教的畏怖のごときものをもって待ち望んだことは驚くにあたらない。白熱電灯の驚異の年である一八八二年の五月、王立英国建築家協会会員ジョン・スレーターは、その協会で『建築の電灯照明における最近の進歩』という論文を発表した。それは、たいした盛儀で、室は、

> ……スワン、エジソン、レイン-フォックス、マキシム型などの白熱電灯で照明され、セロン、ヴォルクマー両氏により発明された蓄電池から電力の供給をうけ、それらは室内に立っていた[注9]……

このまるで奇跡のような光源の、まのあたりの証拠にかこまれ照らされて、スレーターは述べる。

> ……革命は主として白熱灯の発明によった……これは安定した不変の光の点で、白熱する物質が絶えず分解し燃え去るアーク灯とは対比的なものである。
> ……新しい照明手段の経済的価値は、どちらかというと過小評価されてきた。白熱灯は、どのような装飾計画に対しても役に立つという重宝さが、主な魅力の一つであった。
> 条件が完全に変わってしまい、光源はどこでも要求された場所に置きうるし、天井を黒くしたり非常に燃えやすい物に引火したりする恐れもないのだから、ガス器具の線に沿うのは望ましくないであろう。この照明システムの進歩は非常に速かったので、建築家たちは、まだその装飾的能力に注意を向ける余裕がなかったのだが、そうなった時には、彼らは完全な照明に対する全ての要求を充してくれることを発見しただろう[注10]。

スレーターがこの一節で用いた装飾的という言葉は、表面的なものだけを意味しているととる必要はない。たとえ、彼がこういう事柄を論じるため、今日用いられているような語彙を使用しなかったとしても、作られた環境の性質と利用について深甚な革命を意味していたことは、彼のテキストの後の部分から明らかである。疑いなく、彼の結びの節の、ほとんど宗教的な厳粛さを説明するのは、この深甚な革命という感覚である。

> 電気科学の進歩は、この十九世紀後半の最もめざましい様相であって、われわれが雇い人の手中に完全に陥りたくないとすれば、日常業務の中で、われわれ建築家にとって必要事である電気科学の問題と、何ほどかのなじみになる日はそう遠くはない。科学が電光をとらえたのは本当だが、それはまだほとんど馴らされていない。われわれは、この新しい召使いをよく知らないまま取り扱おうと試みないように気をつけよう。電気は、訓練すべくわれわれの手に与えられた新しい動力（パワー）であって、その性質と長所をしらべ、危険や脅威を防ぎ、われわれの手にある古くからの諸手段と共に、「市民の利益のため、都市の美観のため**」の格言どおり、これを使用することを学ぶのはわれわれの義務である[注11]。

歴史のあと知恵からスレーターをとがめうるただ一つの点は、白熱電球の発明の決定的性質にこだわったことにある。

当時まで用いられた光源を直接個人的によく知っていたことによって、ガスのゆらめく炎と電気の落ち着いた冷たい光との対比があまりに大きく見えたので、後者がきっと大きな衝撃だったろうということは認めなければならない。著者がありありと思い出すのは、自分の科学の先生の一人が、もう停年に近い年齢であったが、少年の頃、ダブリンの街のショーウィンドの中の金魚鉢の底にともっている、はじめて見た電灯を覚えていた！ とはいうものの、今はあと知恵と適切な語彙とによって、われわれがシステム工学の勝利とよぶべきものが決定的な発明であると見分けることができる。電球そのものは少し前に満足な働きの段階にさしかかっていた――英国では一八四八年という早い時期に、スワンが実験室のおもちゃとして原始的な紙製フィラメント型の球をもっていたが、球内を十分良好な真空にしてそれを確保することが困難で、フィラメントがあまりに早く燃えつきるため実用にならなかった。次いで一八七七年までに、スプレングルの真空ポンプを用いてさらに高い真空度が得られるようになり、また球を貫通する導線に白金（これはガラスと非常に近い膨張係数をもっている）を用いることでこの高い真空を永久的に封じこめるのが容易になった。スワンとエジソンの炭素フィラメントは、まったく正確といってよいほど同時だったので、彼らの間の特許訴訟は引き分けに終り、彼らは英国市場を開発するために合同会社を作った。一八七八年以後は、電球や特に金属フィラメントに関連した特許が、ほとんど毎年あいついで現われている。

しかし、トーマス・アルヴァ・エジソンをして電灯照明の真の父たらしめたユニークな業績は、実用的な電球ではなく（それがなかったら彼も彼の経済的後援者も完全に挫折していただろうけれども）、むしろその電球に商業的にひきあう電気を供給するための、完全なシステムの発明と組立てのほうに関係するところが大きい。一八七八年のエジソン社の成立と、一八八二年の最初の公共幹線による供給開始との間に起こったことの物語は、ここで詳しく述べるには複雑すぎる。しかし、注目すべき顕著な点は、システムを構成する部分については、全く独創的といえる発明がほとんどなかったということである。偉大な発明とは、中央の発電所から得られる電力の生産・制御・計量・配給および使用のための実用的なひとそろいとしての、全体的共同機能という概念のことであった。

これを達成するためには、技術的な発明の才による、多数の細部の成功や巧妙さが要求されたが、それは時として、満足すべき市民の先見と結びついていた。たとえばエジソンが、

水道管やガス管を支柱の上にのせてはならない[注12]。

と述べて、電話用架空線のように周囲の空気を安上りの絶縁体として用いることを真似る代りに、彼の電力のため十分で適当な地下埋設用絶縁導体の発明を自分で負うと主張した時がそうであった。

けれども、電話業務はいろいろな面でエジソンの勝利に大きな役割を演じた。創業の時には彼のシステムを作り操業するのに必要な電気機械的熟練の多くは、一八四〇年代以降のアメリカの電信システムで、また一八七〇年代後半以後の電話システムにおいて蓄積されていた養成された人材の宝庫からのみ得ることができた。だが、気ままな考え方の家庭消費者に、変動する電気量を供給するのは、不可能も同然と思われていた問題の解決がやってきたのは、この人材のプール（最も才能のあるメンバーとしてエジソン自身も含まれている）からだった。

一八七九年になっても、下院の特別委員会の前で

ウィリアム・トムソン卿やチンダル教授のような科学者たちによって、家庭における使用のため電灯を細分化することの実行不可能について[注13]……

証言が行われた。しかしエジソンは電信技手としての年月から、複雑なネットワークを通じて小電流を送ったり送り返したりする職業的技能を身につけていた。つまり「電流を借りる」という経験的な実用法とか、電流を盗むという明らかに不正なやり方などの手段によるのである。彼はこの経験をもとに、次のことを知っていたと思われる。すなわち電気の配給網は、ガスや水道の配給網が栓の開閉に対して即座に対処しうることを可能にしている貯蔵能力というものをもつことはできないが、複雑な電気システムには、理論的には制御を越えたものを扱う適当な設備と制御の技があって、それによって電灯の実効的な細分配の達成をゆるすだけの余地がまだあったということである。

これと、消費電流を測る方法（はじめは電解液槽の板の重さを定期的に測定した）とが与えられたので、中央発電所からの営業供給を始めることができた。一八八二年一月には、街灯と家庭用幹線を結合したエジソン式システムが、ロンドンの新しくできたホルボーン・ヴィアダクト地区で

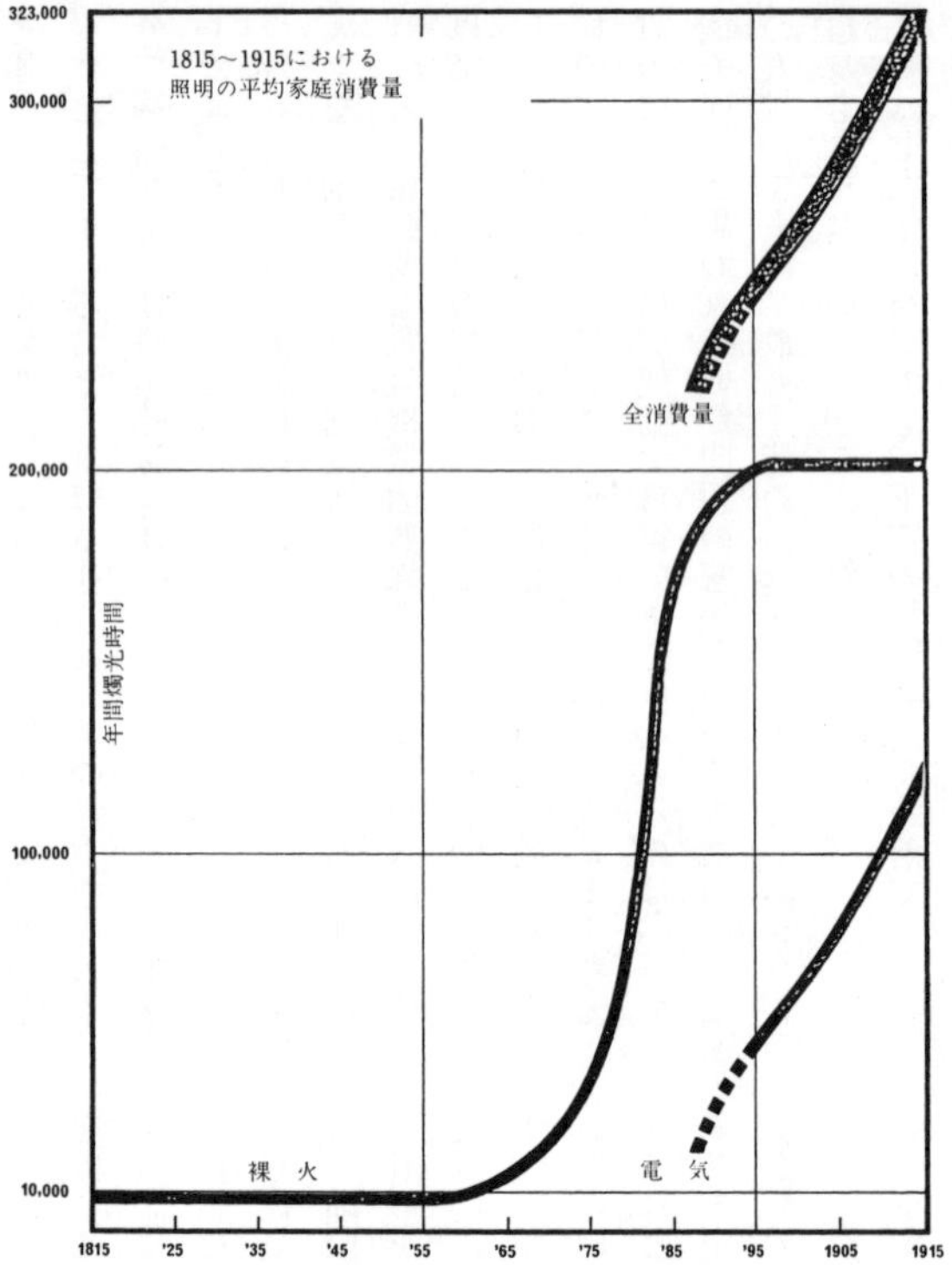

年間燭光時で示された家庭用照明消費増加。
ウォルトン・クラーク博士の
1916年の数値による。

操業を開始した。彼の合衆国でのどの施設にも電気の流れる数カ月以前のことであった。しかし、ロンドンの他の部分に同様の計画があらわれるまでには何カ月も経過した。なぜなら、ガス産業の議会陳情団が、公道の共同溝内にケーブルを敷設して電気を供給するための制限解除法を、実力阻止してしまったからで――ホルボーン・ヴィアダクトは大部分造成地だったので、法的に例外――一八八七年になってやっと法律が最終的に通され、ケンジントンで家庭への供給が成就した。

一方、合衆国で最初の公式供給地域は、一八八二年の八月と九月にでき上ったもので、ニューヨークの商業地区にある有名なパールストリート区を含んでいた。こうしてこの都市とエジソン社、後のコンソリデーテッドエジソン社との、長い波瀾万丈の関係が始まった。これらの活動によって、人類の歴史にとって火を手なずけて以来最大の環境的革命もまた始まったのである。

ガス照明の市場は徐々に傾いていったが、光の消費のめくるめく上昇は、それまで同様急傾斜で続けられた。電気配線と電灯の設置は建設工業の一部門となり、電灯照明への切換え時期の熱していた既存の建物の残り仕事のおかげで、第一次世界大戦まで続いた周期的不況が他の実業をひどくおかした時期でさえ繁栄した[注14]。そして電化するということは、新しい清潔な光源を超えて、それ以上に幾多の環境的サービスや家庭用利便への道を開いた。

家庭用規模の電気扇風機の使用については既に述べた。一九〇〇年までに、製造業者のカタログには、今日われわれのそばにあるのと同様な加熱部を組み込んだ調理器（やかんやシチューなべなど）の大部分を列挙し図示しているし、いくらか原始的な形であるとはいえ、トースター、ロースター、電熱器（ホットプレート）とオーブン、輻射パネルヒーター、対流パネルヒーター、コーヒー碾き、投込み式温水器から電気ライター、カール用ヒーターのような時代物まであった。一九〇六年のゼネラル・エレクトリック社のカタログの出る頃には、全ての家庭用電気器具のうちでも最も重宝な電気アイロンがすっかり出来上っていたし、電気コーヒーわかしや電気毛布のさきがけまでできていた。家庭用冷蔵庫と真空掃除機が完全に家庭向きに作られるのは戦後まで待たねばならなかった。真空掃除機の変り型は一九〇〇年直後に存在したが、最初の冷凍機（ケルヴィネーター）付冷蔵庫は一九一八年まで市販されなかった。これらの考案は全て魅力があり必要でもあったが、電灯照明ほど圧倒的長所をもつものはなかった。また建築家やインテリアデザイナーに対して、これほど複雑微妙で予期せぬ問題を提出したものもなかった。だから、これほど複雑微妙で予期されぬものには、それだけで副章を設ける値打ちがあろう。

＊　＊　＊

最初、新しい清潔な光の魅力はそれほど大きかったので、さらに工夫をこらすのは不必要と思われた。時には急いで改造された古いガス用の器具が用いられたが、その魅力は室内に美しく輝く光を一面にみなぎらせるのに十分で、また工業が親切にもより大きなより良い電球を供給するにつれ、光の総量をますます大きくするにも十分であった――高速の技術的進歩は一九一〇年代まで続き、大きな上にも大きな出力を可能にした。のみならず、プリズムカットのガラス製の笠（本来はウェルスバッハのガスマントル光源のために開発された）が引き続き改良を重ねられて、貴重な燭光のほんのわずかも無駄にせず、下向きの光をさらにさらに多く望む場所に向けることが可能になった。そしてこれらの無分別な方法の意味や望ましさに対し、実際上疑問が出されるまでにはいくらか時間があった。

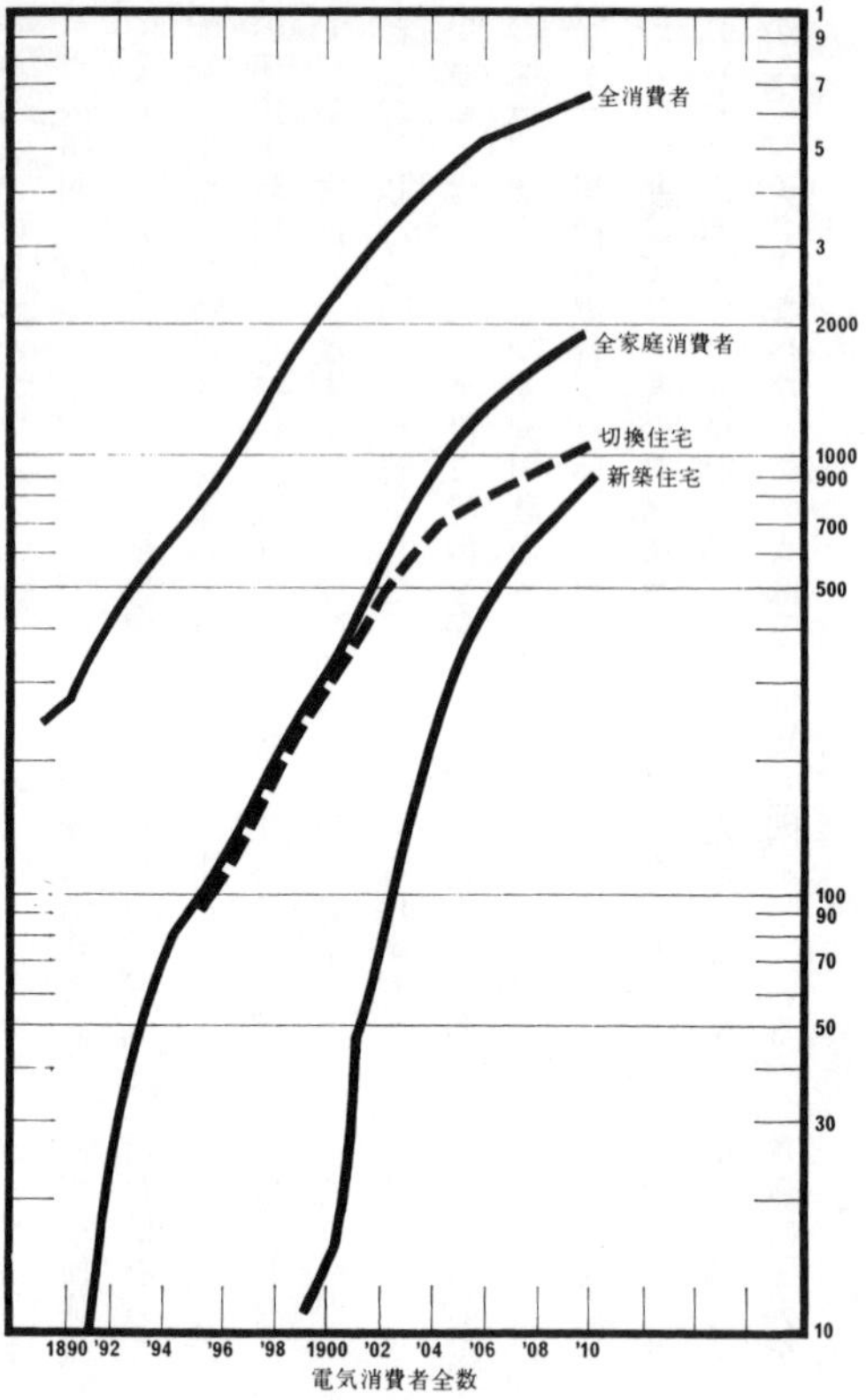

1890–1910年の間における
リヴァプール地区の家庭用電灯設置率。
H・C・モートンの研究による。

とはいうものの、スレーター以後に、無制限な光を室内にただいっぱいにみなぎらせることに対してあげられた孤独な声があった。彼は室の周囲に小さな点光源を分布させることだけでなく、建築の一部としての室内の造り付けの遮蔽板のうしろからの間接光（主としてアーク灯の強烈な輝きをやわらげる方法として）を使用することも考えたのである。しかし商売とこれに伴う一般実用は、はっきりと視界にある天井中央の器具にまかせきりであったようだ。この使用法に対しては明らかにいくらかの弁護はできる。多くの場合、電灯照明は以前のガス設備の場所や（壁の汚れるのを減らすため天井の中心に置かねばならなかった）、ローズ形や配管までも（今度は電線用コンジットとして）受けついでいた。そのうえ、実生活では住宅の多数の室がそうでなければならないような、不特定の機能をもつ室では、もし建築家たちの着想のうちに入っていなければ、中央におくというのは、光源をどこにおくのが一番よいかという問題に対する苦労のいらない妥協的解決として、しゃしゃり出るものなのだ。

商売上の利益は二重になっていたように思われる。第一に出力が年ごとに上昇してゆくことで、すでに非常に強力で高温の電球を生産しはじめていたから、天井の真中におくほうが安全なように思われた。それだけでなく、分散的な解決法は小さな電球を意味し、そのため次年度にさらに強力なモデルを生産する刺激にならなかったので、これは市場経済の技術がしばしば陥る自律的な悪循環の一つだったのである。さらに、大きな中央器具は製造が高くつき、そのためそれを販売する小売商により大きな値幅を約束した。さらに、それらはたいへん重く複雑なものが多かったので、熟練した職人でなければ取り付けることができず、そのため近所の電気屋にいっそうの報酬を提供した。それなのに分散的な解決はしばしば卓上ランプ、標準ランプおよび「装飾（アート）ランプ」によることが多かったが、これらは世帯主が何の熟練助手もなしでただ壁の差込口にプラグをつっ込むだけでよかった。小売商は移動できるランプと何十年もの間戦いつづけ、一九二五年になっても『照明器具と照明』の社説は、大見栄で「ランプは固定器具を押しのけつつあるか？」と尋問していた[注15]。

同じ社説はまた、中央器具の使用が業者の利益と同じくらい建築家やインテリアデザイナーのためでもあったと暗示している。

大衆は照明には無知なので……ランプを好む傾向があるが、たいていの場合それは全く不適当で、そのうえ装飾計画の釣り合いを失ってしまう……高価な邸宅の居間に、天井灯やブラケットなしに十三個ものランプがあると恐ろしい色の組合せができ上る――この照明計画について誰かが責められるべきだ。建築家か、所有者か、それともただの無関心か？[注16]

一九二五年までに状況がどうなっていたとしても、家庭電化の初期には、建築家がスレーターの言葉の示すところをよく理解し、そして分散的な解決をえらぶこともあり得たように思われる。シュロプシャ州のストークセイ法廷の大広間にあるトーマス・「ヴィクトリアン」・ハリスの設備は、上階のギャラリーを支える柱のおのおのにとりつけた簡単な腕木から可撓線でぶら下げた、低出力の電球を用いている。設計の時期は一八八九年で、電灯照明のため特別に設計された家としては、英国で初めてのものであることがほぼ確実である。なぜなら完成直後に撮ったこの家の写真にも、照明用配線が現在と同じ位置に設置されていたのが見られるからである（ＲＩＢＡ［英国王立建築家協会］図書館の写真アルバムに現存[注17]）。

ストークセイ法廷の大広間、1889、トーマス・ハリス設計。照明はまだ今も原設計どおりの配置である。

初期段階における電灯照明技法についての一般的な展望の最上のものは、疑いなくルイス・ベル博士の著書、とりわけ彼の一九〇二年に初版を出した『照明の技法』によって与えられたものである。ベルは彼の議論の中の一点で、器具の固定化と、新奇なものの疑問ぬきの受入れに対して、巧みに異議を申し立てている。

エリフ・トムソン教授は著者に対して、あるとき非常にうまいことを言った。もし電灯照明が何世紀もの間使われていて、ちょうどろうそくが発明されたのだったら、ろうそくは完全自足で、いつでも使用でき、完璧な移動性をもつという理由で、世紀の最大の祝福の一つとして歓呼して迎えられたことだろうと。

現在のところ、ガスも白熱電灯も、たくさんの利点をもってはいるが、移動性という利点がない。それらは建設業者や請負業者が、取付けに一番つごうがよいと見たところに実際とりつけられる。ガス管や電線は器具から望みの点まで導くことはできるが、この這いまわる付属物は時には混乱し、しばしば邪魔になり、いつも目障りになるからである[注18]。

しかしながら、ろうそくのことは明らかにたんなる討論点で、あとの議論の中でベルは直接この問題について言っている。

家庭においても、他のいろいろな室内照明におけると同様、設計者に二つの道が開かれている。第一に、照明さるべき全空間を、窓を通して昼光をうける室の効果に多少とも近似させて、ある輝き以上に均一にまたは均等に近くしてしまうよう計画できる。でなければ、強さでも分布でも昼光を真似るという目的はわきに投げ出し、たんに芸術の目的や便利さに役立つ全体的な基本照明を備えるのみで、人工光を必要な場所におくだけにすることができる、……電灯照明については、白熱電球の効率を数パーセントでも改善するため、絶えず最も熱心な努力がなされ、一〇パーセントでも確保されようものなら、この技術の初期のころ以来聞かれなかったほどの披露のファンファーレで歓迎された。しかし照明全般に、またとりわけ家庭照明では、あかりを使うときの今もっている僅かな熟練やこつが、最近二十年間の材料の改良全部よりも、経済に大きな影響を与えることができる。最も役に立つところだけにあかりを置き、最も必要なところだけに集中させるという基本的な法則が、あまりにしばしば忘れられ、知られなさすぎる。これを覚えておけば、照明費を減らすだけでなく効果も改善される[注19]。

しかし、もしこれらが一九〇二年と同じ「われわれのもっている光」の機能的な展開のための一連の基本則を構成するのなら、芸術家としての建築家にとってまさに特有だと見なせるほどの、電灯照明についての視覚的・美的問題もあったはずである。電気の光を用いれば、他のどんな環境的な助けをかりてもできなかったやり方で、形やヴォリュームの現れ方を変えることができた。たとえば、管状の細長い灯を（この技術のほんの初期から存在していた）、突き出した蛇腹の上に隠し、その光を上方の円天井に投げかけることによって、光の落下を逆にし、曲った表面に影をつけて、普通の視覚的期待を裏返し、昔からの投影術を無意味にすることができた。

光のこのような用い方の中にもともとある可能性や問題は（今では投光照明が、広告や「ソン・エ・リュミエール」に用いられるという屋外の状況で一般に二重になった）、電灯照明がわれわれと共にあるようになったこの八十余年の間、ほとんど理解されず、役に立つような討論もされなかった。もっとも、建築家がそれに気がついていたという隠れた証拠はしばしばあるが。もち上がったもう一つの同じくらい感興をそそる問題については、ある程度公開の討論がなされたように思われる。すなわち一九一七年に、モーガン・ブルックスは、『照明と建築インテリアとの関係』についてのいくつかの意見のなかで、次のように述べた。

一見したところ、美しいインテリアを上手にうみ出す建築家が、霊感のない部下にその照明をまかせ、彼の芸術をつまらなくするほど不調和な結果にするのは驚くべきことのように思われる。疑いなくこのことは、一部は、建築家がインテリアの計画とともに照明を思い描かず、後に思いかえそうともしなかったか、あるいはできなかったということにより、また一部は彼の原案が非常に強力で、光があってもなくても美しいと思うほどインテリアが気に入っているので、不釣り合いな照明がひどく邪魔にはならないというせいだ[注20]。

そしてここで彼が示したように、芸術家ならびに専門家としての建築家の心理を見抜いたことは、照明の問題と取り組むのに結果的に無能力だという全般的な問題に光をあてるのに役立つ。建築家たちは自分の最初のスケッチに左右される。そしてそのスケッチは、ふつう自然光の中で見えるような形か、または建築スケッチの中にだけ存在する抽象的な一般光の姿をあらわしている。照らされる対象の内側にあって発する光は、全くないかきわめてまれで、それゆえまたもやブルックスの言うとおり、

建築家たちが特製のガスや電気の照明器具をデザインするのはごく普通のことだったが、これらの器具の調和性は概して夜より昼の方がよくわかるということに賛成してもらえるだろう[注21]。

これは皮肉やきまり文句であるだけではなく、非常に深く問題に切り込んでいる。建築を、ル・コルビュジエの言葉「光の中で組立てられた形」と定義するよう、外光とその投影によって造形することを訓練された人間が、どうして彼の芸術を、「形の中で組み立てられた光の壮大で巧妙な名人芸」と定義するよう、その芸術を裏返しにして内から射す光によって影もなしにその姿を造形することができようか？

電灯照明は、このようにして建築家に対する環境技術の挑戦状を、直接建築の芸術性につきつけた。なぜなら、非常に豊かな光量は、大面積の透明または半透明の材料と関連して、建築物を見るためにそれまで確立されていた、全ての視覚的習慣を実際上くつがえしたからである。初めのうちは、暗くなってから人工光がその構造を輝き出させるとき、はじめてその本性が認識されうるような建物を、心に描くことができた。そしてこの可能性は、新しい情況に適応した理論的実体の支えもなく、あるいはそれらの視覚的効果や環境的結果を記述する実効的な語彙さえもなしに、実現され発展させられた。まさにこれは、望ましい効果や環境を生み出すことのできなかったこの世紀のおびただしい失敗を説明するものであり、同様に疑いもなくこれは、「ガラスの箱」に対する反動の周期的な波や、なお依然として視覚的造形が外光と投影によって生み出され、それに対する確立した理論と慣習的用語の存在する、密実なコンクリート造やどっしりした石造への流行的回帰をも説明するものである。

われわれはこの十年、こういう反動や回帰の周期を通ってきた。それに対しては、われわれの知識を固め進歩を再評価する必要というような、正当性を探る理由がたぶん提唱されるだろう。しかしどんなに言いわけしようとも、広く利用されている環境管理の技術的補助手段の範囲に照らしてみると、建築職業人の態度は、一九〇〇年から一九一四年にかけての歩度設定者たち、特にフランク・ロイド・ライトの態度よりも、格段に非冒険的に見えるという事実は依然として存在する。ライトはどんな基準に照らしても、調整環境の建築の最初の巨匠とみなされなくてはならないし、それゆえ次の二つの章の主人公でなくてはならない。

〔注〕

1　Bushnell and Orr, *District Heating*, New York, 1915, p.2

2　*Furnace Heating*, New York, 6th ed., 1923, p.213.

3　温気暖房はふつうローマのハイポコーストとか、その他原始的システムの証拠によって、温水や蒸気による暖房より先輩であるとしばしば語られている。このような床下の装置は、燃焼生成物と高温空気とが無差別に循環するのだから、この章で論じたフランクリンストーブの系統を引く現代的な温気システムと同列には明らかに入らないし、一八五〇年以降の現代建築との連係は無視しうる。

4　前掲書同ページ。

5　M.Ingels による伝記。
Willis Carrier, Father of Air-conditioning, Garden City, 1952.

6　*The Building News*, June 9, 1882;「A Note on Hospital Ventilation」, p.709.

7　*NELA Bulletin*, 1910, Vol.X（III, new series, No.10）中のウォルトン・クラーク博士の数字による。

8　C. Condit, *The Chicago School of Architecture*, Chicago, 1964, p.53. 中に引用。

9　*The Building News*, May 19, pp.600ff. に報告された。
ジョン・スレーターの名は英国建築年鑑中ではたいへん大きなものとはいえないが、彼の息子と共同で（スレーターとモーバリ、スレーター、ウレンとバイク）二十世紀にかなりの役割をしている。スレーターの電気に対する興味は報酬なしではない。彼は最初、一八九五年にケンジントン配給網の臨時発電所を建てており、ノッチング・ヒルとウッドレーンにも他の発電所を建てている。彼はこれらの計画の促進者であるクロントン大佐の家も建てた。一九二四年没。

10　*Recent Progress in the Electric Lighting of Buildings*.　前掲書同ページ。

11　同書。

12　*Thirty Years of New York*, Edison Co., New York, 1913. 宣伝用社史中に引用。

13　Slater, 前掲書同ページ。

14　十九世紀の最後の十年間にリヴァプールで行なわれた電気の接続工事と設置工事に関するH・C・モートンの記事によって明らかにされた。（未出版一九六七年度修士論文 *A Technical Study of Liverpool Housing 1760-1938*, H.C. Morton）

15　*Lighting Fixtures and Lighting*, Februrary 1925, p.24.

16　前掲書同ページ。

17　当代のフィリップ・マグナス卿およびマグナス・アルフォード夫人の書翰による情報。

18　Dr. Louis Bell, The Art of Illumination, New York, 2nd ed., 1912, p.208.

19　前掲書 pp.208-209.

20　Morgan Brooks, *Scientific American Supplement*, The Relation of Lighting to Architectural Interiors,（Vol. LXXXIII）June 2, 1917, p.367.（照明技術協会への論文の再録）

21　前掲書同ページ。

〔訳注〕

*　東部地中海沿岸地方の人。

**　Usui civium, decori urbium.

第五章　大建築の環境

一九〇〇年までに存在した環境管理用の新しい機械装置のひとそろいは、建築における異なった二組の急進的な問題および機会を提出した――ように見える。一組は、新しい装置の採用によって**強いられた**建物の変化と関係があった。特にその設備を置くための余地をみつけることや、合理的な経済的性能を引き出すための断熱改善というような、構造上必要な変化などである。他の組は、新しい装置によって**容易になった**建物の変化と関係があった。特に、ある特定の環境的性質を大切にしたり創造したりするために、構造を適応させなくてもよいということから生じる自由である。実際にはどちらの事柄の組が優勢であったか、二組の相互作用がどんなふうであったかを確かめることは、通常困難である。なぜなら、考察する価値のあるたいていの建物では、服従と開発とは解けないほどからみあっているからである。にもかかわらず、歴史的記録をひどく曲げたりしなくても、大建築の研究からは、環境的機械類によっておしつけられた建築上の束縛を、そして住宅構造の研究からはその恩恵を、少なくとも例示することが可能である。

大建築はまさにその巨大さのゆえに、これに係わる大量の構造材料や内包される大容積の空気によるのみならず、風圧をせきとめたり大面積の地面に影を投げかけたりして、外部の気象条件をくつがえすことによっても、新しい環境問題をつくり出した。まもなく大きな機械装置が、少なくともありきたりの尺度なら、この擾乱の内部への影響くらいは処理するようになった。しかし、初期の頃のこの機械の大きさそのものが、使用場所にそれ以上の問題をもたらした。その重さのために、地下室以外はどこにも収容するのが困難だったことはすでに述べたが、そこに置くのも他の制約をつれこむことになった。たとえば、もしそれが蒸気駆動なら、ボイラー炉のためのかなり高い煙突が必要だったろう。そのうえ、もし建物の全高を下へ向かう巨大な吸込みダクトと、さらに吸込まれた空気を処理するため、同じように構造の全高を立上る巨大な上向き排気のダクトとが要求されたなら、そのときは設計の当初から三つの馬鹿でかい垂直の目立つものが場所をふさいで、そのため建物の周囲の内側か外側に設置場所を都合してやらねばならないし、どちらも物凄く高価な構造上の課題となったことであろう。たしかに自然排気によるプレナム方式は、一九〇〇年ごろこうした人目を引くものをもっていた。

しかし先例のない問題をひき起こしたのは、換気され暖房され照明されるべき建物の、たんに大きさばかりではなかった。その形や構築技術もまた、環境的な結果をもっていた。特に摩天楼事務所建築は、緊急の解決を要する新奇な不快さと支障とをもちこんだ。こういった事柄は、ふつう歴史的文献ではぞんざいな取扱いをうけていて、そこでは鉄骨構造とエレベーターが高層事務所建築を可能にするのに必要な全てであったと称するのが一般である。事実は、バーチャードとブッシュ・ブラウンが正しく指摘したように[注1]、いやしくも仕事を進行させるには、電灯照明とか電話とかのような他の装置の一群が同様に必要だった——仕事を進行させる能力がなかったら、摩天楼は決して出現しなかっただろう。しかも右の著者たちでさえ、たとえば、それなしではこんな塔のような建物には住むことのできないはずの水洗便所についても、また一九〇〇年にはシカゴとニューヨークでもう建てられるまでになっていた摩天楼の熱的および換気的特性と戦うのに要した種々の装置については、全く言及していない。

どんな環境主義者の眼から見ても、これら摩天楼の多くは本来不満足なものであり、その欠陥は、使用者と建築所有者双方の側からの性能に対する期待の高まりによって、実際上いっそうの悪化をきたした。コンラッド・マイヤーは言っている。

要求水準は温度についてと同様、温度の許容変動幅についても高くなった……構造条件がますます不利になってゆくのに。今日建てられつつある細身でのっぽでうすっぺらな建物のいくつかは、その目的に適ってさえいないが、そこでの不愉快な経験は、この困難さを説明するのに役立つだろう[注2]。

先駆的な骨組架構の摩天楼を「のっぽで細身でうすっぺらな」と思うのは、今日では常識的ではないし、それゆえ、バーナムとルートのリライアンス・ビルのような建築の有名作品が、マイヤーの文句をつけた建物の部類に楽々あてはまるなどと思うのはとんだ興ざめである。それ以前数十年間のどっしりした石積構造と比較すれば、新奇な「不愉快な経験」をもたらすに十分なほど軽量であったが、それらの欠陥については、マイヤーの要約したよりさらに効果的に、ブッシュネルとオアとが彼らの地域暖房教科書の中で要約し、次のように述べている。

……鋼材の柱と梁でできた骨組または架構で、煉瓦の壁で囲われ、外側は煉瓦またはテラコッタで仕上げられている。こういう丈の高い建築では、鉄骨と基礎にかかる荷重を減らすために、使用しうる最も軽い材料を使う必要がある。そのような場合、もちろん、暖房計算の立場からは壁の薄さが重大なものとなる。このような建物は、どっしりした石造の建物とは対照的に、熱を蓄えたり保持したりする容量をほとんどもっていない。前者すなわち現代風建物の場合、ずっと早い冷却効果のため、後者より毎日もっと長い時間、熱を供給しなければならない。さらに現代的な構造は、採光条件が大変良くなるというので、外壁のできるだけ多くを窓面積にとるような観点から設計される。事実、建物の中には実際四〇パーセントから四五パーセントに及ぶガラス面積をもつものがあり、そういう建物からの熱損失は比例して大きい……

非常に高い構築物で時々注目される一つの特性は、下層階の開口部からの冷気の侵入に基づく煙突効果である。空気は温められながらエレベーター用や換気用など種々の立て穴を通って速やかに上昇し、局所的な真空効果の原因になり、莫大な量の空気を加熱するという無益な出費を伴う[注3]。

高層建物のこの熱サイフォン効果の迷惑の値段は、しかし熱の浪費以上のものだった。つまりこの吸込みのために、一階では悪天候や街路のほこりを引入れたし、扉の開閉を困難にし、書類を机の上から吹きはらった。究極的な解決法は、建物の外囲を密閉して機械換気で制御することなのだが、単純で巧妙なヴィクトリア朝の解決法が八〇年代の終りごろ手に入ったのである――回転扉だった。これは全くの新発明とはいえないが、現在のような使用上の完成レベルに達し、カタログに仕様が載るような標準設備の一つになったのはこの時代であり、テオフィラス・ヴァン・カネルが、一八八九年にフィラデルフィアでフランクリン協会のジョン・スコット賞牌をうけたのは、これを精妙に仕上げたためであった。ヴァン・カネル商会の「常時密閉」(この扉を通りぬけようとする人が四枚の扉の一つを押すと、その扉が横の曲った壁を離れる前に後ろの扉がその壁に到着します)という標語が、会社のカタログで[注4]、なぜ回転扉を用いた結果として建物内の換気をよりよく制御し、より大きな温度均一性が得られると主張し得たかを、十分に説明している。これは、人を通すが風は通さないという

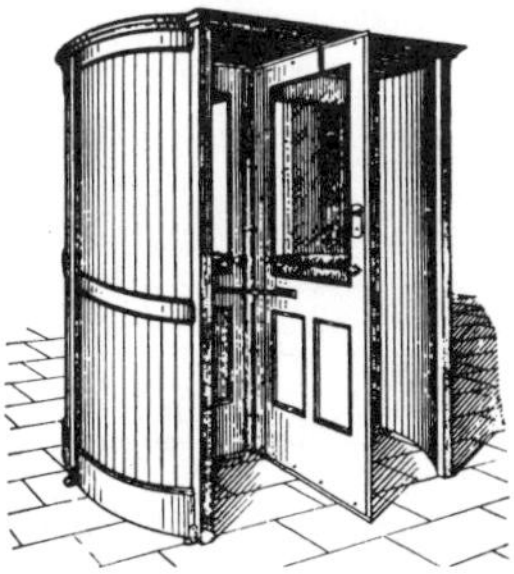

ヴァン・カネル回転扉ユニット。
最も廉価で基本的な形。1900。

効果的な環境フィルターであり、エアロックとは言わないまでも、暴力的な上昇気流を、生まれるときにしめころすドラフトロックなのであった。

とはいえ、このような時宜に適った新案も、大建築の全ての環境問題をすっかり処理することはできなかった。また構造的形態での革新も、望まれていたほどのことはできなかった。特に敷地の性質によって平面上の制約が強制されたところでは、言いかえるなら、そういう狭い敷地に丈高く立っているかぎり、摩天楼の建築設計は、環境的性能を改善するために何もできなかった。その欠点は、高くて幅狭い形に建てさせる因になった経済的および都市的な情勢から生じたのである。根本的な機械的改善が唯一の解決法であるはずなのだが、機械装置が、環境改善から生まれる利益を相殺してしまうほど貸室面積を削らないでも、摩天楼にとりつけ得るくらい洗練されたものになるまでに少々時間があった。

それほど制約されない敷地では、大建築の形の上の革新は、当時利用できた環境技術に合わせるようなやり方ができたし、互いに重要な改善を提供することができた。今世紀の初年から二つの傑出した例を引き出してみよう。それらはどちらも、局所的な過度の大気汚染を含む外気候から動機づけられたものである。その両方とも、建築形態と、内部環境条件の完全に近い意図的制御とが、解けないほどからみ合っているが、類似点はそこまでで、それらの建築はこれ以上違うわけにゆかないくらい違っていた。二つのうち、建築様式は進歩的でないが環境的に進んでいたのは、北アイルランドのベルファストにあるロイヤル・ヴィクトリア病院である。額面どおりなら、設計の功績は、ヘンマンとクーパーのバーミンガム建築会社と技術顧問のヘンリー・リーのところへ真直ぐにゆくが、うわさの霧がその設計のまわりをいつもとりかこんでいた。なぜなら、お国

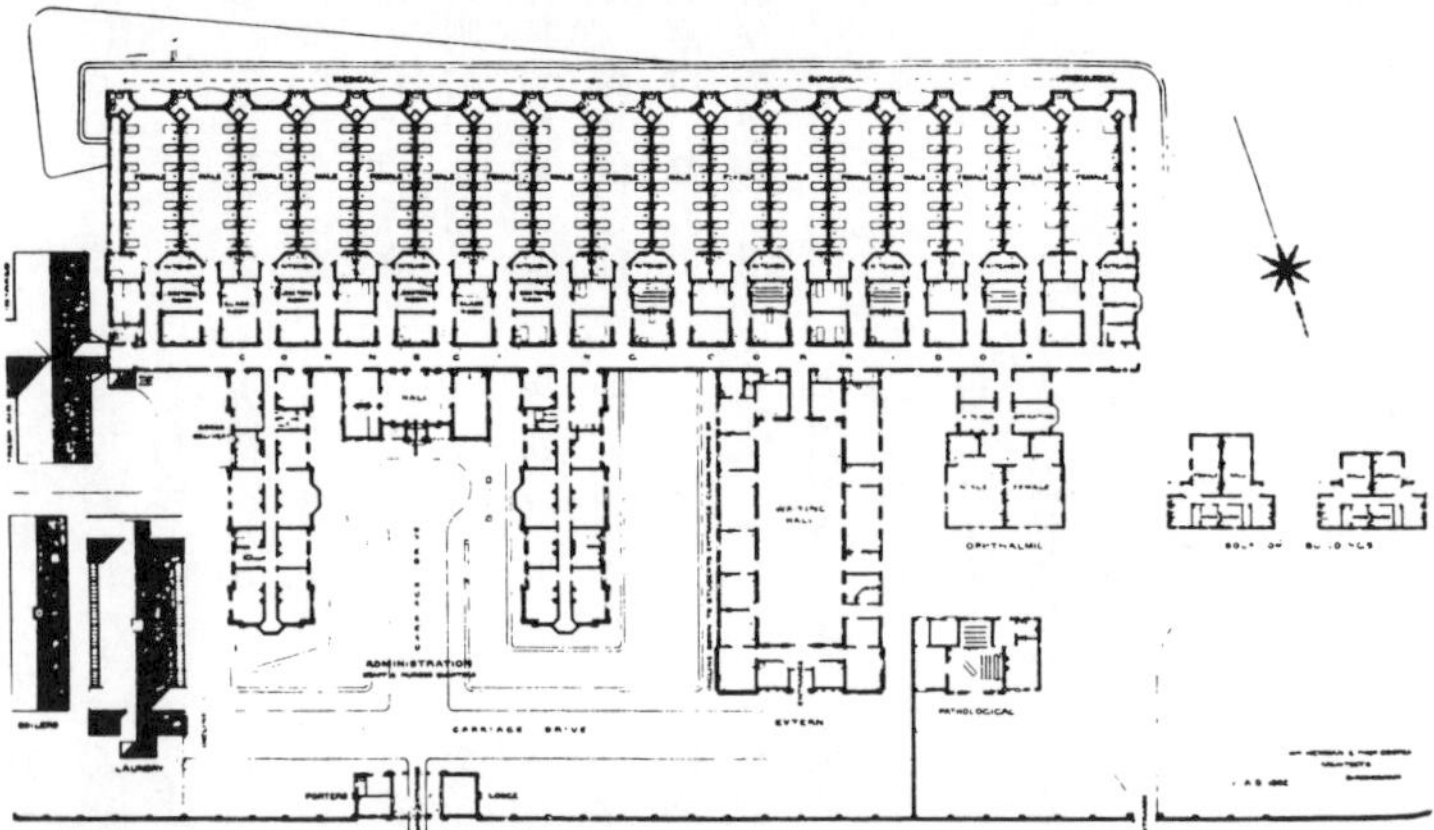

ロイヤル・ヴィクトリア病院。ベルファスト、
1903、ヘンマンとクーパー設計。
上　完成当時の大病室棟外側、換気用小塔を示す。
下　主階平面図。

自慢では、この着想全体があまりに独創的で、ヘンマンとクーパーの他の作品と釣り合わないと主張しているし、また船舶の強制換気が技術的習慣となっており、サムエル・クリランド・デヴィッドソンのシロッコ工場が、世界で最も進歩した遠心送風機のいくつかを生産している都市で、どちらの影響もこの設計に見掛け上の直接効果をもたなかったなどということは、一見して不思議に思われるに違いない。デヴィッドソンの工場が、暖房と換気用機器の設計、設置およびその後の保守に責任を負っていたことは明らかであり、たとえそれらが建築の着想に直接の影響をもたなかったとしても、なおデヴィッドソン自身の仕事や社会関係を通じて、もっと遠回しに作用を及ぼし得たであろう。海運業と造船業の関係筋からは、病院の管理部門に(ベルファストの他の大部分のところと同じように)強力な代表を出していたから、そのうちの何人かが建築家を説き伏せて建物の大部分の形を決めたのかもしれないという疑惑があり、王立英国建築家協会において、この建築家たちによる設計の提示のあと討論が行なわれ、その席で面倒な質問が出るのを防ぐために、この案の支持者たちがうまくあやつって、故意に時間切れに持ちこんだという薄いベールで包まれた非難[注5]によってその疑惑が高められている。

全く推測のとおりだとしても、英国における建築家の最高討論会において、設計に関する公開提示を行なうことの妥当性については、疑問の余地はあり得ない。何故なら、それは当時どこにも比肩するものがないほどの、機械の革新と計画の独創の水準を示しているからである。ヘンマンとクーパー自身の作品のうちにも、革新の進行は十分明らかである。一八九三年のバーミンガム総合病院の設計では、彼らは、従来のパヴィリオンタイプのプランで構成した病院に、ウィリアム・キーのプレナム方式換気を用いた。これは不合理で無駄の多い解決法であった。というのは、分離した病棟を用いる衛生的動機は全て、前世紀以来英国の多くの病院に残っているような、比較的高くて狭い建物の窓と、反対側の開口との間の良好な自然換気を助長することにあったからだ[注6]。どんな種類のものでも強制換気を用いさえすれば、この型のプランは不必要になり、床面積に比べて外表面積の大きいことが、比較的不経済な暖房熱の浪費を呼ぶことになったであろう。プレナム方式から全利益をあげるには、できるだけ多くの設備を単一の構造体の中につめこむと共に、もっとずっとコンパクトな平面がロイヤル・ヴィクトリア病院、ベルファスト。
機関室及び主幹ダクトの見取図。
1　機関室
2　送風機軸
3　加熱室
4　濾過用縄のれん
5　空気取入口
6　ドラフト調節扉
7　主幹ダクト
8　枝ダクト

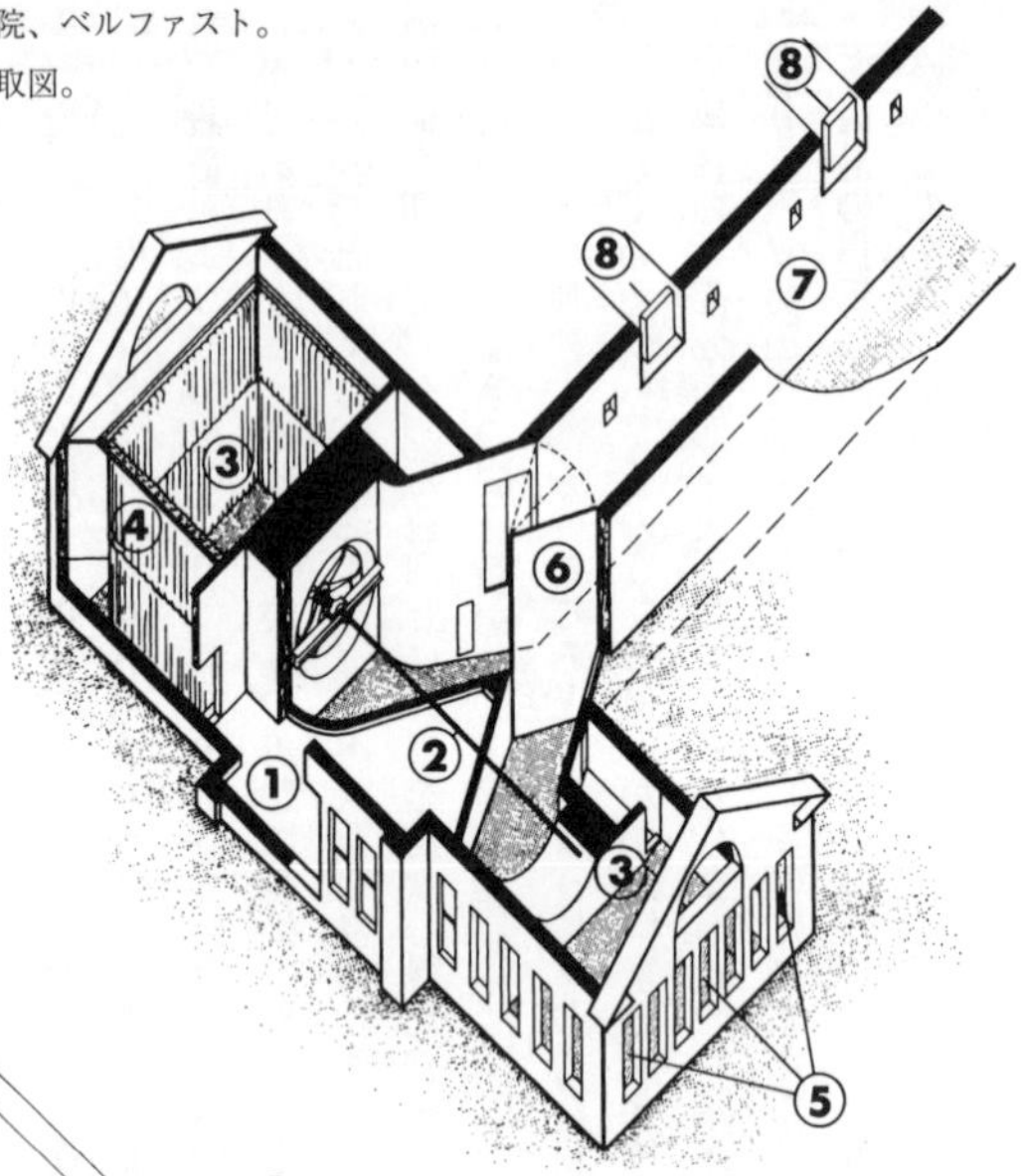

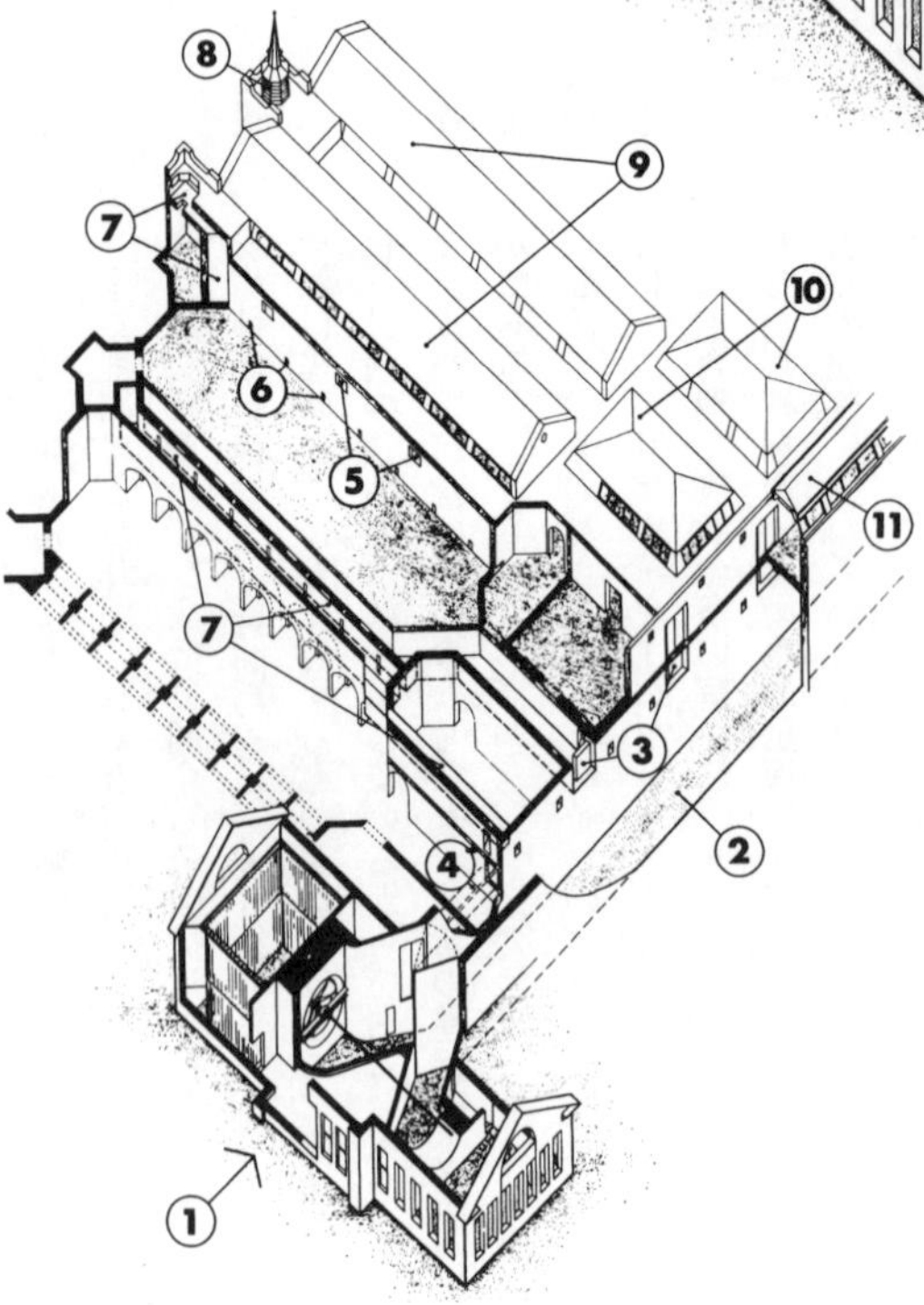

全換気システムの見取図
1　送風機室
2　主幹ダクト
3　枝ダクト
4　配管
5　大病室への空気吹出口
6　大病室からの空気吸込口
7　排気ダクト
8　排気口
9　大病室屋根
10　手術室等の屋根
11　主廊下の屋根

明らかに必要だった（バラバラな建物の間の埋設ダクトからの熱損失を避けるため）。

この望みの物はベルファストのロイヤル・ヴィクトリア病院では完全に達成された。ここでは平面の最大限のコンパクトさがダクトの最小限の長さと組み合わされている。それでもやはりそのダクトは、環境工学の歴史の中で最も記念すべき巨大物の一つである。それはコンクリート床をもつ煉瓦のトンネルで、五〇〇フィート以上の長さと九フィートの幅があり、高さは入口端で二〇フィート、末端ではただの六フィートまで上り坂で細くなっている。推測されるとおり、これは高速方式ではなかった――病院の洗濯室のボイラーからの排出蒸気で運転される一組の蒸気機関が、ダクトの入口端の機関室に設置された共通軸をもつ一対の低速回転軸流送風機を動かした。送風機から出た空気は、両方からY型の入口を通ってダクトへ供給され、冬には温気が、歩く速度より少し速く、夏には冷気が、さらにいくらか速く上り坂を動いていった。

空気はこの巨大なダクトから、左手の壁のダクトの天井の下の高い所に開いた分配路（同様に煉瓦とコンクリートのもの）に送りこまれた。分配路から、空気は壁の中の立て管を通って上昇し、頭の高さより上にある開口を通ってどちら側の大病室にも送りこまれた。というのは、大病室は密着した平行平面に配置されていて、その間には仕切壁しかなく、一階建で、主ダクトと同じ幅員でその全長に及ぶ共同廊下から出入するようになっていたからである。病室は縁辺同士が密着しており、その仕切壁には窓がとれなかったから、傾斜屋根のどちら側にもある長い明かり取りの側窓と、妻側のバルコニーにあるアーチ形の開口とから採光された。大病室の廊下側の端には、炊事場、手術室、個人病院などが大病室への入口の間にはめこまれていた。このように、病院の全医療空間は全て天窓照明の部屋に分割され、ぎっしりつめこまれた一階建のブロックにまとめられていた。部屋は頭上のレジスターから調整された空気を取り込み、汚れた空気は周囲の幅木にある細長い穴から排出され、そこから給気用分配路に平行した排気ダクトへ下ってゆき、最後にガラリ付きの換気塔に終る立上り管を通って建物から出てゆく。この塔は各病室の端に一つずつあって、建物の全外観の著しい特徴となっている。

この空気供給システムに対してデヴィッドソンの設計した制御法の程度は、当時（一九〇三年）の標準からするときびしいもので、当時利用できた比較的粗末な技術を巧みに利用していた。空気は機関室の端にある窓の形をした開口から入ると、濾過室の屋根裏にあるスプリンクラーで(この水は冬は凍結を防ぐため温められるようになっていた)、常時湿らせたココ椰子繊維の縄のカーテンを通して引き込まれた。ベルファストの大気の悪名高い油煙・煤塵その他の不純物を洗い落し、空気はそれから送風機を通り、加熱コイルの列を通過してからダクトに吹きこまれた。ダクトの最遠端までの比較的のんびりした行程で温度が下がりすぎないよう、冬にはその全長にわたる補助配管と、各々の分配路の入口にある追加のコイルから余分の熱が空気に与えられた。

初め、病院の内科および外科の全域に、温めた清浄な空気を用意するよう意図されたこのシステムは、それとともに付加的な利益をもたらした。外気は冬季に最も汚れているから、それはまた濾過器を湿らせるためのスプリンクラーが一番よく使われる季節でもあった。しかし冬季はまた室内外の気温差が最大であり——氷点下でシステムに入る空気は華氏六〇度台の温度でそこから出てゆく——、そのため空気中の水蒸気含有量の欠乏を補わないシステムでは、相対湿度が最小となる時期であった。けれどもこの欠乏は、粗雑ではあるがスプリンクラー方式によって多少とも必要に対する直接の比率で補われた。何故なら、寒ければ寒い日ほど、ベルファストの大気中にはそれだけ多くの煤が注ぎこまれるので、やはりそれだけ多くの水がスプリンクラーから流され、縄のれんをくぐる空気によって吸収されただろうからである。

もし大気の相対湿度をこうして仕上げることが、幸運な偶然に任せられていたのなら、ロイヤル・ヴィクトリア病院が先駆的な空気調和システムの中に位置を占めるかどうか調べても得るところはないが、これは決して全面的に偶然に任せていたのではなかった。はじめからデヴィッドソンはある種の湿度制御を意図していたのであり、医者の記憶を信用するとすれば、一九二〇年以前には、朝と晩に大病室の空気の湿度をふつうの乾・湿球温度計によって観測し、それに応じて濾過用縄のれんに掛ける水流を調節するよう機関士に指令することがしきたりになっていた。このことは即座に、歴史的論議を違った足場に置くことになる。なぜなら空気の湿度が温度および清浄度と共に意識的に調節されるや否や、それはスチュアート・クレイマーが一九

○六年の彼の基本特許の中で次のように規定した、厳密な意味での空気調和が存在したことになるからだ。

私は空気調和という用語を、加湿と空気浄化と暖房と換気を包含するために使用した[注7]。

あるいは、ずっと後にウィリス・キャリアが強調したように

……湿度の制御に加えて暖房か冷房のどちらかによる温度制御、洗浄または濾過による空気の浄化、および気流と換気の制御することである[注8]。

しかし、前述の状態は、空気を調整する意識的な技法が命名される前に達成されたものであり、また技法が意識的なものになってからでなければ、十分に審議されるようにならなかっただろうから、空気調和の先駆者たちの中でのロイヤル・ヴィクトリア病院の位置は、語義の正確さということに巻きこまれないで評価するのが少々困難になっている。他方、それは、人間の快適性のために空気調和がなされた最初の主要建築だったに違いないといってもまさしく真実であると思われる――これ以前の設備はもっぱら産業用であって、合衆国の映画館の計画的な空気調和は、やっと一九二二年に現われた。これは、ロイヤル・ヴィクトリア病院の意識的で連続した湿度制御の開始より明らかに遅いと思われる。

いずれにせよ、建築の歴史の中でのこの病院の重要性は、用いられた環境システムに対する断面と平面との全体的な適応にある。歴史的にさらに興味ぶかいのは、一つ以上の環境システムが用いられ、建築がこれに合わせて変化していることである。というのは、大廊下とダクトの「右側」の施設の大部分は調整システムのおかげを受けておらず、そのシステムはもっぱら病人用区域のためのものだったのである。どこも悪くない人たち――事務員や非番の看護婦など――の占用区域は、ガスの火による在来の暖房と、窓を明けることによるありきたりの換気法であって、そのわけは、病人にはできなくても、健康な人間なら自分で自分の環境を制御すると言い張るものだということが知られていたからだ。

この在来の環境制御をもつ区域について直ちに目につくことは、それらが平面や断面においてもありきたりの建築形式にもどっていることである。その部分はかなり高くて(まる五階建て)厚みがないが、それは風をうけとめることと、建物のどちら側の窓が明けられても、そのでたらめな組合せで風が通りぬけられることの両方のためである。

実際それらは、ヘンマンとクーパーやその他の同業者たちが慣例的に設計していた、パヴィリオンタイプの病棟ブロックとごく近い関係にある。こうして病院の各部の造形は、二つの違った種類の環境管理に対する直接の「表現」、すなわち機械的システムに対応する低層の天窓採光型式と、自然的システムに応じる高層の側窓採光型式とを与えている。

ロイヤル・ヴィクトリア病院の外観様相はまた、機能的かつ環境的部分が近代的であるのに対して細部建築様式が全く適合していないことを痛ましいほど明瞭に示している。今はもう明らかだろうが、この病院は、環境制御については非常に「近代的」で時代の先端を行くものである。また各部分が、背骨の廊下に沿って、軸対称を考慮しないで機能的に配置されているというのもたいへん近代的である——この平面と動線の様相は、ほぼ三十年後の進歩したやり方に近似しているし、廊下の線に沿った平面の拡張可能の含みには、なお六十年も後の「不確定」建築の提案者の興味を引くものがある。しかしその細部、すなわち設計者たちが疑いもなく「芸術的建築」とみなしたものについては、わびしいことに取りかえしのつかぬくらい、四十年ほど前ロンドンの学務委員会によって始められた「福祉」建築の概念に属していて、そのスタイルは、一九〇〇年の進歩派気取りの建築家のうちでは、もはや全く値打ちが落ち流行遅れとなっていたものであった。

疑いもなく、「近代運動」の歴史家がロイヤル・ヴィクトリア病院をこの数年前まであまねく見過していた原因は、この陰気な流行遅れの外観のせいである。機能主義の歴史家——主唱者の誰もこれについて言及していない。この建物は、純粋に様式的なセンスを除いては、ペヴスナーの『近代主義運動の先駆者』の英雄的人物であるワルター・グロピウスの、一九一四年以前に設計されたどの作品よりもはるかに近代的で、はるかに先駆的だったという事実にもかかわらず、その本の脚注にすら載せられていない。

しかしこのときペヴスナーは、彼が言及する価値があると強調している建物の一つにおいてもまた、環境的な革新に注意を向けることをしていない。グラスゴーの美術学校はロイヤル・ヴィクトリア病院とほぼ同時代であるばかりでなく、プレナム換気システムをも使用していて——ウィリアム・キーのふるさとの街だから驚くにあたらないが——、事実その上向きのダクトは、言及されてこそいない

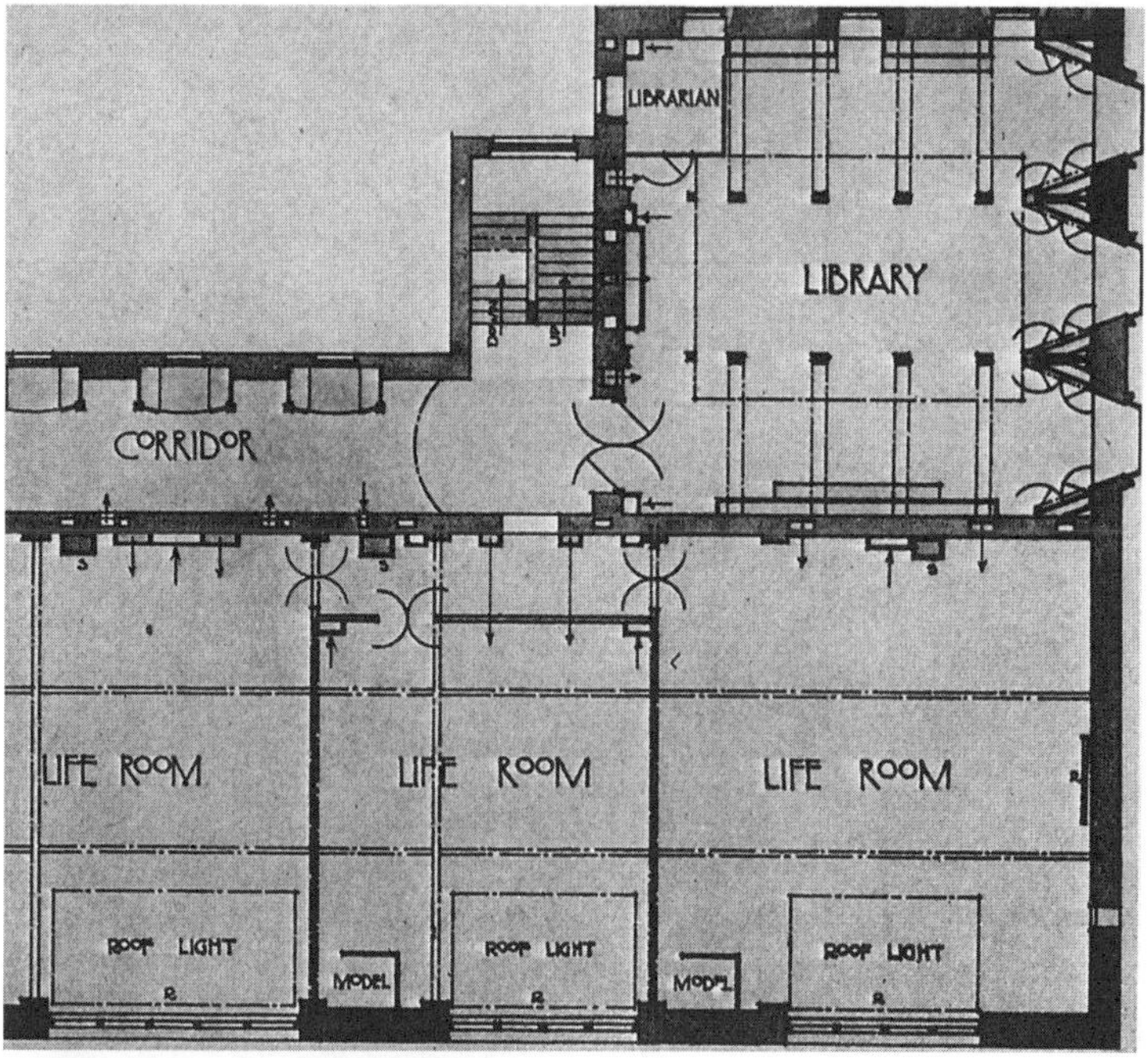

グラスゴー美術学校、1904、
チャールズ・レニー・マッキントッシュ設計。
上　部分平面図。中央壁の換気用ダクトを示す。
R＝ラジエーター　S＝流し
矢印は吹出し、吸込みダクトを示す。
下　スタジオ内ダクトの換気用グリル

が、学校のスタジオや作業室の全ての標準写真に写っている。こうした温風の暖房換気システムの用意は、チャールズ・レニー・マッキントッシュがこれらの室に用いた大きな北向きの窓には必要な付属物であって、グラスゴーは裸のモデルには寒い町だから、ライフ・クラス*に関係のある場所では人道的な設備でもあった。さらに、プレナム方式を放棄して（設計における固有の欠点によるよりはむしろ不十分な維持費のため）、拡張された温水直暖方式に取り換えたことは、その空間の芸術的な巧みさをだいなしにしてしまった。マッキントッシュはその手腕で有名だったし、この学校はそれによって彼の傑作とみなされていたのに。たとえば名高い図書室の高い張り出し窓は、その開口を横切って無神経に置かれた放熱器にさえぎられて、今は窓の奥まった格間に近づくことができないほどである。

これらの点は、ペヴスナーへの敵意からではなく（彼は、筆者を彼の弟子だと公言するのが、「しあわせ」だが「まごつく」と告白したことがある）、今世紀における近代性と建築的偉大さの規範を確立するのに力をかす著作を書いた、同世代すべての近代建築の歴史家たちの一般的なデザインめくらに対する不平としてここに挙げたのである。マッキントッシュがグラスゴー美術学校で先駆けしたような新しい空間概念は、近代性の概念にとって決定的なものだと誰もが主張しただろうし、またそれは正しいが、このような空間は、機械による環境管理技法の巨大な寄与なしでは、通常は住むことができない（したがって建築ではない）だろうということを、誰もみとめていなかったようだ。彼らは構造的技法の革新にばかり気をとられて、自由に流れる室内空間と開放型平面とは、莫大なガラス面による室内と戸外との視覚的透過と同様、どう少なく見ても熱エネルギーと空気制御のための多額の出費を前提条件としているということに、決して目をとめなかったようである。歴史編纂法におけるこのような欠落は、ロイヤル・ヴィクトリア病院と同時代で、その環境的建築が急進主義と巧妙さとにおいて真にこれと比肩しうる唯一の建物——フランク・ロイド・ライトのニューヨーク州バッファロに建つラーキン事務所——の文献に、非常にはっきりと現れている。誰もこの建物が先駆的な近代建築の初期の傑作の一つであることを疑わないし、またもしライトがこのあと何一つ設計しなかったとしても、彼はなお二十世紀デザインの始祖の中で強力な地位を保持したことであろう。その外観は、

ラーキン管理ビルディング、ニューヨーク州バッファロ、一九〇六、フランク・ロイド・ライト設計。
上　四隅にある階段塔とダクト収納箱を示す外観。
下　執務回廊の一つ。上階バルコニー端末梁の下側に換気用グリルが見える。

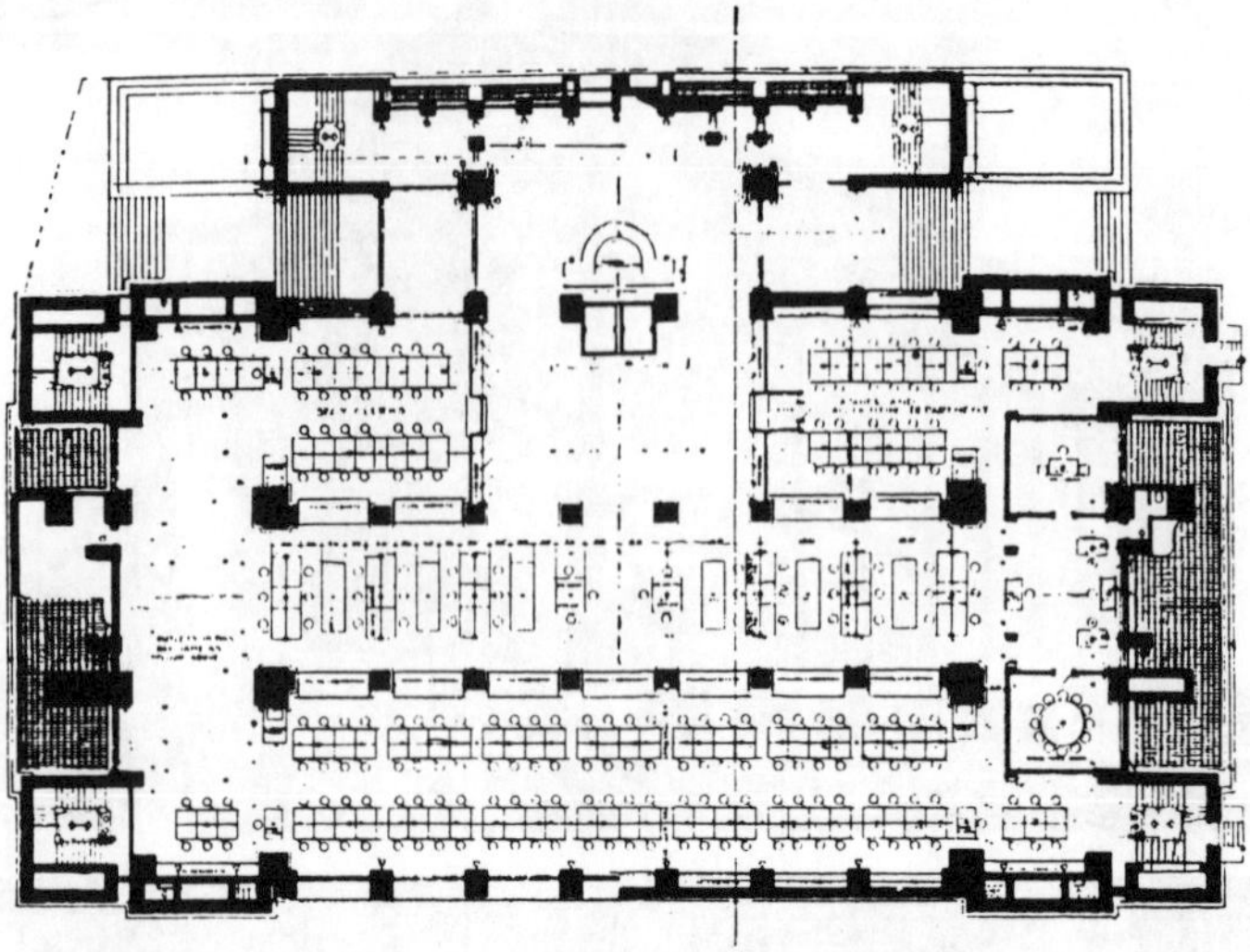

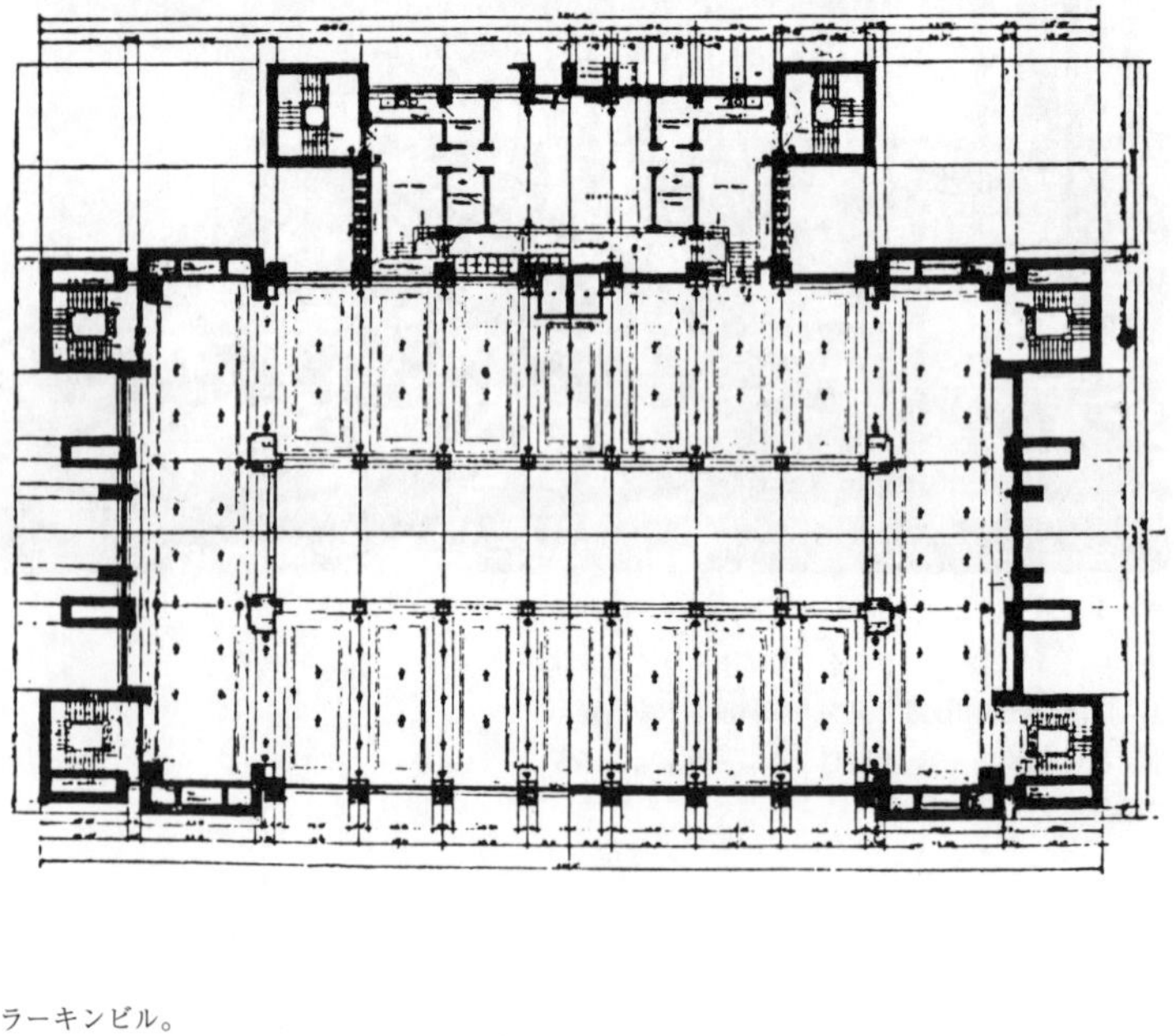

ラーキンビル。

上　入口階平面図。

下　標準執務階平面図。

他の先駆者たち、特にペレ、ガルニエ、ベーレンス、グロピウスなどといったヨーロッパ人に好まれた丸裸にした古典趣味を巧みに満足させ、またこれに合致していたので、ラーキン・ビルはロイヤル・ヴィクトリア病院とは違い歴史の本の中に当然の地位を見出している。しかし当時の環境的歴史の中では、病院と同じようにかなりあいまいな位置にある。何故なら、ライト自身も述べているが、

ラーキン管理事務所は、その傍に沿って走るニューヨーク中央鉄道の列車の煙の有害ガスから内部空間を清浄に守るために密封された、単純な煉瓦の断崖窟(この国で最初に「空気調和」された建物の一つ)であった[注9]。

これは強い主張である。たいてい歴史家は、これに気がつかなかったかのごとく見すごしてしまったか、あるいはもっと悪いことに、ライトが「空気調和」という言葉にわざと付けた引用符(これについてはなお後述)を抜いて繰り返したかのどちらかである。歴史や評論の著作は、環境管理のシステムが内部と外部の形との間の決定的な仲介者であることを見すごして、もっぱら内部空間の絶妙さと外観の巨大なボリュームとの間の関係のみに集中する傾向があった。バルコニーをめぐらした巨大な単一空間容器の使用は、当時の人工換気の状態からして必然であったばかりでなく、外観に厳然とした形を与えたのは、この換気を達成するための設備の配置についてインスピレーションのひらめきがあたったからである。ライトはまた言っている。

しかしポール・ミュラーに請負いが出され、建物の石膏模型ができ上ってオーク・パークの製図室中央の大きな詳細図用の机上に置かれてはじめて、やれやれ、私の最終的に欲しかった表現が得られたのだ。決断のつかなかった解決が一瞬にひらめいた。私は、交通と避難のための独立した階段塔としてのみならず、換気システム用の空気取入口としても、中央ブロックと別に階段塔を建てるのは、三万ドル以上の値打ちがあるということをラーキン会社にわからせよう、またわかってもらおうと、バッファロ行きの次の列車をつかまえた[注10]。

ラーキン・ビルは一九五〇年にこわされてしまったので、もはや存在していないが、残っている証拠書類――破壊時に撮られた数葉の写真を含む――は、設備をどこに置くかというあのインスピレーションのひらめきが、後にそのデ

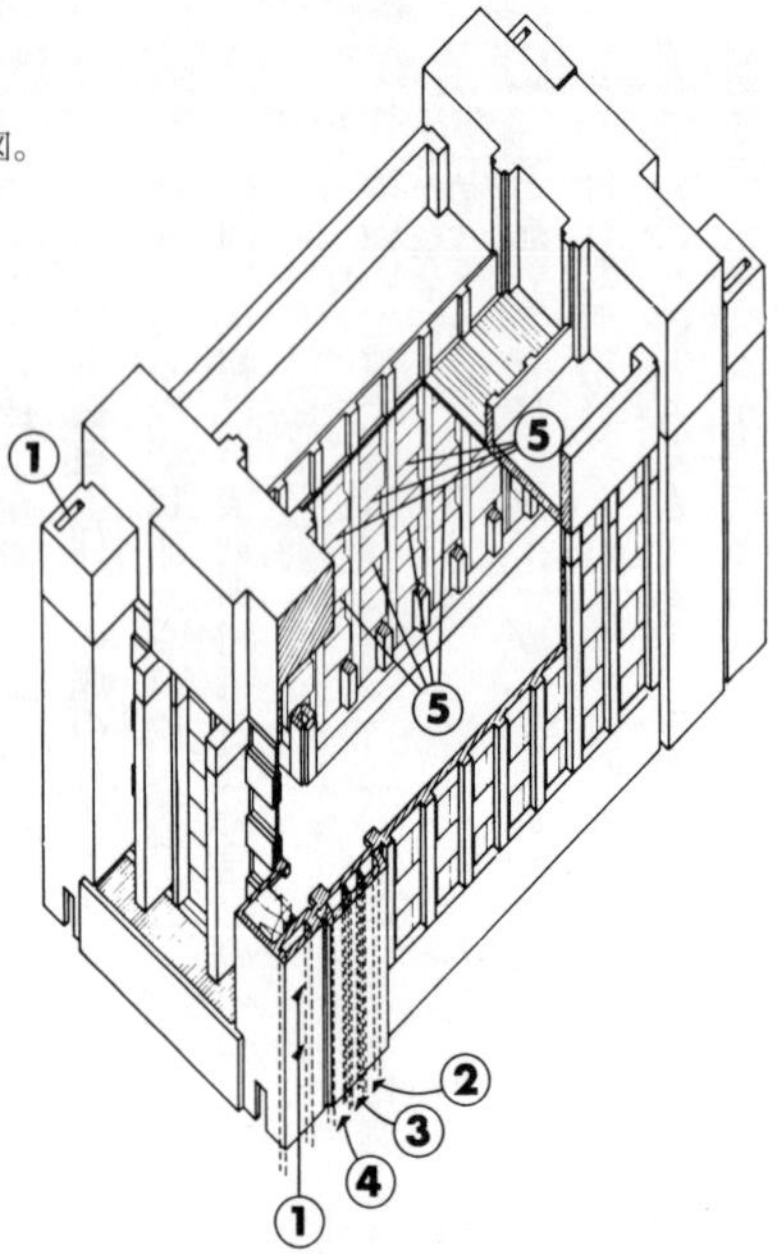

ラーキンビル。
主要空気ダクトの所在を示す見取図。
1　新鮮空気取入口
2　調和空気分配
3　汚れた空気・排気
4　設備用ダクト
5　バルコニー端の下にある
調和空気吹出グリル。

ザインをたいそう有名にした回避的表現を与えるのに、どれほど決定的であったかを確かめるのに役立つ。よく知られているように、ライトの配置の基本的手段(パルティ)は、四隅の塔と横軸上の一方の側面に接した入口ユニットとで、回廊をもった中央空間をとりまくことである。執務回廊の壁の内側は、手摺の背をふくめ、大部分モデュール式の整理キャビネットに当てられ、戸外の歓迎できない大気に対して閉めきった外壁の窓は、各層の天井の下の高い所、つまり整理キャビネットの上に設けられた。

内部の空気は次のようにして供給された。外の汚染よりも十分高い所の空気が、ライトの指示したように、階段室の脇に設けられた四隅の塔の、盲壁の中の広大なダクトを通って下へ引きこまれた。地階で浄化され加熱され、一九〇九年にクローシェル冷凍設備が置かれてからは冷却もされたが[注11]——決して湿度制御はされなかった。そのために「空気調和」という言葉には、ライトの思慮深い引用符がつけられたのだ（キャリアが湿度制御を完成した街では彼は注意深いほうがよい！）。調整された空気は、階段塔に接した外壁上のどっしりした煉瓦の盲壁パネルの中にある立ち上りダクトを吹き上げられ、回廊の手摺の下に突き出た根太のうしろの吹出しレジスターを通って各階に分配された。同じ煉瓦のパネルの中には、汚れた空気を抽き出す排気ダクトをも収めていて、そのパネルの三番目のダクトスペースには、配管や配線やその他補助的なものを納めてある。室内全体を通じて、排気口はライトの特徴的なよく使われた手法――粗い格子を形作る中空煉瓦のパターン――で目立っているが、最も初期の写真でさえ、そのまわりはよくある排気の印の典型的なよごれを示している。

これらの使用法はよくととのっており、その外観への結果はモニュメンタルだと言えるだろうが、ラーキン・ビルはロイヤル・ヴィクトリア病院と同様、そのデザインは環境的方法の開発から引き出された造形というよりは、むしろ用いられた環境管理の方法によって強制された、最終的な造形だと判断されなくてはならない。これは、ライトがこうした強制を自分の建築的目的に振りかえるために手なずけた名人芸を、おとしめるものでは決してない。実際、彼がそのような重要性を与えたインスピレーションのひらめきは、石膏模型の段階でデザインに含まれていた純粋な建築的アイデアが、また設備を手際よく処理し、さらに顕著な外観を生むであろう双方の解決の種子を含んでいるという、突然の洞察の中に大部分存在していたのだ――出版された初期の構想の図面は、萌芽的で浅い浮彫りではあるが、最終的構想中に全き「表現」として現われるはずの造形をすでにもっているのである。

この意味では、ラーキン・ビルは分水嶺のようなものである。ロイヤル・ヴィクトリア病院と、工業化された大衆社会のための「福祉建築」の領域における数知れぬその先輩たちは、便宜的に考え出された建築形式の殻を破る新しい機能的必要性と、機械的可能性のイメージをしばしば提示しているのに対し、ラーキン・ビルにあっては、細部においても全形においても、外観の変容は建物の型の内部経済の変貌と歩調を合わせているように見える。こうしてライトは、ラーキン・ビルの設計において、一般的に書かれた近代建築史――構造と外部造形の進歩――と、人間環境創造の進歩として理解される近代建築史との間の橋わたしに役立っている。

人間環境の全体性を主張しつつ、その創造の中に歩み入る技術革新にはまどわされないことが、この点で肝要である。なぜならライトが同じ頃設計した住宅は、一九〇〇年頃ならあっと驚くほど新奇であった技術的装置をいっさいとり入れないで、同じくらい急進的な改善を確立していたからである。それらの視覚的スタイルが多くの場合、地味な絵画的な様子をしていて、ライトもその創始者の一人だと非常にしばしば主張される機械美学とは何の関係もないのとちょうど同じように、それらの機械設備も一般に控え目で、その設備の性質も十分試されよくなじんだものであった。環境的芸術の勝利としてプレイリー住宅を選び出したのは、機械学と構造形態とを結合した彼の使用法によるのである。

〔注〕

1 John Ely Burchard and Albert Bush Brown, *The Architecture of America*, London, 2nd ed., 1967, p.157.
著者は、一般的には電灯照明の結果についても言うべきことをもっている。しかし結局「これら建築術の発達の最も重要なものは…鋼材の使用である。」という陳腐な結論に達している（一五六頁）。

2 Meier, 前掲書 p.4.

3 Bushnell and Orr, 前掲書 p.207.

4 Van Kannell, 一九〇一年のカタログ。

5 *The Building News*, 1903-1905. その他への手紙。
RIBA における建物の原案（いまだ基本的な文書）および続いて行なわれた討論は、*RIBA Journal*, Vol. XI, 3rd Series, 1903-1904, pp. 89ff. に再録されている。

6 病院設計における換気解決法としてのパヴィリオン型平面の起源については次の文献を参照。
Anthony King, *Hospital Planning: Revised Thoughts on the Origin of the Pavilion Principle in England*. (Medical History, Vol. X, No.4, October 1966).

7 インゲルスによって引用された一九〇六年の講演。

8 同じくインゲルスによって引用された一九四九年の声明書。

9 Frank Lloyd Wright, *An Autobiography*, New York, 1943, p.150.

10 前掲書同ページ。

11 この日付はインゲルスの年代記による。

〔訳注〕

* モデル写生の授業。

第六章　調整された住宅

フランク・ロイド・ライトの住宅設計のもつ多くの美点は、建築を学ぶものなら誰の目にもいつも直ちに明らかである。しかしその環境的特質を公平に評価するには、アメリカとヨーロッパ双方のライトの同時代人の住宅作品と、ライトと彼のアメリカの同時代の人たちの仕事のもとになったアメリカ住宅の風土とを背景にして、それを見なければならない。

　われわれが漠然と「ライトと彼のカリフォルニア同時代者」として習慣的に類別している、合衆国の住宅デザイナーの世代特有の地位は、ヘンリー＝ラッセル・ヒッチコックが『建築＝十九世紀と二十世紀』[注1]の一つの章で（それまでの歴史編纂の慣例を無視して）、彼らをひとまとめにして以来、ますます注目されるようになった。純粋に視覚的な水準では、一九一四年以前の彼らの作品は、顕著な空間的革新によって統一されているのだが、その革新は、どう見ても統一されているとはいえないロマン主義様式の多様性——日本的、テューダー式、植民地風、イタリア様式など——のうしろにひそんでいる。この表面的な多様性は、正にその下にある重要な社会的統一を示している。なぜかといえば、これは、建築家たちが郊外に住む上流中産階級の施主たちの芸術的嗜好に従って仕事をしていたのであって、それに対抗して——ヨーロッパのそれほどくつろいでいない知的雰囲気の中での場合はしばしばそうであったが——仕事をしたのではなかったことを実証しているからである。アドルフ・ロースの住宅と、ずいぶん制限付ではあるが、同時代のカリフォルニア建築家アーヴィング・ギルのような人の住宅とをただ対比させただけで、たまたま細部や飾り気のない外形が驚くほど似ているにもかかわらず、それらの基盤となっている文化的前提が両極ほども離れているにちがいことがわかるだろう。この正反対な意図の対立については、オランダのJ・J・P・アウトが、ライトについての所見の中でそれとわかるように書きとめている。

> キュビズムの中には——それ以外ではありえないが——清教徒的な禁欲主義、精神的自己否定があるが、それがライトにあっては、ゆたかな可塑性と感覚的な豊潤さとなっている。ライトにあっては、アメリカの「上流生活（ハイライフ）」だけに適合するほど生活の充実からたち上っているものが、ヨーロッパでは、他の理想から引き出されて全ての人と物とを包含する抽象にまで後退

している[注2]。区別はうまく出来ているし基盤も正しいが、アウトの出した結論は成立しないだろう。彼の述べている抽象的なヨーロッパ様式は理想にすぎず、たとえその提案者たちがそれを国際様式と呼び、その歴史家たちが早まってそれを二十世紀の偉大な様式だとよそおったにもせよ、全ての物と全ての人とを包含するのとはほど遠く、ただヨーロッパの知識人の上層階級を包含していただけだったし、それも限られた期間だけであった。他方、ライトと彼のカリフォルニア時代の仲間が促進したほうの建築の構想は、古い国際様式の亜流よりも、今はよほど普遍的で国際的なものに近いのである。

この情況に関しては、ライトとカリフォルニア派の特徴のいくつかの面が、ホテルやモーテルの国際的規範に採用されているということが——たとえその特徴が木目塗りと幅広い水平棚と荒い織目の織布のほかは何も残らぬほど薄められてしまったとしても——原因となっていることは疑いない。しかしその特徴は、本当の長所をもっている。すなわち、視覚的には強要的でなく、音響的には静かで、植物性繊維の表面は早く暖まるから熱的にも快適である。そのうえ、これらの表面と形は、中央暖房や電灯照明あるいは(後になって)空気調和とうまく折れ合うように思われた。しかもこの様式が、生まれ故郷のシカゴとカリフォルニア郊外をこえて広がりはじめるずっと以前から、そのように折れ合っていたのである。アラン・ガワンズは(『アメリカの生活像』の中で)、「人間工学に対する興味」がその統一要因であるとし、この興味を与えたのは次のようなことだと考えている。

次のことは偶然ではない……ライトのラーキン・ビルが初期の空気調和システム(原文のまま)や、金属製の事務家具や照明器具の新しいデザインなどのような便利な設備を導入したこと。あるいはギルが、ワックス塗り彩色コンクリート、ごみ処理装置、真空掃除機の差込口、自宅の車庫の自動洗車機や、また彼が「完全に衛生的で労力節約的な住宅を生み出す趣向、つまりつらい仕事が最少で最大の快適さをもつ場所」と総括的に述べているようなもの等々を開発したことで有名になったということ。あるいはメイベックが、やぶ火事の発生しやすい地域における耐火性住宅のため、「あわ石」コンクリートの泡状のものを上塗りした粗

> 麻布を発明しなければならなくなって、かまどを作り
> ［注3］……

しかしガワンズは、この人間工学に対する興味から生じた環境的結果と、それを用いたいくつかの建物における外観様式との間の不統一を発見して、明らかに驚いているが、それでもなお、

> ……したがって、一九一〇年以後プレイリーの建築家とカリフォルニア派が一般的に好まれなくなったにもかかわらず、彼らの作品が、郊外の時代物の住宅に対して、隠れたものではあるがそれでもなお深甚な影響を、その後二十年間も及ぼしつづけたわけを説明する
> ［注4］……

のは容易であることを見出している。ガワンズの観察に付け加えるべきことは、このような住宅の外観様式が、「郊外の時代物の住宅」の二十年より以前の時代でさえすでに見当違いになっていたという事実と、人間工学に対する興味の有用性と適用性は、通常思いつくどんな建築様式からも実際上それが離れて存在したという事実の中に、ある程度ひそんでいたのだということとである。右に述べたライト＝カリフォルニアの「慣用法（イディオム）」は、室内を有機化する一つの方法であって、重点が住宅建築の外観から住宅環境の内部の快適性へと移動したことに由来している。この重点は数多くの方法で包装することができたが、それは主として包装が無関係なものになってきていたからであった。もしこの意見に疑いがあるなら、プレイリーとカリフォルニア両様式における屋根の圧倒的な視覚的重要性に鑑みて、その屋根が圧倒してしまったものが何であったかを考えてみるとよい。答えはもちろん壁であり、壁は普通なら外包みの一番目立つ念入りな部分で、かつ建築的な見せ場を最も断定的に銘刻されていた表面なのである。ヨーロッパの現代住宅建築においては、特にアドルフ・ロース以後、壁は主要素となり、屋根は視界から追放されたが、合衆国では、フランク・ロイド・ライトのように壁についてやかましい人々でさえ、そこから脱け出したことを誇りとしている。

　この発展は、ライトと彼のカリフォルニア同時代人たちによってはじめられたのではなかった。彼らはおそらく、北アメリカのどの種類の住宅建築とも同じぐらい古い一つの傾向を、設計上の精一杯の利点にまで開発したのであって、その傾向は、当たるべからざるキャスリン・ビーチャーのような十九世紀の家庭改革家の著作の中に、その意識的

な開発がすでにぼんやりとではあるが認められる。ジェイムズ・マーストン・フィッチは、正しくも彼女を合衆国の郊外生活法の最も重要な始祖の一人として選び出し、彼女が一八四二年に出した『家庭経済』と、一八六九年の『アメリカ婦人の家』との中で提案した、住宅様式の相違に注意をひいている。前者は明白にネオ・グレコ様式の外観をもち、壁付柱の列で仕上げられ、立面では一種のアクロテリア*のように見える煙突が外壁を立ち上っている。内部は慣例どおり箱のような部屋部屋に切り分けられていた。そっくりの家が当時のボストン、ロンドンのパークヴィレッジ、あるいはベルリンにさえあっても、べつに驚くにはあたらず、興味をひくことすらないものであった。

　しかし一八六九年の家は、キャスリン・ビーチャーが新しくひらかれた中西部における生活と技術の事実にさらされたことの成果であって、彼女の住宅設計の概念が全面的に変貌したことを表わしている。外観のつつましやかなゴシック様式の細部は、その立面の半分がまさに屋根であることをごまかしていないが、この設計の反映する改新の最も重要な結果である内部の平面計画を説明するようなことは、何もしていない。それは、一体化した中央の設備コアの概念をはじめて導入したように思われる。コアのまわりの床面は、部屋の集りとしてよりも、むしろ自由空間として展開されていて、配置は開放的だけれども特定の造り付け家具と設備とによって機能的に区分されている。これはバックミンスター・フラーの、一九二七年のダイマキシオン・ハウスの基本的な機能組織に先行するものである。これらの革新は非常に急進的で独創的なので、フィッチは「アメリカ婦人の家」と一九二〇年代のヨーロッパ現代建築とを比較することに、全く良心の呵責を感じていない。

> ……その家自体は――様式としてはまだ名目上「ゴシック」だが――、今や真の住むための機械としてしっかりと視覚化されている。もはや一般的または無名の空間というものはなく、てっぺんから底まで一インチ立方も余さず、特定の目的のために注意深く分析され組織されている。家庭用品いっさいを納める分類式物置は、家事能率化の第一段階として完全に実現されている。台所では今日のやり方に先行するような棚、食器戸棚、引き出し、配膳台などのある驚くほど現代的な造作を生み出している［注5］。

しかしもしこれが、ル・コルビュジエの住むための機械（マシーヌ・ア・アビテ）の時代のヨーロッパ合理主義のように響くとするなら、これはまた合衆国の大通信販売会社のカタログにあらわれた台所家具のデザインの「今日のやり方」のようにも響く。種々雑多な植民地時代その他の家具様式は、もしヨーロッパ合理主義が盛んにならなかったら、今日のやり方もそっくり同じだっただろうということを暗示している。そのうえ、家庭用品を納める分類式物置の強烈さと厳しさ、その正味量などからすると、「一般的または無名の空間」がないというフィッチの提議に対して、いくらか制限が必要になる。たんに、いろいろな物や設備をつめこんでおくための大きな物置として用意された戸棚や室がないという意味では、このことは正しいが、それぞれ別のあるいは同じ物のために特定の場所があるという事実は、空間の残りの部分をさらに多くの家人の自由処理に委ねているのである。たとえば、居間を巡回牧師のため臨時の寝室に変えることが、ずっと簡単でやりやすくなる。なぜかというと、キャスリン・ビーチャーの分類式物置の一部は、ついたてや部屋の仕切りになるよう、あちこち動かしうるローラー付き戸棚になっているからである。

さらに、家事サービスを集中するやり方は、特定のサービス設備によって定められた固定機能から、多くの周囲空間を開放する傾向がある。たとえば暖房設備は、住宅の全ての部分を等しく使いうるようにするつもりと思われる。それはただ洗練されただけではなく、

彼女の設備（サービス）は非常に複雑で高度に発達している。彼女は、地下室の温風炉とフランクリン・ストーブと台所のレンジを、多少洗練された中央暖房換気システムに連結する。彼女は、すべての暖炉を不潔で効率が悪いからというので取り払ってしまった。今やその住宅は、本質的に現代式の配管システムを備えている……［注6］

この家全体の環境的設備は――少なくとも意図においては――、彼女をこの分野の最新の知識をもった当世風の人だと（いくらか正当な理由がある）信じている者によって、意識的に処理されていたのである。床下のダクトからストーブに新鮮な空気を送ることによって、すきま風を根源から断ち、温気は必要な場所に配給され、汚れた空気は不要になった場所から引き出される。

これらは全て、一本の加熱された煙道と排気筒によって達成されることになっていて、そのまわりには諸設備が集まっており、良い空気と温水を送り出し、汚れた空気を呼

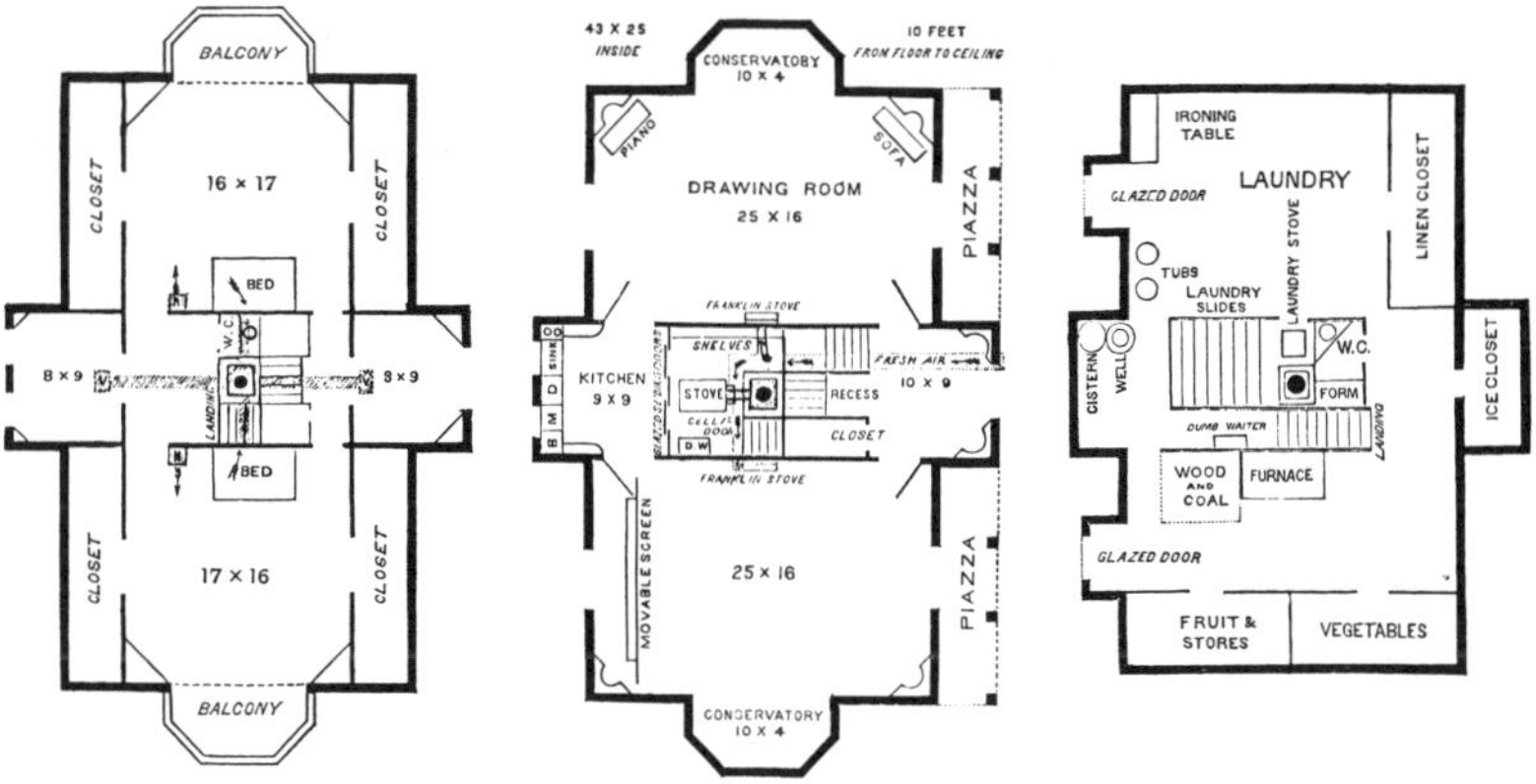

アメリカ婦人の家（計画案）1869、
キャスリン・ビーチャー設計。
右　地階平面。
中　一階平面。
左　寝室階平面。

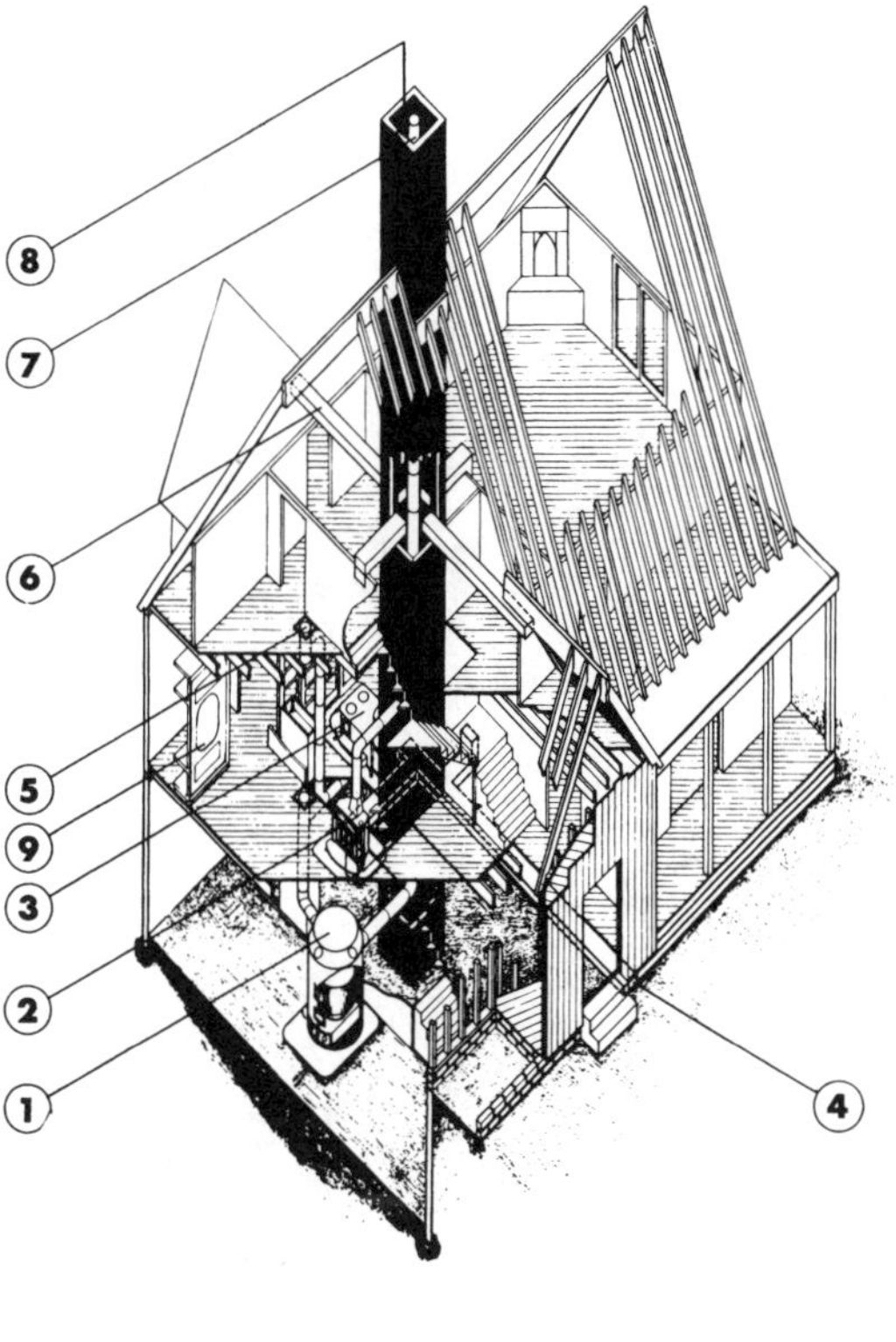

環境システムとしての
全館を示す展開図。
1　温気炉
2　フランクリン・ストーブ
3　調理用レンジ
4　新鮮空気取入口
5　温気吹出口、
6　排気ダクト
7　中央煙道
8　排気煙突
9　可動式衣裳戸棚。

び戻して処理する。この環境的な「木（ツリー）」とその枝であるダクトについての要点は、それが家の外壁のもつ伝統的な環境機能を、風雨を締め出し光を入れるという二つだけを除いて、全て奪い去ったということである。その外壁は暖炉や煙突をもたず、重要な配水管も取り付けられず、また——当時にはもう軽量のバルーン枠組構造が安全に建てられただろうから——熱遮断としてもたいして役に立たない。それはグロフ・コンクリンがずっと後に述べたようになっていた。

……ただの中空の殻でしかない……そしてたいていの殻はもともと寒さや暑さに対して並外れて無能な障壁である[注7]。

室内の調整された空気が流れ出すのを防ぐ以外にはほとんどすることがないので、アメリカの住宅の外殻は、キャスリン・ビーチャーの初期の構想のものも、後になって東海岸から西海岸まで実際に建てられたものも、内部経済と住宅設計との細部的関係を大部分失い、やってくるどんな空想やあるいは抑制にも従うような、勝手気ままな様式的多様化ができるようになった。

このような外殻の独立性というものは、おそらく全ての木造建築文化の住いの技術のうちに潜在している。ノルウェーとロシアの大部分を含む北ヨーロッパのものは、通常住居の中央にいろりか重々しいストーブを置いた原始的な土着の平面型をもっている。ノルウェーの慣習では、煙突のついた煙出しストーブができて便宜上住居平面の周辺部に移されたときですら、まだ木造壁の殻の内側にあって、炉の石積みと木造部分との間にはすきまを残していた。その後もまだ、トロンヘイムのスティフツゲルテン宮のようなノルウェーの建築的に洗練された木造建物では、暖炉は建物の幅の中心に戻されていて、間仕切壁のところに背中合わせの一対として置かれ、煙突は屋根の棟を貫いて突出している（キャスリン・ビーチャーの提案と同じように）。

中央にいろりをもったノルウェーの伝統的農家（カヴリによる）。

しかしニューイングランドの木造建物の伝統では、煉瓦の煙突はしばしば建物の外部、すなわち木造壁の外側におかれていた。これは建てるにも使うにもおびただしい困難と不便を伴うし、同様にほとんど最大限の熱の浪費をも意味しているのだから、明らかに馬鹿げたことであって、たぶんヨーロッパの煉瓦造りの伝統から生き残った習慣か、または初期の入植者が意識的な「代表的」建築のモデルとして、公会所とかそういうものを建てるのにとり入れた構造法から残った習慣であったに違いない。一八四〇年代以後、バルーン枠組技法の導入によって建物が軽量になるにつれ、内部空間全体に熱をすみやかにかつ直接的に展開させることが、ますます必要となった。フランクリン式であれ何であれ、鉄製ストーブなら、外壁から煙道の水平部分を引くのが気になるほど家の内の奥深くに熱源をもってくることもできたが、やはりストーブを使用する論理的な解決法は、明らかに、キャスリン・ビーチャーが提案したように、ストーブを家の真中に置いて中央の煙道を使うことであった。

その他の暖房や換気の方法は、彼女の技術を細部に関して古臭いものとしてしまったけれども、前章で考察した薄っぺらな高層建築の、熱的な性能と熱的な要求とによく似た性質をもつ、彼女の提案したこの住宅型式は、全ての環境上の本質と大部分の構造上の本質とにおいて、彼女の本が出版された後、まる一世紀というものほとんどのアメリカ人が住み、ほとんどのアメリカの土地開発業者が建てている住宅なのである。その住人たちが好んでいるかにみえる生活様式に対する、数えきれないほどの利点と明らかな適合性とは、実は一つの環境的欠陥と対置されなければならない。それは本来持ち前の、しかもかなり重大な欠陥で、つまり、独立戦争当時の連合植民地域の大部分がこうむる、夏の暑さと湿気をどう処理することもできないということである。その軽量の殻はあまりにたやすく熱を通し、そのまとまった平面は、換気にも台所の熱の解消にもほとんど助けにならないので、そのため屋根裏の寝室の空気は、誰かが階段を上っていくと、まるで炉の戸を開けたときのように熱気が顔を打つことになる。

もちろん一九五〇年以後は、この問題を解決するのは、パッケージ型家庭用空気調和機のおかげでかなり容易になった。しかし一九五〇年以前ならいつでも、夏の暑さの間こういう家を住みやすくするのは良い設計と良い管理との勝利であり、しかもたいていは他の方面での犠牲を含んでいた。この勝利を最初に達成し、またおそらく最後でもあったのは、プレイリー派とカリフォルニア派の建築家たちであったが、彼らは、構造と床面積との多少ひかえ目なぜいたく（そのぜいたくは時には他の相殺的な長所をもたらした）と、冬のシカゴの暖房の浪費だけを費えとしてそれを達成したのである。

カリフォルニアでは、冬の暖房はあまり問題にするほどでもないので、夏の暑さの問題に対する一連の構造的解決法が可能であった。それでカリフォルニア派の有名な人々は、それらの間で格付けされた方法の系列を案出した。それでもアーヴィング・ギルは、伝統的な日干し煉瓦構造と環境的に似た性能をもつ比較的重厚なコンクリート壁を得意としたので、ときには外部の日影になった歩道と二階の回廊とを多方面に使用した。バーナード・メイベックは、いろんな意味で構造についてぜいたくだったが、一九一三年以後、つまり彼の後年の住宅作品においては、張り出し屋根とパーゴラをより多く使うようになった。このことでは、彼はグリーン兄弟にかなり影響されていたかもしれない。グリーン兄弟の屋根構造のぜいたくさは、かつて彼等の建築が全て屋根だけのように見えるところまで到達したことがあるほどだから。

その、ところというのは、かくれもない夏季用「コテージ」で、一九〇八年に彼らがギャンブル一家のために建てたものである。ここでは、室外に設けられた二階の屋根付き午睡用回廊と一階のテラスとでできた、手のこんだシステムによって、破風のひろく突き出した屋根を数多く組み合わせ、屋外の屋根付き床面積が室内の床面積とほとんど等しいくらいになっている。この家の細部に東洋的なインスピレーションがあることは明白だが、着想の規模とその豊かさは、思いつきうるどんな東洋のお手本をも超えている。もちろん、これらすべては、かろやかな南カリフォルニアの微風を利用し、直達日射熱から壁を保護するためである。冬季に必要な少しばかりの暖房熱（地下室にあるありきたりの温風ストーブが、床に設けたいくつかのレジスターに温風を供給し、主室の中の主として儀式的な開放型暖炉のいくつかを補足している）を、同じ微風が運び去るのを止めるには、その軽い壁で申し分のないほど十分であった。

グリーン兄弟がパサデナにおいて提出した解決の、純然

ギャンブル邸、カリフォルニア州パサデナ、1908、
チャールズとヘンリー・グリーン設計。
上　屋根、ポーチ、テラスのシステム図。
下　庭側立面に見える午睡ポーチ。

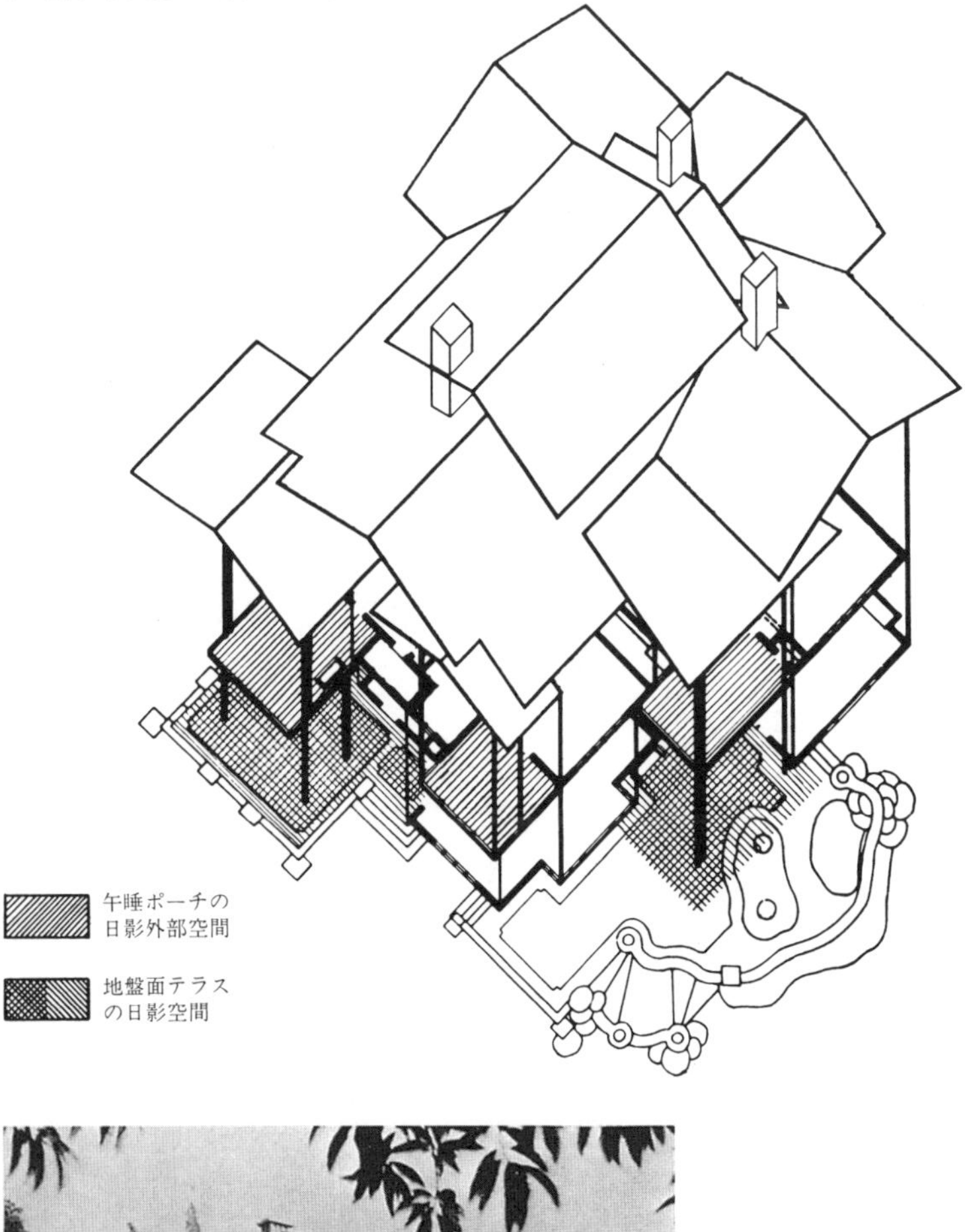

たる構造的な様相は、フランク・ロイド・ライトがシカゴにおいて同じ年ごろに発展させていたものと、非常によく似ている。だが、前者の巨大な差しかけ屋根と巧みに配置した開口とは、日影を作り通風をよくして夏の暑さの最悪の効果を制御するだろうが、それに対して冬の極寒時には、壁に向って雪の吹きだまりができないようにして構築物の損傷を少なくする以外には、居住者に対しておそらく何もしてやれない。ライトが、冬から夏まで南カリフォルニアよりずっと厳しい気候に強いられて、全く別の道程から同じような形態に到達したということは、ごくありそうなことである。中西部の他の場所と同様、シカゴを苦しめる暑い湿気の多い夏に、住宅を涼しくする問題よりも、厳しい冬の暖房の問題が、いっそう自覚的に彼の心を占領していたらしいことは、当時彼の書いたものから明らかである。にもかかわらず、著作のふとした参照や住宅自身の観察から、彼がプレイリー住宅に涼しさをもちこむのに、たとえば既存の土着の方法の開発や、何か歴史的な方法の真似などを、はるかに凌駕した設計方法を発展させていたことがわかる。

しかし、彼の施主が提供し得た住宅は、ほとんど通常の軽量構造で建てられ、冬と夏と両方の性能は、自分がこの事実をどう扱うかにかかっているということを彼がよく知っていて、そこから出発したように思われる。彼がこのような軽量構造の容認から出発した「ように思われる」としか言えないのは、ゆるされなくてはならぬ。なぜなら、彼はプレイリー住宅時代にはそのことについてほとんど語っていないからだ。しかし、シカゴ周辺では誰でも、そのことを生活の事実として異論なく認めるのが常だったから、それについて何か述べる必要に迫られることは全然なかった――彼が、たとえば、ヨーロッパの読者に対しては説明する必要がある、と悟らなかっただろう程度に――という事実によるのかもしれない。プレイリー住宅についての彼が説明の要を認めた、その他の構造と管理についての様相と、彼の環境管理の方法に対する本質的な糸口とは、一九一〇年にワスムートから出されたプレイリー住宅についてのヨーロッパ最初の出版物に添えるため彼が書いた原文の中に見出される。すなわち、

温水暖房についてのわれわれの効果的なシステムによって、もう一つの現代的な機会が与えられている。この方法によって建物の形はかずかずの側面で光と空

気によってより完全に連結されるであろう。天井を低くすることで、一連の窓が、壁を外気や、花や樹木、眺望へと開くであろうし、以前と同じように気持よく住みうるだろう、閉じこめられる感じも全くなく……また、かつてわれわれの厳しい気候では、いくつもの区画に仕切られたコンパクトな箱であった建物を、もっと有機的な表現に拡張し、庭園や田園の中の住宅を、そのどれかまたは両方に関連して想像でだけもっていたような楽しいものにすることが可能である[注8]。

ライトの著作のこの簡潔で全体論的な洞察がなしたように、機械設備と平面および断面を、これほど直接に美的なよろこびに関連させている建築家の著作はほとんどない。実際の建物に対してこうも直接でしかも啓示的に試験できる方法についての記述もほとんどない。その記述は温水暖房で始まっているけれども、住宅をもっと別れた部分に分節することで可能になった、外観と換気の改良へと直接進行しており、その過程の中では二つの点で必然的に軽量構造を意味している。第一に、もっと良い断熱と大きい熱容量をもつ重量型の構造であれば、たとえ高度に分節化した配置で表面積が増え、そこから熱が失われたとしても、実際の暖房法がそれほど決定的な論点とはならなかっただろう。第二に、「一連の窓」はガラスの大面積を意味し、一般に使われている西部の建築にはこれ以上の軽量構造はないのである。ライトがも少しぜいたくな住宅（マーチン邸、ロビー邸）でしばしばそうしたように、煉瓦の柱の間にガラスを入れたとしても、その正味の広さによって、壁体の平均した熱性能は、どの住宅建築家も当時あえて提供していたのと同じくらい低いものとなる。

しかしながら、ライトの言葉の建築的な意味を最もよく吟味できるのは、木造軽量構造の古典形式においてであって、ここに引用するための例を選んだのは、それがこれらの構造的規準に応じていて、冬と夏との厳しい条件の下で、著者によって研究されたものだからである。

イリノイ州ウィルメットにあるベイカー邸は、ライトが面目を失ってシカゴを逃げだし、フィエゾーレに引込んで、先に引用した一節を執筆する前に完成された、最後のプレイリー住宅の一つであった――だから、言葉と建築との間の関係は、これ以上直接的になりようがないといってよいくらいだ。住宅の構造は木造間柱とプラスターでできている。それは薄っぺらに見え（またそのとおりだが）、その結果いくらか構造的変形をうけている。その平面は、孤立したパヴィリオンに解体されたといえるほどには分節化していないが、プレイリー住宅のプランニングの極め付きとして一般に認められている十字形のひろがりをもっている。そしてそれは、創建当時に設置されなかったどんな種類や型の設備も追加しないで、冬も夏も「われわれの厳しい気候」を今でもどうやら満足しうるほどにしのいでいる。その環境的性能は「その当時によかった」だけでなく、六十年後に期待されるものにも同様よいのである。

どうしてこれを達成するかという方法は、居間だけを分離して考慮することによって実証することができる——結局は家全体を一つの環境的統一体として判断しなければならぬことは認めるが。居間は平面で三二×一七フィート、天井の最高部で約一四フィートの大容積をもつ。緩傾斜の屋根が、側壁にはわずかにさしかけ、南端では片持ちでほどよく突き出して、奥行き五フィート、幅一二フィートの大きな張り出し窓を保護している。この窓のガラスは、部屋の両側に沿って、軒下を二フィートほどの高さで走る細長い高窓となって続いており、部屋の外気に面した周囲全部をとりまいている。

この開口部の取り方は巧妙なものである。すなわち、張り出し窓は中世の「日光浴室」としても使えるほど大きく、座って読書したり縫物をしたりできる造りつけの腰掛が備えられていて、そこから草花（窓の外側に腰掛と同じように造りつけになったプランターに植えてある）や樹木や景色などによって、眼前になくてはならぬ眺めが得られる。部屋はこの巨大な窓からの光で満ち溢れているように見えるが、実際に奥深くまで光を溢れさせているのは（しばしば気づかないが）、高窓の帯であり、これが各側面から部屋に光を入れている。張り出し窓からの採光がこんなふうに幾分の錯覚であるなら、部屋の反対側にある暖炉による暖房はさらに幻惑的なものである。その炉は視覚的効果、すなわち家庭のセンチメンタルな象徴にすぎない——部屋は冬のさ中でさえ温水暖房システムで十分に暖められているのだから。その配管は腰板の中に隠されて部屋の周囲をとりまき、窓の腰掛の下にあるかさばったラジエーターに温水を供給しており、腰掛には温気を循環させるよう羽根板がついている。

こういうふうに、部屋は外気に面した三方から暖房され、

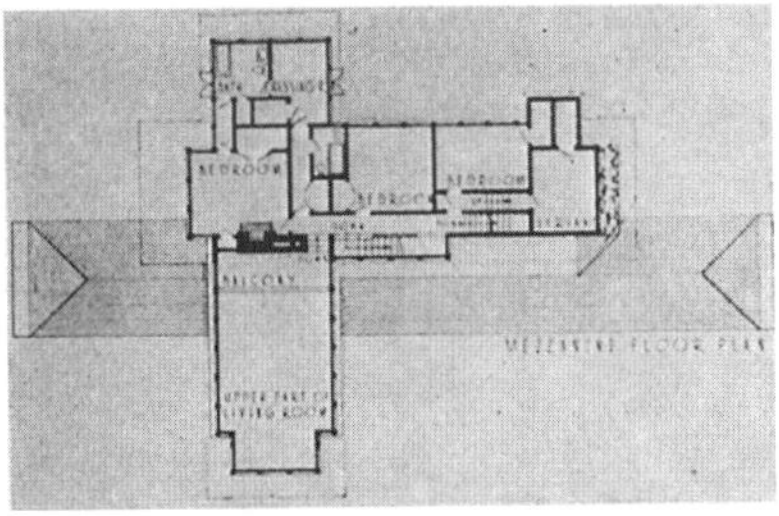

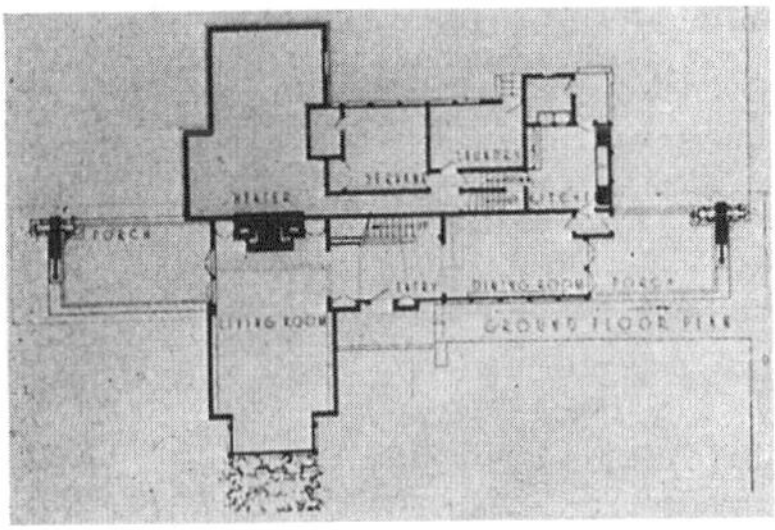

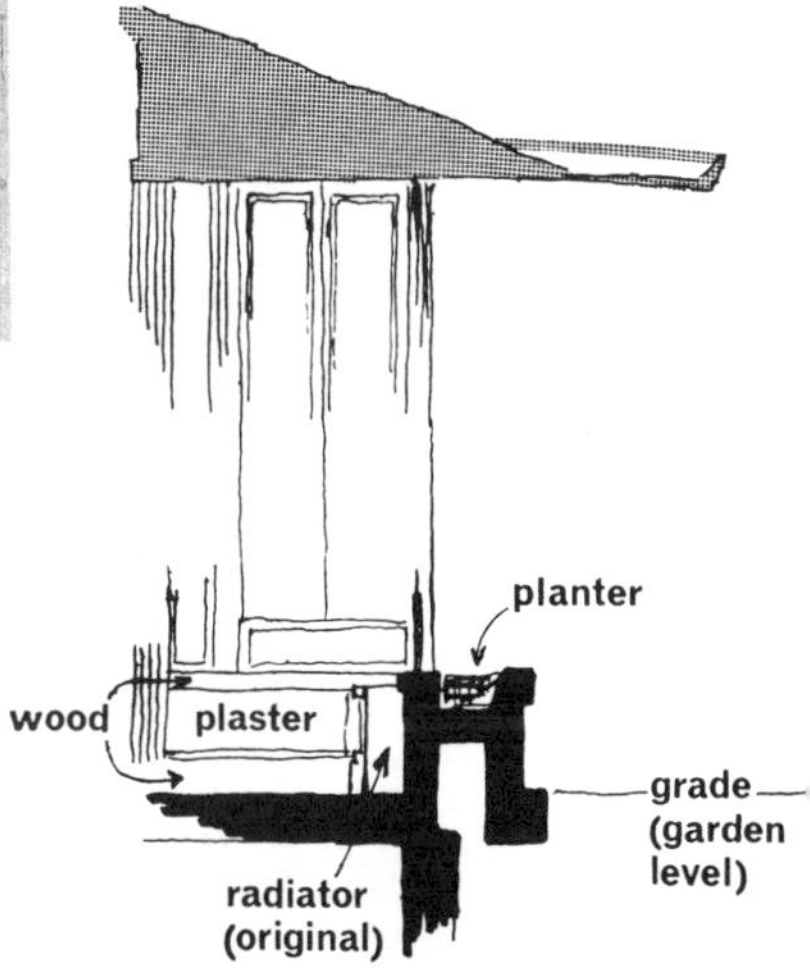

ベイカー邸、イリノイ州ウィルメット、
1908、フランク・ロイド・ライト設計。
上　主階および上階平面図。
右　居間の張出窓の断面。
下　街路側からの立面。

採光されていて、暖房はガラスを通しての見積り熱損失ときちんと釣り合っている——いちばん大きな放熱器はいちばん大きなガラスの張り出し窓にあり、高窓は腰板の中を走る供給用配管からのずっとわずかな熱流に合わせてある。このような連続暖房は、厳しい冬の気候に三面がさらされるこれほどの軽量構造では、当然必要な準備である。しかし安価な燃料経済でも（合衆国は通常そうであるが）、何か相殺する長所がなくては、熱損失の由来を正当化するのはむずかしかろう。この点については、ライトが、住宅はかずかずの側面から光を入れるためのみならず「光と空気」のために分節される、と言ったということ、そしてこれが最も大事な点であることを思い出すべきだ。

　ベイカー邸の居間の窓の配置は、夏季に十分な換気を得るには必須のものである。張り出し窓はほとんどすっかり開け放つことができ、部屋の一番北の端にある高窓の二つの小窓も同様である。全くのところ、部屋の北端の暖炉の上にある一見必要のなさそうなミンストレルギャラリー**は、ここにその物理的機能を見出す。なぜなら、それは先の二つの小窓を開け閉めするために、そこへ近づく唯一の手段だからである。その小窓を開きうるようにし、また張り出し窓もそうしたことによって、そよ風は部屋を縦横に吹きぬけられる。住宅全体としての見地からもっと精密に考えると、バルコニーから手の届く二つの明りとりは、住宅の最高点の天井のすぐ下にあり、その開口が熱い空気をいちばん集めやすいちょうどその点で逃がすようになっている。一方、地中海の太陽（シカゴの緯度はナポリと同じくらい）を受けて熱くなった、貧弱な屋根構造の裏面に触れて暖められた空気を、ここをふきぬける風が一掃してしまう。

　このような住宅の教訓は二つあって、互いに関連している。第一に、機械的設備のために設計することは、単にそれを取り付ける手際のよい方法を見つけることではなく——ライトは窓の腰掛のような件では確かにそれをしていたが——、全体が部分の合計以上のものとなるために、機械的設備を構造と協同して働くように設置することである。ベイカー邸の居間では、平面と断面、人工熱と自然光、実部と虚部、差しかけ構造などが、年から年中一様な室内気候を与えるために協力して働いているが、それは、一つ一つの細部がそれぞれ一つだけの機能にあずかっていることはほとんどなく、またどの一つの機能も一種目の設備だけでまかなわれるのではないというやり方で協力しているのである。たとえば、張り出し窓の各部分が換気、日影、暖かさ、明るさ、腰掛、緑葉、眺望、花卉およびプライバシーを具えているという、複雑な共生を考えてみるとよい。しかし関連した第二の教訓は、この豊かな活用された環境的性能が、どんな技術的新案品にもたよらずに達成されたということである――ライトは現代的機会として温水暖房に言及しているけれども、現代的なのはその機会をとらえるやり方であって、すでに一世紀かそれ以上も古い暖房のやり方のことではないし、その機会をとらえるやり方も、明らかに建物の各部が協同して働くことと多大の関係がある。環境的技術が、絶望的療法として招致されたのでもなく、構造の形を指令したのでもなく、結局は自然に建築家の尋常な作業手段の中に包摂され、彼の設計の自由度に貢献したという建築が、ここにほとんど初めて存在したのである。

標準的な文献から得られる平面の研究でさえ、一八九九年のハッサー邸以後のライトの住宅のいかに多くのものが、このアプローチから住宅環境の管理へと発展させられているかを示すであろう――標準的文献には環境的な情報が嘆かわしいほど不足していて、その平面図はどの窓が開けられるか、どれができないかを示していることはほとんどないのだけれども。はなはだ驚くべきことに、その方法は、非常に拡がった、または深く分節された平面と、本質的に結びついたものではないことが明らかになってくる――一九〇二年のチャールズ・ロス別荘のようなこじんまりした小住宅でさえ、ライトが同じ基本的な設計技法を用いていることを示す。この特殊な件は、ライトと同時代のヨーロッパの大家の一人の作品でこれと比較できるものがあるので、興味深いものとなっている。ダルムシュタットにあるペーター・ベーレンスの自宅が同じ年に建てられていて、それはほぼ同じ居住面積をもち、匹敵する暖房技術(窓の腰掛の下の温水配管)があり、この建築家はライトとちょうど同年齢で、その国では同じくらい高名であった。

ロス邸は厳密に軸の通ったモデュールの格子の上に配置されているが、一階の居間空間の著しく自由で開放的な配置にはくふうをこらし、一方、上階では三つの主寝室それぞれが三方とも外気に接して、通りぬけ換気ができるよう準持ち出し構造になっている――居間もそうなのだがそれほどはっきりしてはいない。ベーレンス邸は全体にわたる

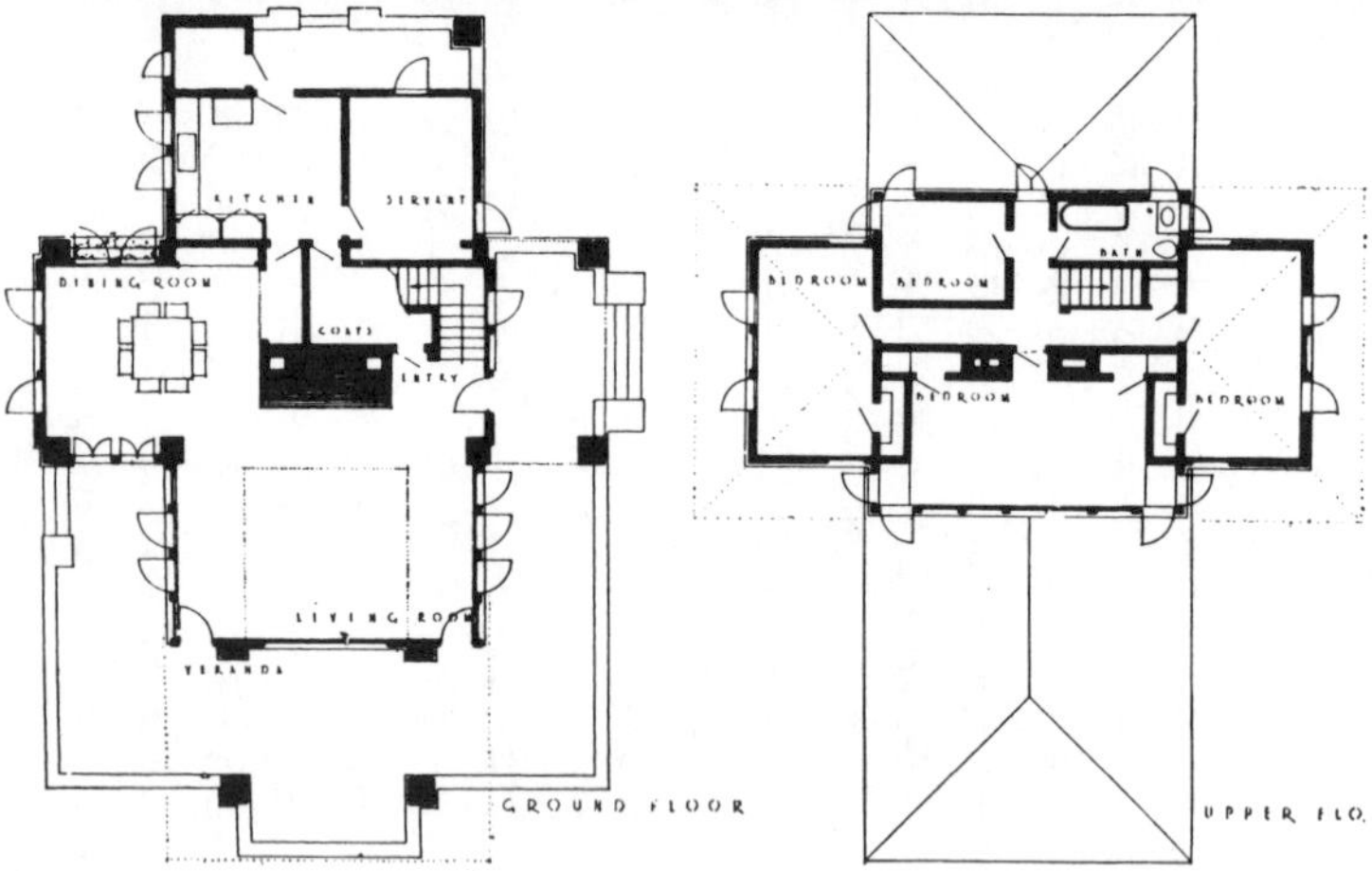

チャールズ・ロス荘、
ウィスコンシン州デラヴァン・レイク、
1902、フランク・ロイド・ライト設計。
外観および平面図。

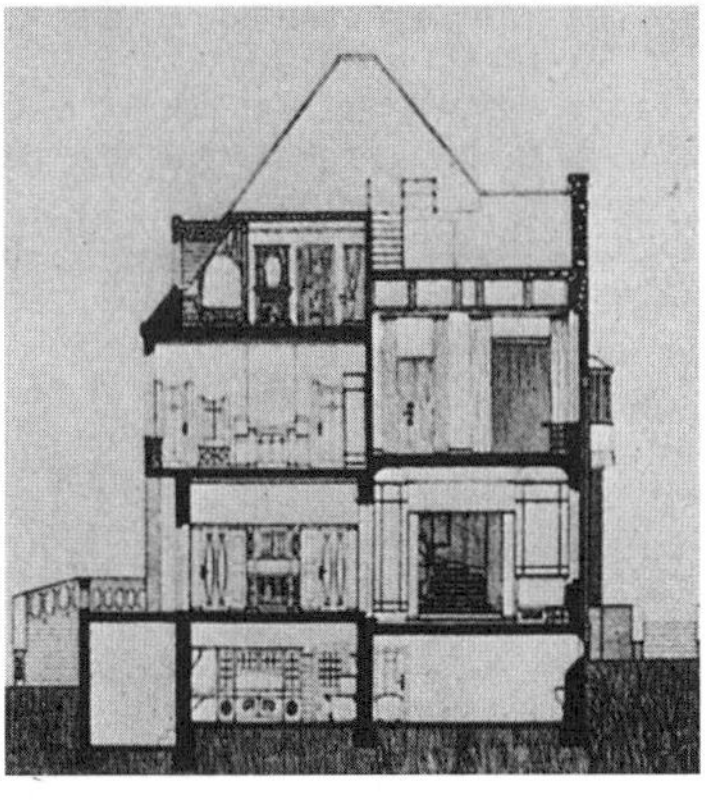

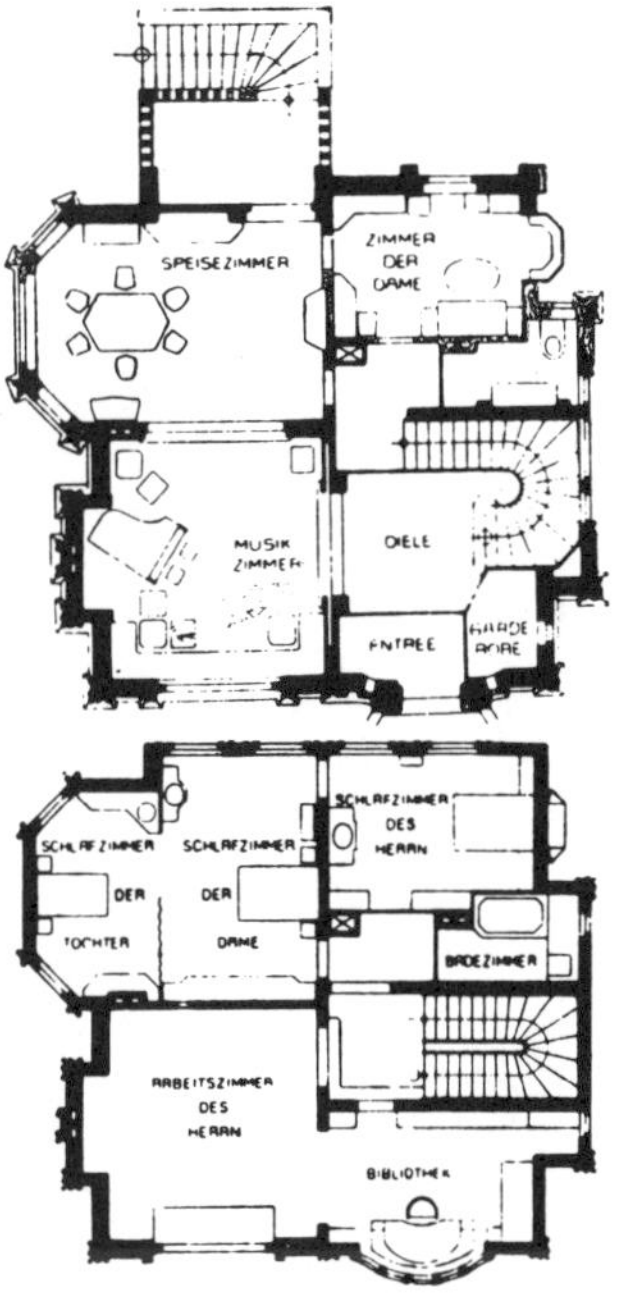

建築家自邸、ダルムシュタット、
1902、ペーター・ベーレンス設計。
上　外観。
下右　主階および寝室階平面図。
下左　断面図。

幾何学的規律は何もなく、どの立面も少しずつ非対称であるにもかかわらず、平面計画と環境管理との前技術的習慣に完全に拘束されているので、外観の見かけの自由さは正に見かけにすぎないことを証明している。それは堅固で小さくて伝統的な四角い箱を、さらに小さな箱に刻み分けたにすぎない。いくつかの部屋は、二面が外気に面していることはいるが、決してひろびろとした窓をもっておらず――ロス邸の居間では外気に面した壁の八四パーセントにもなる――ライトの作品を特徴づけるパノラマのような眺望ももっていない。前者に比べるとベーレンス邸は、電灯照明と温水暖房があるにもかかわらず、以前からの文明の生き残りのようなものである。その文明とは、キャスリン・ビーチャーの一八四二年のネオ・グレコの箱を作り出したほうのであって、一八六九年のアメリカ婦人の家を作ったほうのではない。

ライトは明らかに、ヨーロッパの同時代人には得られなかった外部からの利点を享受していた――大きな環境的要求からの刺激、軽量構造の適応性、請負人の豊かな資力、後援者の物わかりの良さ、および彼らがシカゴに住んでいた当時の顕著な文化的風土などで、その風土はシカゴ大学をとりまくシカゴ派の哲学者や評論家によって豊かにされたが、あまりに儀式的でヨーロッパ風すぎる文化の概念にわずらわされはしなかった。しかしそうだとしても、彼の最大の利点は彼自身の内部からのもので、彼がある種の天才であり、これまで存在した最も流暢な発明の才をもつ建築家の一人だということである。動力(パワー)の技術と構造との展開におけるとともに、住宅環境の精巧さにおける彼の豊かな機略は、今世紀の最初の十年間尽きることがなかったようだ。

こうして、ベイカー邸を設計し建設していた同じ年ごろ、彼はまたイソベル・ロバーツ、T・H・ゲイル夫人、フレデリック・C・ロビーのための住宅の仕事をも手がけていた。ロバーツ邸はベイカー邸の一種の玩具的縮小版で、開けられる二つだけの高窓に近づくためのギャラリーまで完備していたが、換気用煉瓦模様の装置に造形上の新版を導入しており、ここでは主たる暖炉のまわりから暖かい空気がたやすく流れるように用いられていて、あたかも彼が温風炉を最初の原理にもどってもう一度発明するのに忙しかったかのようである。ゲイル夫人邸はたいへん窓の豊富な、間柱とプラスターでできたもう一つの構造で、全く別

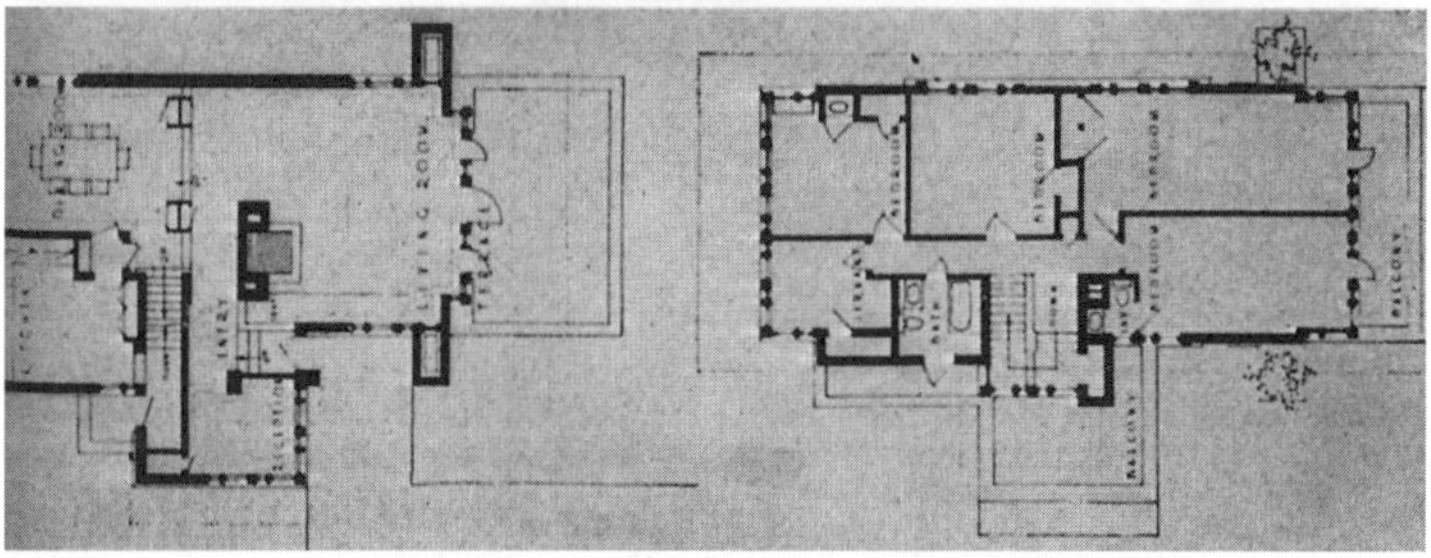

T・H・ゲイル夫人邸、イリノイ州オーク・パーク、
1908、フランク・ロイド・ライト設計。
上　街路からの外観。
下　主階および上階平面図。

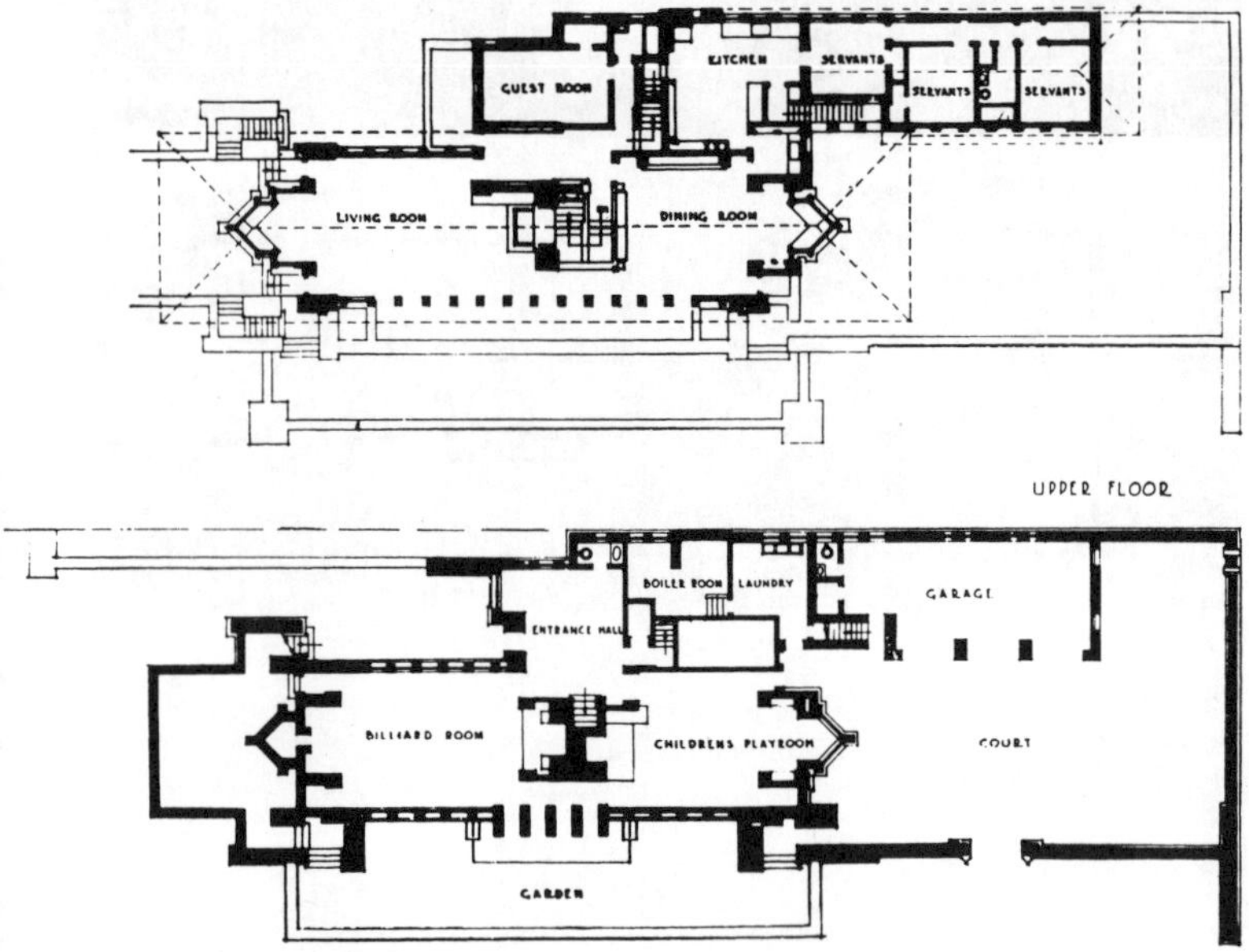

フレデリック・C・ロビー邸、イリノイ州シカゴ、
ウッドローン通り、1910、
フランク・ロイド・ライト設計。
上　南面外観　下　平面図。

のアプローチを代表している。外から見ると両側からどっしりした控え柱に支えられた二つ重ねの床版でできているように見えるが、居間の中から見ると、この見せかけの控え柱は中空で居間に向って開いているのがわかる。この奇妙な戸棚の中には、温水放熱器が部屋に向って縦に置かれ、羽根板をつけた木製格子で隠されている。

この放熱器がこの「お手伝い空間」に置かれたやり方には、明らかに何かの間違いがある。暖炉に並んで大きな自立放熱器を追加しなければならなかったのだから、特にそういえる。この放熱器に占拠された床面は、刊行された平面図では、造りつけの腰掛のために取ってあるのだが、このような腰掛がかつて作られたか取り付けられたかというしるしはない。このミステリーに対する解答は、もともとこの家が温風暖房の線で考えられていたということにあるようだ。つまり偽の控え柱は、居間とその上の寝室のための立ち上りダクトを収納するはずだったのであり、今は居間から食堂へ上る踏み段の一部を占めている謎めいた独立ちの戸棚も同様のものであった。

これが推測であることに異議はない。そしてロビー邸の新機軸のいくつかもそうであるが、しかしその他は議論の余地はない。この最後の最も美しいプレイリー住宅は、もう何も言う必要が残っていないと思えるほど数多く論じられ発表されているが、その環境的革新は標準的文献の中ではほとんど脚注にさえ扱われていない。しかも標準文献の著者たちは、言及する価値のある環境的特色（なお高い評価を与えはしないが）に心を打たれつつでなければ、その家の中へ入ってゆけないくらいなのに、われわれの知っているのは、他のプレイリー住宅と同様に張り出した庇のために暗い、というギーディオンのふしぎな不満だけなのである。

しかしその住宅の最初の環境的特徴は、夏の来訪者が扉を入る前にさえ彼の心を打つ――日影になった入口の中庭の涼しさである。そこは住宅の北側になるので実際日が当らない。地階もまた、日の当る側の窓の上にテラスが突き出しているため、同様に深い日影になっていて、そこは冷気貯蔵庫となり、湿度が高くて雷の鳴るような日でさえ、屋根の下の最上階の部屋で窓を全部閉めていても、不快な暑さにならないほど効果的に働いている。

この冷気タンク効果はライトの作品の中でも類のないもののように見えるし、この主題は彼が論議したと思われるものではないので、これは偶然の環境的利点だということかもしれない。しかし他の利点はすでに考察した一般的な線にしたがっていて、電灯照明の使用と開発に関連していくらか新しい思い付きをもちこんでいるだけである。巨大な面積のガラス——主たる居間フロアは周長の四分の三以上が外気に面し窓が開けられている——があるので、東側と西側への広大な持ち出しの庇を支えるため、主屋根の中にある一五インチの溶接鋼梁と煉瓦造りの柱で建てられているにもかかわらず、これは事実上軽量構造である。主階は、中央で階段室と儀式的な暖炉によって二分されているが、機能的に居間側と食堂側とに区分された実際上の単一空間である。窓は内側の網戸で保護されているが、実際にはどんな小さなものも全て開放できるので、換気条件の豊富さと多様さとはたいへん余裕のあるものとなっている。どの明りとり窓も開けられるが、ほとんどひとつひとつ暖房器と対になっている。すなわち、北側の入口中庭を見わたす窓は、奥行き半分の下に放熱器が床に立てられ、羽根板のある扉のうしろにこじんまりと箱に収められているし、また部屋の端にある張り出し窓の中の、造り付けの戸棚のうしろには温水パイプがあって、暖められた空気が循環するように幅木と戸棚頂部とに細長い穴があけられている。さらに、北向きの窓の下にある放熱器に匹敵するような、背の低い放熱器の別の一組を設置するために、南向きのテラスに向って開くようになっているフランス窓の、それぞれ敷居のところにある真鍮製の格子の下に床に埋込む用意ができていた。

この放熱器が取り付けられたことがあるかどうかは、今は明らかでない。そのための十分な余地はあるし、そのために用意された穴の底には太い温水管もあるが、放熱器は今そこにはない。この住宅は、熱的にはライトの成功したものの一つでなかったかもしれないと思われ、暖房しにくいという評判である。しかしこれは、もちろん、原案どおりに放熱器を取り付けられなかったことによるのであろう。いずれにせよ、ロビー家より後の居住者が、明白にライトが選んだのではない場所である主階の隅に、自立型の放熱器を設置してしまっている。

しかしながら、時間と使用との経過のうちに装飾的細部が落ちてしまったところを除けば、照明システムは残っているとおり全くライトのものである。そしてそれは、電灯照明の技法の初期の歴史の勝利の一つである。一方、局所

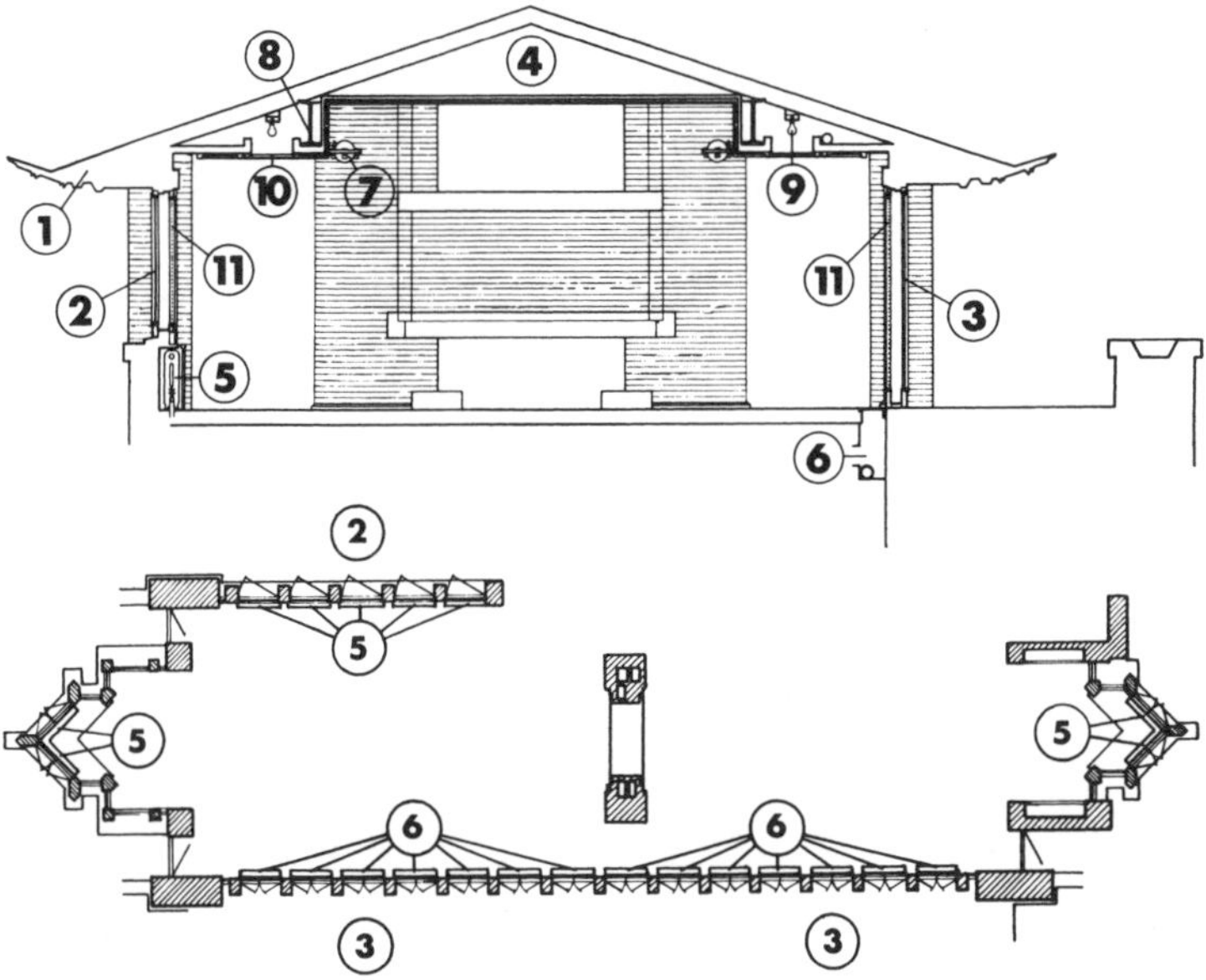

ロビー邸。
上　環境的設備を示す
居間断面と平面の一部。
1　南および西側のさしかけ屋根
2　開き窓
3　ガラス戸
4　小屋裏
5　窓下のラジエーター、
6　床埋込ラジエーター
7　照明用ガラスグローブ
8　構造用鋼梁
9　明暗調節電球
10　照明格子
11　網戸（蝶番付）
下　照明と天井の格子を
示す居間の一部。

的に照明が必要なところは、ライトが目的に応じて設計した家具（たとえば食卓の隅脚の頂部）に造りつけられたなにがしかの労作である特別灯が用意され、主階居間のもっと一般的で全面的な照明には、建物の組織と着想の必須の一部である設備が用いられた。その照明の直接目に見える部分は、天井の中央折上のかどの、外壁の窓間柱に対応した位置にとりつけられた、四角い日本風の枠に支えられたつや消しのグローブである。しかし外壁のガラス扉に対応したところには、天井の平らな低い部分にはめこまれた一連のオーク材の格子があって、格子の小板の間に小さな立方体のオーク材をさしこんだ抽象的デザインになっている。調光器で調節される電灯がこの格子の一つ一つの上に設けられ、格子を通して窓の前の床の上に和らいだまだらの光を落としている。

その効果がどれほどロマンチックだと判定されても、慣例的な持ち送りや壁のブラケットがほとんど視覚的意味をなさないような状況では、これが実に当を得た設備であることは疑いないだろう。しかしこのオーク材の格子は、照明とは関係のないさらに進んだ機能をもつらしく、それについてはもう一度ワスムートの折版テキストから糸口が与えられる。

プレイリーは有難いことに、緩勾配の屋根が部屋の上に大きな空間を残さないので、煙突の寸法も重要さも大きくなり、暑い時候には、屋根の下の空気が循環する空間を高い部分で換気して、新鮮な空気が軒の下から入ってくるのだが、その開口は冬には容易に閉じられる[注9]。

ロビー邸は軒の下にそういう開口をもっており、煙突の西側には突き出したもう一本の枝がくっついていて、それには何らかの排気を示す換気口煉瓦の特徴的なパターンがついている。しかしもし、軒下の開口が「容易に閉じられた」冬にも、なお湿気を追い出すため屋根裏を通って空気を循環させる必要があれば、空気は照明用の格子を通って、電灯や屋根の下のいろいろな暖かい配管類から有効な熱を得て入ってくることができる。それに、鉄骨梁のフランジと屋根下地の下面との間に、ちょうど空気の通る余地があって、そこから空気は、天井の折上げ部分の真上の、居間の屋根の高い部分に入ってゆき、次いで煙突の脇にくっついた枝の煉瓦積の中のダクトを通って外へ出てゆく。

大きな屋根の持送りは、隠された環境的な秘密など何ももってはいないが、機能上は見かけほど単純というわけでは全くない。西側のものは確かに日除けの機能を果たしており、特にラテン文化圏で「殺人的光線」と呼ばれる西日に対してそうであるが、東側のものは、たぶん台所と車置場の隅にある勝手口とを、雨からまもる恒久的な傘としてのほうが役立つ。住宅の南側の軒の出が、東や西の軒とくらべて少なく見えるのに驚いて、それがガラス面を日影にするのに十分かと疑う人があるかもしれない。実際それは正確に十分なのだ――シカゴの緯度では夏の太陽は高く、真夏の正午には軒の影はテラスに出る扉のガラスのいちばん下の木部にちょうど触れるようになっている。

こういう微妙なところに果たして現実的な価値があるのか、あるいはそれが熟考されたものだったかどうかについて語ることは、今は不可能である――それはライトの建築的かつ環境的な熟達の、最も偉大な時代に終りを告げるのに似合いの華麗さ（あまりにも現実の生活によく似合う）であったのだろう。彼はその後の長い経歴の中では、一八九九年―一九一〇年のプレイリー住宅を特徴づける建物の、各様相にわたる創意と全面的制御に匹敵するようなことを何もしなかった。何十年もの間に他の誰かのしたことで、こういう容易な環境制御の熟達に匹敵するようなものもいっさいない。ライトがシカゴを離れたのに伴ってプレイリー派が分裂し、同時にカリフォルニア派もおとろえて（第十章で述べるように、これは驚くべき後継者を見出すことになった）、調整された住いの建築は最初のピークを通過した。第二のピークはまだ先のことだったので、そこに挟まれた期間は、「機械」とは、建築家が住宅を「完全に衛生的で労力節約的……つまり最大の快適さが最少の骨折りで得られる」ように造るために使うものではなくて、むしろ縁起の悪い文化的問題だと思いこんでいるヨーロッパの近代主義者たちによって、大部分占領され深刻にひっかきまわされることになった。

〔注〕

1 Henry-Russell Hitchcock, *Architecture: Nineteenth and Twentieth Centuries*, Harmonds-worth, 1958.
2 J.J.P. Oud, *Hollandische Architektur*, Bauhausbuch 10, Jena, 1926, p.81.
3 Alan Gowans, *Images of American Living*, New York, 1964, p.407.
4 同書。
5 James Masston Fitch, *Architecture and the Esthetics of Plenty*, p.77.

6 前掲書

7 Groff Conklin, *The Weather-conditioned House*, New York, 1950, p.15.

8 最初の Wasmuth 版（*Ausgeführte Bauten und Entwürfe*, Berlin, 1910）に対する説明文中の英文より。Gutheim 再版、*Frank Lloyd Wright on Architecture*, New York, 1914, pp.72ff.

9 Wright (Gutheim), 前掲書。

〔訳注〕

* acroterion ギリシア建築の屋根の上の飾り台。

** 中世、吟遊詩人に唱わせるため広間などに設けられた小さなバルコニー。

第七章　機械美学の環境

ライトは関連する技術を接収するのに、熱心ではあったが独善的ではなく、様式的な好みに対する偏見なしに、必要なものとしてこれを利用したのに対し、彼の影響を受けた、あるいは受けたと称するヨーロッパの近代主義者たちは、その問題をそれほど冷静なくつろいだ態度で処理することができなかった。ラスキン以後の教化の年月は、技術を好機としてでなく難問として仕立ててしまい、一方、オーギュスト・ショワジーの『歴史』に明らかにされているような、様式の変化を技法の変化に関連づけている合理主義者の理論は、新しい技術の自動的な産物としての何か新しい様式を探すように彼等を仕向けたのである。彼等の急務は機械時代の正しい新様式を固定し、そこからそれの投げかけた問題を解くことであった。一九三四年にマルセル・ブロイヤーがとり上げたように、

近代主義運動の起源は技術的なものではない、なぜなら技術ははるか以前に発展していたから……新建築がなしたことは技術を文明化したことなのだ[注1]。

このような言葉は、プレイリー住宅時代のライトが言い得たものではなく、また、自信に満ちた一九二〇年代の間もまたその後の三〇年代、つまり討論の調子が道徳めいてきて、技術的文化における歴史的必然だからという理由で、近代建築（すなわち国際様式）を大衆が受け容れなくてはならないと機能主義者が決定論的に主張した時代にも、ヨーロッパのどんな近代主義者も言い得なかったものである。一九三四年の困難な休止のなか、政治的亡命のはじめにあたってブロイヤーは、技術の快適性と便宜性と共に、機械時代様式の肌ざわりの悪さをも受け入れるべきだと大衆に説くことの努力について、称賛すべき率直さで、回顧しつつ語ることができた。

……新建築の知性的基盤と美学とをわかりやすく公式化することは、その理論を実用の中で確立するよりももっと困難なことがわかった。機能的な台所設備といったようなものが、あら探しの好きな人々をわれわれの理念に近づきやすくし、その結果彼らがわれわれの美学に同調するようになるのが珍しくないということを、あまりにもしばしば経験している[注2]。

それほどあら探しの好きでない人々でさえ、なぜそうするのかという理由を誰も「わかりやすく」公式化していないときに、自分たちがなぜ一組の快適性を享受するためにも一組の環境的不快をがまんすると思われているのかを知

れば当惑しただろうと、誰しも思わずにはいられない。ブロイヤーは、建築家の文化的な好み（その理想的で普遍的な抽象化についてはアウトが述べている）によって課せられる不快さについて明らかに弁護的であって、彼の議論の言い回しは、もしありふれているとすれば奇妙なものである。

われわれの建物は次のような記述と一致するものだろうか。「冷たい」「硬い」「うつろに見える」「超論理的」「全ての細部において想像力に欠けた機械的な」……そう思う人は近代建築の最悪の例だけを見たのか、または最良のものに住んだり近よって確かめたりする機会がなかったのだ。たぶん彼は、「人間的」というときには「尊大な」を意味し、居心地のよさを願うときは壁紙のブラウンソースを、無事泰平を求めるときは空虚な見せかけを考えているのだろうか？［注3］

率直に物理的な探索のできる問題を、たんなる流行遅れの先入観の表明だとして片付けてしまうために、それをそっと文化的問題という「高次の」面に突き上げるというやり方は、実に驚くべきものである。熱的な寒さや音響的な硬さはどちらも少なくとも比較測定ができる。茶色の壁紙からの和らげられた光の反射は、光沢のある白い面のまぶしさによる眼の刺激よりは、実際客観的にも「居心地よい」だろう。ブロイヤーが今はそれほど率直ではなくて、何かある実質的な環境的異義に対して、つじつまの合わぬ話をしてごまかそうとしているのだという印象を避けることはむずかしい。

なぜなら「二〇年代の白い建築」の中に、異議を唱えなくてはならない事実上の環境的欠陥が、いくつか存在したことが今や明らかだからである。当時のバウハウスの忠誠な支持者が、一人ならず、いま四十年後になって、まぶしい照明や響きわたる音響が苦痛なものであることを自認しようと覚悟している。フィリップ・ジョンソンが筆者に語ったところによれば、彼はデッサウのバウハウスの建物の中に約四十分以上とどまっていることは困難であったという。この時代の他のインテリアが残存しているところや、復元されたり再建されたりしたところでは、今でもこういう堪えがたい状態に遭遇するだろうが、たいていの場合は、初期の写真には見られないカーペットやカーテンや照明器具などが追加されて、これらの室内を住みやすく変えてしまっている。

環境の質を改善する約束が、幾何学的な機械美学と、照明など何でもかでも真正直に表現することを祭る祭壇上に、最も無残に犠牲に供されたのは、どこよりもドイツにおいてであった。それは一九一四年以前に発展していた環境の質に対する人道的概念からは、異常なほどの後退であった。ブロイヤーの話から三十年後にマイケル・ブローンがその件について述べたように、批難はもっぱら、

> ……バウハウスに、それは完全に消費者を無視して、如何に最も合理的に目的物を生産するかに専心した——照明器具となるべきガラスの球を、如何に最も簡単なやり方で吹くかということだ[注4]。

それも、部屋にいる人の眼に投げかけるまぶしさにはおかまいなしにであった。消費者の生理的反応に対する同様な無視は、二〇年代の同じ頃のフランスの近代主義者たちにも見られるけれども、次の章で考察するように、ドイツでは、快適さや喜びや創造的な想像力からの後退にはさらに驚かされるが、それは照明の芸術と喜びに関する偉大な聖典が、ドイツでただ一つだけ、第一次大戦の勃発直前に出版されていたからである。

多くの点で、この文書はその知的なルーツでただ一つというわけではない。機械的技術の開発によってよりよい環境を、という未来主義者に吹きこまれた信念は、一九一〇年代にはかなり普及していた。未来主義者のボスであるF・T・マリネッティ自身一度ならずこれに関して、

> ……換気のよいアパートメントハウス、絶対信頼できる鉄道、トンネル、鉄橋、巨大な高速定期船、そよ風と眺望とに開けた丘辺の別荘、広大な集会室、そして身体の迅速な日常手入のために設計された浴室[注5]。

を一方で要求し、他方で、

> 鉄とガラスの壁の中での動力(パワー)の生活。われわれのより二十倍も軽くて安い鋼製家具があり……ちょっと手を動かすだけで熱、湿気、換気が調節でき、自分の意志の充足と実体化を感じる[注6]……

ことを享受するような幸運な技術者を切願している。これが一九一二年に書かれたときには、まだかなり空想めいたものだったが、それに必要な技術のほとんどは、すでにどこかに存在していた。しかし、未来環境の夢について、全くのこしらえものや抽象的な語り口は、初期の未来主義者の著作に衝撃的なものをもたせた体験の特質を奪ってしまう。その衝撃とはパウル・シェールバルトの著作、特に一九一四年の『ガラス建築』[注7]に生き残っているごとき

ものである。その時代の全ての空想的な著述のうちで、この本は人間の未来環境の具象的かつ実体的な夢として今日最大の衝撃をもつ。

シェールバルトは、科学的でエロチックな、幻想に富む機智あふれる空想小説のゆえに、ドイツ文学の歴史の中に小さな位置を確保している。それらのほとんど全部には、読者をして書かれているものを目のあたりに見たり感じたりさせる異常な迫力があり、この力はシェールバルトの直接観察のきわだった才能から引き出されたもののように思われるが、その才能は、彼がベルリン放浪者（ボヘミアン）としてブラブラしていたために体験したさまざまなことがらで豊かになっていたのだ。彼の観察したきめ手の経験の一つは、煉瓦と石造の世界のなかで貧しく寒いめにあうことの恐怖であった。

> 煉瓦文化はわれわれを苦しめるだけ

と彼は書いており、彼が古い石造に巣くっていると宣言する煉瓦のバイキンにガミガミと噛みつくことをやめなかった。なるほどこの私的な悪鬼（デモン）は、明らかにヴィクトリア朝の人々が空気を汚すと思っていた「有機毒」よりも、さらに空想的なものではあるが、当時の知的で敏感なスラム住人なら、乾性腐朽と湿けたしっくいに特有の、気のめいるようなにおいのしみついた汚染空気のなかで、この悪鬼を発明するのに大した想像力は必要なかっただろう。

シェールバルトはこの煉瓦文化の恐怖に対抗して、彼のガラスと鋼と光との未来建築の夢を定着させた。しかし多くの夢想家と違い、彼は自分の提案する建築の機械や環境の現実性について鋭い自覚をもっていた。彼は断然、そのヴィジョンを文化的な文脈中におくことからはじめている。

> われわれはたいていは閉鎖的空間に住んでいる。これがわれわれの文化の発展環境を形成している。われわれの文化はわれわれの建築の正確な産物なのだ。もしわれわれが文化をより高くおし進めようと望むなら、否応なしに建築を変えねばならない。そしてこれはわれわれの住んでいる空間から、囲われた感じを取り除いて初めて可能になるだろう。それを達成するにはガラス建築の導入しかないだろう。それには、陽光も月や星の光も、一双の窓からではなく、色ガラスを用いた全壁面から能うかぎり室内にさしこむだろう。こうして創り出された新しい環境は、新しい文化をもたら

すだろう[注8]。

右に述べたように、こういう空想的な信念は当時確かに稀ではなかったが、実際に使われている新環境の、細部にわたる観察に基づくものは他にはほとんどなかった。シェールバルトは彼の本の初めのほうで、ダーレム植物園の温室のことにふれ、その内側から見る夕日の素晴らしい効果を称賛しているが、それが過度の熱損失を防ぐための二重ガラスになっていないことを残念がっている。そして彼は、ここに数値——他の著者たちがほとんど誰もしようとしなかったこと——を出しているのである。すなわち、午前八時に摂氏マイナス一〇度の温度から暖房を開始すると、プラントでは一日当り三〇〇ツェントネル*の最良のシュレジエン石炭を消費する、という。さらに、彼は二重ガラスがなぜどのように働くかを知っているし、どうすればそれを美的に開発できるかも知っていた。

> 空気は熱を最も伝えにくいものの一つであるから、すべてのガラス建築にこの二重の壁が必要である。この二枚のガラスは一メートルかそれ以上離すべきである。この壁の間の光は内側へも外側へも輝き、内側のガラスと同様、外側のガラスも彩色した装飾ができる。もし色彩の中で光が失われすぎるようなら、外側のガラスは透明のままでもよい。必要なのは、夕方の外向きの光があまり平板に見えないよう、光を和らげるために二枚のガラスの間に色ガラスのスクリーンを置くことだけである。
>
> 対流放熱器や輻射放熱器は、この二重壁の間に置いてはならない。というのは外気のほうへ失われる熱出力が多すぎるからだ。
>
> 明らかにガラス建築は極地や赤道地帯ではだめで、温帯のみに適した建物である。炎熱の地域では、白いコンクリートの屋根で保護しなければ成功しないだろうが、温帯ではそんな屋根は必要がない。
>
> 保温のためには電熱じゅうたんを床に敷けばよい[注9]。

これらの意見は物知りの常識だけでなく、技術を次にはどちらに赴かせることができるかについての鋭い理解をも示すものである——最初の電熱織物はすでに存在したが（合衆国のゼネラル・エレクトリク社は、一九〇六年に保温用当布をカタログにのせている）、このようなやり方が、この時点で床を温めるために本気で適用されたかどうかは疑わしい。それにもかかわらず、シェールバルトはぬけめのない予測と、得られた一般的経験との二重の基盤に立って、新しい文化の環境となるべき新しい環境への変化には何の困難もない、つまり第一歩は全く容易で気楽なものだ！と説得しはじめたのである。彼は、たいていの読者が日常の経験でよく知っているガラス建築、すなわち屋根付きのベランダから始め、次のように指摘した。

……拡張が容易で、その三方を二重ガラスの壁でとりかこむ……もし庭の眺望がほしいと思えば窓ガラスをはめたところから容易にえられる。しかし当り前の窓の形で配置しないほうがよいだろう。空気はベンチレーターからとりこむのがよい[注10]。

さらに彼は、こうして拡張されたベランダは、母屋からは完全に離し、庭園の中の独立した構造とすべきであると提案した。

ガラスの未来についての彼の展望はたいへん完全で詳しい。窓の方立て用木材にとって代わる新材料とか、コンクリートの新しい表面処理や仕上材とかもなくてはなるまいが、彼はコンクリートが枠から外したままでは不満足な材料であることに気がついている。ガラス建築の色彩や装飾は、鉱物や植物の形態から、あるいはガラスそのものの技術から抽き出すことができるだろう——彼はティファニー効果の塗りたくりや大理石模様のことを言っているのだ。ガラス繊維の布に詰物をした鋼製家具（彼は「今や四十年も昔」の技法だと宣言している）は、ガラス壁の美しさを妨げないように室の中心に集められるだろう。光は照明された柱から、あるいはガラスの床の下から、または建物の外で演出される投光器などから流れ出す。あるいは建物は、外からは形となった光——完全に独立した照明体——のように見えるであろう。

そして、この素晴しいビジョンはなお続くが、植物害虫を駆除するのに真空掃除器を使うというしゃれた新考案を始めたり、壁が全部ガラスになるので窓という字が辞書から消えるだろうと予見したり、そして音と光（ソン・エ・リュミエール）に先行する風景——投光器で照らされた山々、湖に映るガラスの建物、そして夜は昼に転じ偉大な芸術作品となる——を描き出したりしたのである。こういう予言はいつも時間経過の正常なエントロピーを蒙るもので、シェールバルトの予言したことの多くは彼の予想できなかった筋違いのやり方、たとえばラス・ヴェガスの夜景などに実現した。しかし直接に真実となったものも多く、中でも、建築家が光を用いるときたちまち犯すであろう過誤についての彼の予想ほどよく当ったものはない。実際、彼の展望の正気さを今明らかにしているのは、一九二〇年代における照明の、目を眩ますような非人間性である。

　これまでに引用したことから、シェールバルトは、近代建築のとろうとしていた方向とは、ほとんど正反対の方に向かっていたことが明らかになったであろう、たとえ近代建築の実践家たちが彼のガラスに対する情熱を分けもっていたとしてもである。彼は、彼らがお気に入りの材料である白色コンクリートを普通に温帯気候で使っているというので馬鹿にしていたのみならず、その本の他の所で特別に「いわゆる即物様式（ザッハシュティル）」を攻撃しているが、それは明らかにドイツ工作連盟の丸裸の建築を意味している。彼が言うには、それはただ煉瓦建築と木造家具の伝統様式を消去する手段として過渡期においてのみ許され、その後はガラスの建築がそれ自身の豊かな装飾術（オルナメンティク）を発達させるだろう——あるいは少なくともそれが望まれる！　と。

　この希望は、たいして意味をもつほどは満たされるはずもなかったが、著者に現われた即物様式（ザッハシュティル）の照明技法に対する言外の批判は、全面的に正当なことが立証されるものだった。ほとんど全ての人々に、それも電気産業でもないのに、照明の強さをさらに大きく大きくしようとする傾向があるように思われたその時点では、シェールバルトのとった立場は驚くべきものとみえたが、その後の出来事と、科学的な照明の研究のために開発された研究方法とは、次のような議論の言葉をほとんど全て、正当化しているように見える。

> われわれが豊富な光をもつのは、風力と水力を最高度に開発することで可能になるのだが、その時は光を透明なままにしておく必要は少なくなり、色によって調整することが可能になるだろう[注11]……
>
> 満杯の白色光はわれわれの時代のノイローゼの少なくとも一部の原因である。色彩調整をした光は神経を落ち着かせ、神経科医によって療養所での治療の一要素として用いられている[注12]。
>
> このように、光の強さの増加はわれわれの必要としないものである。それはすでに強すぎるし、われわれの眼にはもはや耐えられない。調整された光こそわれわれの必要とするものである。「もっと光を！」で

はなく、「もっと色のある光を！」と叫ばなくてはならない[注13]。

最後には、純粋の白色光は、秘密警察の尋問官や洗脳者やテロリストの武器としてのみ生き残ることになった。しかし、西欧文化の下界へ追放される前に、それは可視的かつ進歩的な上界でのほぼ二十年の経歴をもち、その間に国際様式の建築家たちは——最も気高い抱負と、透明な光が象徴するものと思っていた透明な良心をもって、疑いもなく——医者、美術蒐集家、出版業者、教師、それに彼らの顧客である遵法的なブルジョワたちを、裸電球やときには乳白色の管から流れ出す光と、白壁のまぶしい反射というゲシュタポ式の照明環境に従わせた。彼等の設計したインテリアの多くは、展示用の特別の目的のためであり、尋常以上の強さの照明が必要だったろうという事実を斟酌してさえ、一九三四年までバウハウスおよび同類の思想家によってなされた仕事の出版記録は、生き残りの人々の記憶と合わせ、おそらく芸術の為ならどんな苦しみも甘受するという知識人だけが耐えられるような、苦痛の閾値に近い照明環境だったという印象を残している。

しかしこの味気ない幕合狂言の始まる直前に、光とガラスの使用に関するシェールバルトの尋常な人間性と異常なロマンチシズムが、あたかもそれにあわせるよう、ある建築をとらえて生気を吹き込むかのごとく見えた短い時期があった。ベルリン幻想作家の仕事（いずれにせよほとんど紙の上だけに止まるよう運命づけられていたが）に対する『ガラス建築』の直接の影響が確実に見られるのはブルーノ・タウトの作品のみであるが、第一次大戦終了から三年後には、不規則なガラスの塔の計画が氾濫していた——ミース・ファン・デル・ローエほどの謹厳な合理主義者についてさえ、フリードリッヒ街の競技設計やそこから派生したものによって彼の服従が立証されているのだ。さらに、ヘルマン・フィンスターリンのスケッチしたインテリアや、ハンス・ペルツィヒによってグローセ・シャウスピールハウスで実際に建てられたものも、やはりシェールバルトの着想に近いものである。

しかしブルーノ・タウトの場合には、その影響は目に見えるものだし承認されてもいる。『ガラス建築』は彼に献呈されたもので、ケルンの工作連盟の展覧会におけるタウトのガラスパヴィリオンは、その開会式を司会したシェールバルトに捧げられた。そのパヴィリオンは屋根と壁、床

ガラス工業パヴィリオン、ケルン博覧会、
1914年、ブルーノ・タウト設計。
右　主展示室。
左上　外観。
左下　ガラス階段の一つ。

と階段の蹴上げにガラスが用いられ、平面にも断面にも直角のところは全くなく、またガラスの多くは色付きであった。これはシェールバルトの本が出版されたその年早くも、彼の夢が実現できたという実体的な証拠であるが、その設計は、少なくとも本が書かれている間手近にあったにちがいない、というのはシェールバルトは、それを形造る際適当な材料を探すのにタウトがたいへん困ったということに言及しているからである。

もしタウトとシェールバルトの親交が一九一三年に始まったとしても、彼らの交際は短命であったにちがいない。何故なら彼は一九一五年に没しており、その時からタウトの作品にさえ彼の直接の影響は衰えはじめる。それでもなお、タウトは二〇年代までずっとその思い出を愛蔵していた。彼の雑誌『曙光（フリューリヒト）』の頁中には、強いシェールバルト風の夢がある

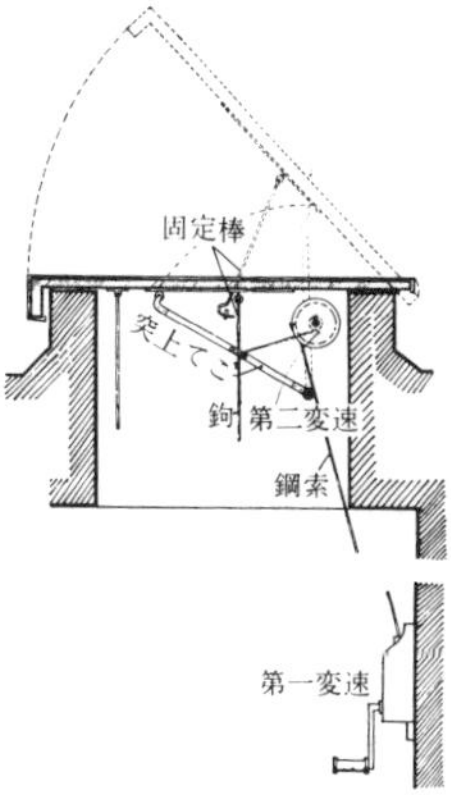

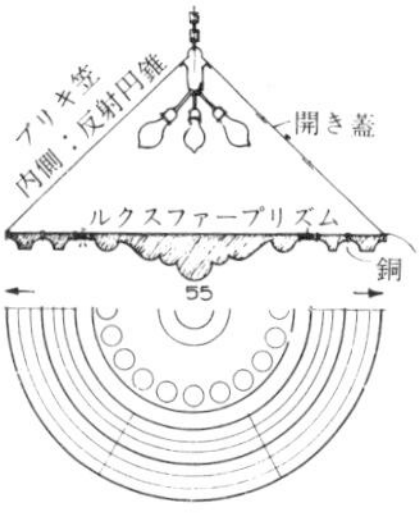

建築家自身の家、ベルリン、1926、ブルーノ・タウト設計。
右上から時計回りに　屋根中央の換気口、食卓用照明器具、
照明された食卓、主寝室の作業コーナー。

のみならず、一九一九年にあらわれた『街の冠（ディ・シュタットクローネ）』[注14]の序文として、シェールバルトの短い話の全文が引用されている。それよりさらに驚くべきことは、一九二七年にタウトが自宅についての本を出版したとき、まだその影響を探り出すことができるという事実である。その家は風変わりな形にもかかわらず、ガラスパヴィリオンに直接似たところはほとんどないが（もっとも階段室の壁にガラスブロックを使っているけれども）、一、二の点に関しては、『ある住宅（アイン・ヴォーンハウス）』において何がなされたか、いかに書かれたかの両方ともに、シェールバルトの語調が弱められた形ではあるがなお見分けられる。こうして、食卓の上にある特製の電灯は、タウトによると、

……テーブルの上を強く照らすが、白布がかけられていないのでまぶしくはない。光自身もやはりまぶしく

はなく、(ルクスファープリズムの)ランプから穏やかな光を放つが、乳白ガラスや布のカーテンの場合のように光の強さが低下することは全くないといってよい。テーブルの黒い表面に対して陶器、ガラス器、皿類などがきらめいている——しかしもはやそれをテーブルセットと呼ぶことはできない、テーブルは消えてしまっているのだから![注15]

輝きや光のこの楽しさと、伝統的な実体(テーブルの表面)の非物質化とは、明らかにシェールバルトの伝統を引くものであり、表示的な色彩への興味もまたそうである。ドイツの近代主義者たちが、ファン・ドゥースブルフやモンドリアンや、その他の「様式(デ・スティル)」の人々から学んだ色彩の課業を忘れ、白の中の白や、ニッケル板と黒い皮革(一九三〇年のパリ博のためのグロピウスのデザインに要約されている)のような、終局的な無味乾燥への道を進んでいるとき、タウトは家中に色彩を表示的に用い、『ある住宅(アイン・ヴォーンハウス)』には見本の色彩票まで発表しているが、彼はデザインの中でそれほど大事なことだと考えていたのである。

一、二の場合には、実際の部屋の色彩計画が与えられている(あるいは推論できる)、——たとえば赤い部屋では暖房配管と放熱器とを黄色できわだたせている。これが右に述べた色彩を「表示的に」使っているという意味であり、タウトは何にもまして色彩を機械的設備への注意を惹くために用いている。彼は換気装置の最後の把手(ハンドル)に至るまで、彼の小道具類を明らかに自慢にしていたのであって、本の中には全て採録されており、部屋の中ではどこでもそれをでしゃばらせるような色彩を使うことで家の中を説得的に仕立てていた。色彩は別としても、このことはタウトを当時の美学とさらに一致させている。ヨーロッパでは、機械的なサービスの提供する機会をとらえるために、建築の形式を合理的に適応させるという方法によって、かろうじてその有用な性能を利用していたときでさえ、当時の美学は機械のひとそろいを表示的に扱っていたのである。

だから、二〇年代後半のグロピウスの作品における、きちんとした手ぎわのよさのいくつかは、暖房設備のような物のたくみな配列で成り立っている——たくみなとはいっても、支配的な美学の狭い信条の範囲内である。たとえばデッサウの市の職業紹介所の中では、主階段室の各々の踊り場の床スラブの端にある温水用ラジエーターは、階段吹抜けの一方の壁全体を形成する各階一連の窓の冷気をやわ

職業紹介所、デッサウ、ドイツ、1927、
ワルター・グロピウス設計。
上　階段塔および管理事務所。
下　主ホールのガラス張り天井と電灯。

らげるばかりでなく、人々がガラスを突き抜けて歩いてゆくのを防ぐ手摺として、二重に役立っている。

しかしこの人道的かつ知能的な使い方は、先に言及した照明法と矛盾していると見るべきではない。グロピウスとバウハウス一派にとっては、電灯も放熱器も共に、構造の実部であると虚部であるとに伴い、彼らの美学的規制にしたがって、抽象的コンポジションを構成すべき彫刻的事物にすぎなかったと思われる。それらの環境的性能については、それがある単純化された規則（または多分心のむしばまれた習慣）を遵守することによってだけ、礼遇が与えられたようだ。この規則によって、ラジエーターは外壁に平行に置かれ、電灯は天井の中心または中心線から吊り下げられた。こういう規則からはっきり逸脱しているようなところでは、通常は環境的な結果を省みない純粋に美学的な「改良」か、または既に作られた環境的な間違いを直そうという必死の試みとしてそのように現われているのである。

グロピウスが、一九二三年に彼自身のために設計した事務所は、一つの教科書的な例である。というのは、それがすでに教科書に載っているためでもあり、またそれが両方の傾向をうまく例示しているためでもある。その部屋は、よく知られた等測図にはっきり示されているラジエーターで、月並みに暖房されるようになっていた。そして要素派（エレメンタリスト）の空間彫刻の一部のように、天井から笠もなしに吊されたチューブランプの抽象パターンによって、月並みでなく照明されることになっていた。チューブのうち二本は側壁のそばにあって、その色彩と材質の変化に関連しており、他の四本は複雑な一群に組み合わされて天井の中央近くにある。すべてこれらの要素に関連した支配的な戒律は、人間がそれをしようすることをたいして意にかけず、既存の部屋を現代風の空間構成に作りかえることに関係した視覚的美学によるものである。その環境的および人間的な不適合の証拠はその後の完成された部屋の写真によって与えられているが、その中には原設計の仕様にはなかった卓上灯が机の上に見られ、もともと室内用に設計された照明の不足を補っているし、二つの電話もラジエーターの隣の棚（同様に原設計図にはない）の上にある。このことはすべて、当時グロピウスの唱えていた「芸術と技術との新合成」には、彼の追随者たちが彼に属するものと信じていたデザインの全戒律よりも、それを劣ったものとするような見落しがありえたことを暗示している。

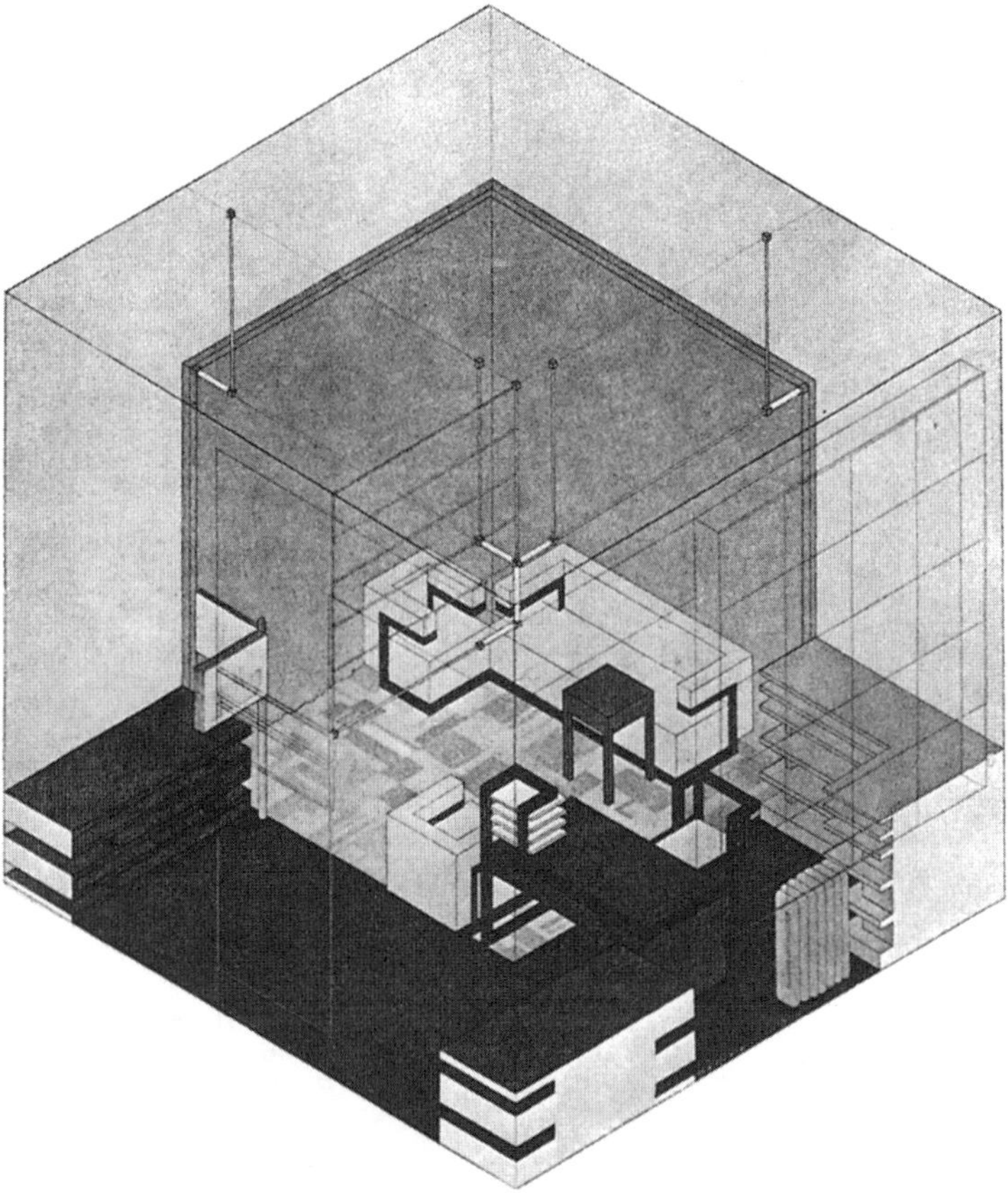

上　自分の事務所のインテリアの設計図。
ワイマール、1923、ワルター・グロピウス設計。
左　ハルトホ博士の書斎の照明器具。
マールッセン、オランダ、1920、
G・T・リートフェルト設計。

この部屋のインテリアは、もちろん照明器具がコピーだということで以前に批判されたことがある。それは一九二〇年にマールッセンのハルトホ博士の書斎のため、G・T・リートフェルトが設計したものを了解なしでコピーしたというものである。純粋に一個の彫刻とみなしていたリートフェルトのやり方が、より進歩的な空間構成を表わしているのは本当だが、どちらも人間の住む部屋のための光源としてはたいして推奨できるものではない。にもかかわらず、これら二人の、明らかな症候をもつヨーロッパのデザイナー、グロピウスとリートフェルトが、二〇年代から三〇年代初めにかけて、どのように彼等の姿勢と技倆と照明とを発展させたかを比較するのは、有益なことである。

リートフェルトの電気的および電子工学的環境に対する貢献には、たとえばしゃれた独創的な卓上灯があり、それはまた彼が一九二五年にラーデマッヘル・ショラーズのために設計した、並外れの全面ガラスの移動式ラジオキャビネットの一部にも見られる。しかしどちらの場合も、リートフェルトは、音響的または照明的環境の改善をする男としてでなく、与えられた機械的な形態を芸術作品に組み上げる彫刻家として働いたようである。続く数年間のその他のインテリアは、ユトレヒトのシュレーダー邸のインテリアのように、昼光の使い方がどんなに精妙でめざましいものであったにせよ、裸電球を使うというような非人間的な慣例を彼が受入れたことを示している。しかしその対照がさらに強いのは、彼の人工照明の室内のものと外部のものとの間においてである。一連の商店正面の設計において、当時のどのヨーロッパの建築家の作品も比肩することがむずかしいような、輝く空間の事実上のボリュームを創り出すために、彼は光と電飾文字とを使った。そして一九三六年の、ビオスコープ・フレーブルフ（ユトレヒト）の仰天するようなファサードは、その偉業に栄冠を与えたものであったが、これはその当時までの新世界における映画館のファサードの洗練さに対して、おそらくヨーロッパの対抗しうる唯一のものである。

バウハウスでは、照明器具などの形での環境的機器の作品は多産であったが、これら全てが、先に引用したように、生産の容易さのために設計されたもので照明の質のためではないというマイケル・ブローンの説のとおりであった。この通則に対するほとんど唯一の例外は、現在その調節できる笠のことで原作者と日付（元来は一九二四年とされた）

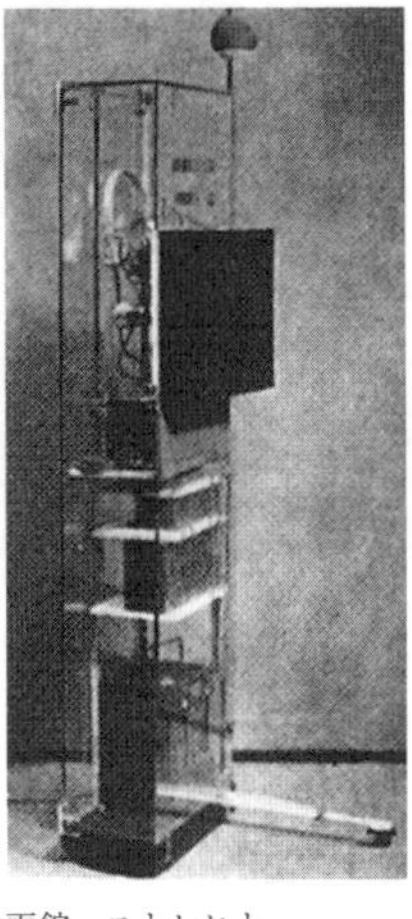

上　ビオスコープ・フレーブルフ映画館。ユトレヒト、
オランダ、1936、G・T・リートフェルト設計。
照明されたファサードの夜景。
下　ラジオキャビネットと卓上灯、1925、
G・T・リートフェルト作。

連続住宅、ユトレヒト、オランダ、1930、G・T・リートフェルト設計。
右　照明された下り天井を示す隅の部屋。
左　隅の部屋の変化した窓形を示す外観。

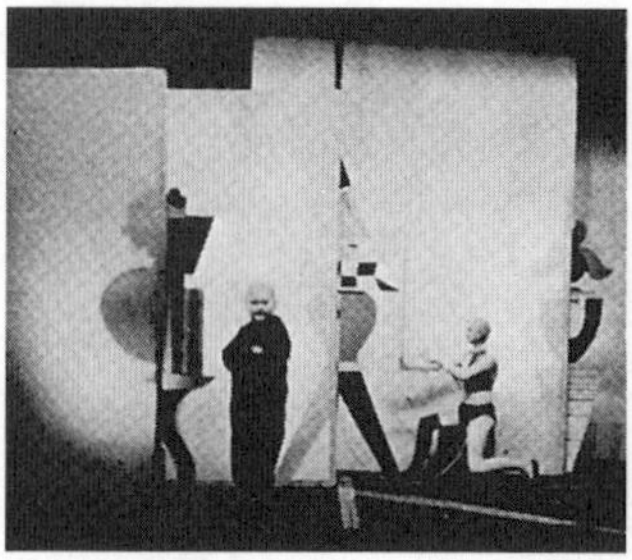

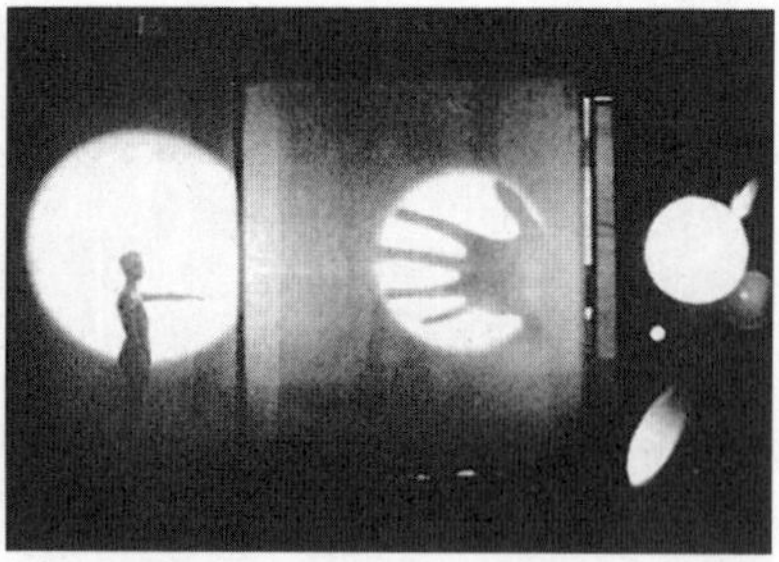

右　光の演技。バウハウス劇場。
左　人形と透明壁によるパントマイム。バウハウス劇場、1927。

が論争されている小さな枕元灯で、これは今日でもなお合格しうるものである。美的にも機械的にも照明器具のデザインは（特にマリアンネ・ブラントの一九二五―一九二八のものなど）、ますます洗練されたものになっていったが、それによって創造されるはずの照明効果の利用と開発については、建築家のうちにほとんど匹敵するほどの興味はなかったようにみえる。バウハウスについての出版物の中には、広告などの目的のための照明ディスプレイの計画は数多くあるが、たとえばデッサウの工学部門の妻壁に縦に書かれた大きな「バウハウス」という一連の文字を照明することで自分を広告することはしなかった。

　ふたたびインテリア・デザインにもどって、デッサウの職業紹介所の建物では、主要階の無窓室内空間に昼光を拡散させるために、レイライト**と半透明の天井パネルとの精巧なシステムが用いられたのはたいへん目覚ましいことであるが、その同じシステムが人工光の拡散のためには用いられなくて、その人工光は半透明の天井の中心線に沿って、ちょっと下に吊り下げられたおきまりの半透明グローブからでている。近代的デザインの真の先駆者の直系であると一般に認められているヨーロッパの近代主義者の誰か一人でも、天井に隠された照明の可能性を完全に覚っていたかどうかは実際疑わしいようだ。その方法というのは、第九章で述べるように、それほど名声の高くない同業者たちが使ったものだが――一つだけ注目すべき例外がある。それは、一九三〇―三一年にユトレヒトの高台に建てられた住戸の、隅角の位置にリートフェルトが用いた低くした光天井である。ここにおいてさえ、平常は、電球や電灯管のような光源を顕示するよう命令している厳格な美学的道徳が、これに見合う正直さを建物の外観において主張し、そのため、この建物のファサードの主要な窓の、他のところにはある上部の開き窓の列を、そこだけやめて、吊り天井の上部空間の端を閉じるための側面におき換えているのである。

　しかし、この電気照明の光天井の使用は例外であって、一般には人工照明は想像力に乏しい使われ方をしていたが、これは、バウハウスにおいて、たとえば建築以外のある部門では、光の使用について最も徹底した探求をしていたという事実によってさらにわけのわからぬことになっている。建築および工業デザインの部門では、室内照明に対して、まるで宗教裁判官のような考え方でもって設備器具の洗練を進めていた間に、彫塑実習や、お祭り用仮設物のデザイナーや、とりわけ舞台部門では、照明効果による透かし絵、モデリング、虚容積および空間定義をこなすようになっていたが、こういったことはシェールバルトを喜ばせただろうし、また技術を「文明化」するための美学的必然という自分自身の概念に、それほど頑なに制約されていない建築部門に対してならば、測りしれないほどの刺激的効果をもったことであろう。

〔注〕

1　ブロイヤーが一九三四年チューリッヒで行なった講演。英文出典：Marcel Breuer, *Buildings and Projects*, London, 1962.

2　同書。

3　同書。

4　*Architectural Association Journal*, March 1960, p.155. Michael Brawne の報告。

5　F.T.Marinetti, the Lyceum Club, London, 1912, での講演。*Le Futurisme*, Paris, 1912, に再録。

6　同書。

7　Paul Scheerbart, *Glasarchitektur*, Berlin, 1914.

8　前掲書　p.11.

9　同書　p.14.

10　同書　p.12.

11　同書　p.63.

12　同書　p.103.

13　同書　p.120.

14　*Die Stadtkrone*, Jena, 1919.

15　*Ein Wohnhaus* Stuttgart, 1927, p.51.

〔訳注〕

*　1zentner=50kg

**　横長の高窓

第八章　住むための機械

建築家のなかで比類のない尊敬をうけるル・コルビュジエは、その地位のために、あまりにも都合のよい批判の的であり、あまりにも明らかに危い土の足をもった巨人像となっている。環境管理ということに関しては、彼を彼の世代の最も際立った過失者と認めようという誘惑は差控えるべきである。彼の著作の中で、暗にまた明になされた約束が、彼をさらに不利な攻撃にさらしているとはいうものの、彼はたぶん彼の世代の他の人々、すなわち近代建築国際会議［Congrès Internationale d'Architecture Moderne (CIAM)］の装いのもとに、われわれの時代の建築の公式成員となった一派の人々にくらべて、なお悪いというのではなかっただろう。全世代が二重に犠牲者であった。第一には二十世紀の要求に関係のない月並みな機能見解に乗っかって、建築を文化的問題としか見ない弁護者や友好的な批評家たちの無能によるもの、第二には、半世紀以上も技術の能力に遅れていた理論の本体に対する、自らの（明らかに自発的な）屈従によるものである。この理論は、一八五〇年代のジョゼフ・パクストン卿やヘクター・ホローの世代によって提示されていた問題——建築における金属とガラスの使用といったような——になおも先取されていたが、そういう問題は、すでにヴィクトリア朝中期の名匠たちによって非常に効果的に解決されていたので、その実用的な結果は、パウル・シェールバルトのように一番にそれを見つけようと意を用いる人々にとっては、ありふれた知識であった。

そういう経験を、書物から又聞きで得なければならなかった（またはそれに甘んじた）人々にとって、状況はもっと不幸なものであった。利用できる教科書は、たとえばリヒァルト・フリュッゲの『暖かい住居』［注1］から判断するとすれば、まだ、荷重を支える煉瓦、瓦またはスレート葺きの傾斜屋根などの因習的な構造ばかり扱っていて、コンクリートとガラスの軽量構造に応用できるような情報をほとんど含んでいなかった。また手に入る歴史的記録も何の役にも立たなかった。歴史はエッフェルやパクストンなどの偉大な建築師（レ・グラン・コンストリュクテール）を神様扱いさえしているのに、パクストンがまた偉大な先駆的環境主義者でもあったという事実に注意をひくことをしなかった。彼にとってはガラスの壁と、暖房と換気の手のこんだシステムは、珍しい植物を育てるというただ一つの目的のため協同して働くものだった。これまでこの本で論じられている建物の中には、環境的な精妙さと性能に関しては、一八五〇年に完成したチャツワースにおけるパクストン作の大鬼蓮の家に比較しうるものはほとんどない。そして季節外れの菊の花のまわりで、大気の温度、湿度、二酸化炭素のレベルなどを慎重に測っている今日の利巧な商業的温室管理人が、たいがいの建築家が学んだよりも多くの環境的知識を身につけているというのはどうやら本当らしい。

ル・コルビュジエはパクストンの水晶宮は知っていたが、明らかに大鬼蓮の家は知らなかった。だがもし、彼がもっと生理学的および環境的な知識を身につけたいと思っていたとしたら、同じ世代のどの建築家よりもおそらく容易であっただろう。彼の探究心と機械時代への熱情、工業界、哲学者、医者および前衛画家（アヴァン・ギャルド）との交際は、普通なら建築家の職業生活には及びもつかぬほどの知的な接触と情報源の範囲を彼に与えた。この接触と源泉との記録は、彼とアメデ・オザンファンとが一九二〇年から一九二六年の間に編集した雑誌『新精神（レスプリ・ヌーヴォー）』の二七冊の一つ一つに見出される。しかしその記録は彼のデザインのどこにあるのだろう？

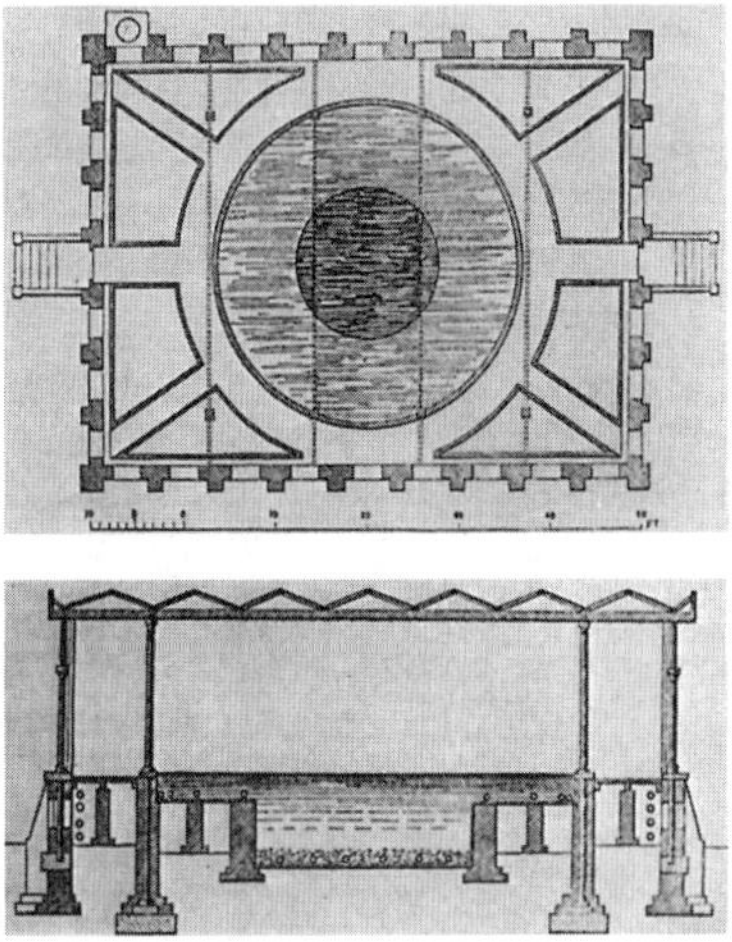
大鬼蓮（Victoria Regia）の家、
チャッワース、1850、
ジョセフ・パクストン卿設計

　たとえば、一続きの号（六、七、八号）には、光、色および形に対する人間の生理学的反応についての、シャルル・ブランの研究の広汎な要約が載っている。再録された図表は今でもおなじみのもので、光の強さと色に対する視覚反応の特性曲線を表わしている。しかし今日では、それらが照明のレベルや環境の色彩に関する研究の文脈中にあると思われているのに対し、シャルル・ブランの研究の興味はオザンファンやル・コルビュジエの（それを刊行するについての）興味と同様、絵画の「合理的」美学に寄与するためのものであった。建物の中の彩色され照明された空間に対する反応に相当するものが、描かれているあるいは暗示されているとさえ思えない……これは次のことと考え合わせるとさらに驚くべきことである。すなわち同じ雑誌には、疲れを知らぬ「ウィンター博士」が、人間生理学を大いに強調していて、彼は数年にわたって次から次へと最新の運動競技の記録を読者に報告し、第十五号には新身体（ル・コル・ヌーヴォー）[注2]という題の一文を発表しているが、何とそのスローガンは「生理学が全てなのだ！」

しかしウィンターの言っていることは、細部においては、ル・コルビュジエがこれら全ての情報を作品にもり込むことが困難であったことについて、手がかりを与えるものであろう。ウィンターは、彼自身古典主義者であり、最も日常的な種類の「異教的」体育礼賛の狂信者だと自称している。新精神の充実した新身体という彼の修辞は、実際全くの美辞麗句でしかない。スポーツマンや競技者のもつ神秘性の神格化は、未来派と共に育った世代には共通のものであり、そこからエコール・ド・パリの芸術家たちの間で一種の祭儀となった。

> 競技者の幸福感（ユーフォリア）は全世界に普及しつつあり、その帝国は無辺であろう。画家、彫刻家、詩人は全て従わねばならず、新しい芸術家が生まれるだろう[注3]。

ル・コルビュジエの叔父アルベール・ジャンヌレに教わったリズム体操が、この新しい芸術的幸福感（ユーフォリア）のもう一つの現われであろうということは疑いないが、この主題の一般的な調子は、結局のところ、ウィンターの新身体（コル・ヌーヴォー）がル・コルビュジエの建築が古いというのと同じ意味で古いものだろうということを示している。つまり古典的なのである。

> 肉体は陽光の中へ裸となって再現するであろう――清められ、筋骨たくましく、しなやかに[注4]。

反響はあまりにも明らかだ――「肉体」という語を「建築」に置き換えて見よ、これがル・コルビュジエの言おうとしたことだった。新しい肉体とは「光の中へもたらされた、美事で、正しく、そして壮大な筋肉の演技」であったと思われる。このギリシアの競技者の再生された姿と、それを容れる再生された古典建築とは、明らかに同じ幻影の二つの様相でありながら、有機的な関係はいっさいもっていないように見える。われわれの普通の地面でなく、理想の土地の上に立てば、それぞれは絶対的で他方から制限をうけない自立した概念であり、同じ太陽を浴びてはいても、その太陽は理想の建物の窓を通して理想の肉体の眼には射しこまず、理想の鼻からの息が理想のガラスを曇らすこともない。

　だが、ル・コルビュジエは環境問題に全く気がついていなかったのではないし、彼の認識していた問題解決のための人間的要求に無関心だったのでもない。住宅の手引き（はじめは雑誌に発表され、次いで『建築をめざして』[注5]に再録された）の多くは、直接に環境問題およびその解決法に言及している。提案のいくつかはウィンターの教条の反映にほかならない。たとえば、

浴室は南向きとし、家中で、いちばん大きな室の一つを要求しなさい[注6]……

（これは今なお人も知る多くのフランスの浴室の大改良であったろうけれども）、しかしその他はわざと驚かすような形で記されているとはいえ、次のように率直な分別のある提案である。


できれば臭いを避けるため台所は家の最上階に置きなさい。

しっくい塗や壁紙の代りに、間接照明または拡散照明をつけるよう家主に要求しなさい……

真空掃除器を要求しなさい。

どの部屋の窓にも換気用開口を要求しなさい[注7]。


　さて、一九二一年のこの宣言に続く年月にル・コルビュジエが設計した家々には、この要求のどれもほとんど満たされていないということは、注目すべき、まさに際立った事実である。彼は一九二三年の初めまではどんな家も建てていないから、この提案はどれも新しい建設経験に基づいたものではなかった。それらはむしろ、パリの下宿に住んでいた当時の経験（家主に要求しなさい……など）に基づくもので、彼自身と同じような立場にある知的な若者たちにあてて述べられたものである。それは住宅造りの手引きというよりは、むしろ小道具とりかえの声明書であり、カルチェ・ラタンで居心地をよくするための法則であった。

　なぜならば、これら要求の多くは、そういう小道具にあっては環境的に正当化しうるのみならず、物理的にかなえられるだろうことも明らかである。標準的な換気用ガラス窓は、伝統的な背の高いパリ風の窓の上部に設置すべきであるのみならず、そうすることができる（今までも通常はそうしてきた）ということだ。照明器具は実際に天井蛇腹の上に隠したり、ふつうの野縁を用いた天井構造のふところに埋め込んだりすることができた。しかし、ル・コルビュジエが一九二二年末に設計を始めようとしていたような、

平らな壁や薄いコンクリート床版では、どこにもそれを埋め込んだり隠したりすることはできなかった。天井裏空間が充実した構造であり、平均的な電球とソケットを合わせただけの厚みがない場合は、埋込みを要求しても意味のないことである。彼以外の世界中が、ちょうど『建築をめざして』または一九二五年以後に続いて出されたその翻訳を読みはじめたころに、彼の設計した室内の、ほとんどどれにも照明器具がまる見えであるという一般的な傾向を説明するのは、この種の技術的事項に違いない。これら全てのうち最も目立った件は、写真記録への効果のためでもあるが、一九二六年のクック邸の大きな居間のものである。昼間は、南側の光が当たるよう巧妙に曲率をもたせた壁の両側から入ってくる自然光によって、素晴らしい照明がなされているのに、夜は、天井の幾何学的中心に取付けたただ

クック邸、ブローニュ・シュル・セーヌ、フランス、1926、ル・コルビュジエとピエール・ジャンヌレ設計。
上　居間。
下　作品集のために版下書きの手で修正された電球。

一個の裸電球で照明されていた――その電球はあまりに強力なので、『全作品集（ウーヴル・コンプレト）』の第一巻が作られるとき、その図版用写真原板の感光剤を焼いて穴をあけてしまった結果、拡大鏡を使わなくてもわかるとおり、電球を手描きで修正せねばならなかった！

この厄介の原因は、ただこれが露出器具だったというだけでなく、電球そのものがすっかり視野の中にあったからでもある。この思いやりのない使い方の例は、バウハウス一派におけるよりも、二〇年代のル・コルビュジエの作品におけるほうがずっと一般的である。彼はまたガラスと金属でできた笠の、創意に満ちた変り型を使っていて、その大部分は工業製品をもとにしているが、ほとんど一九三〇年まで、常に彼の目には裸の露出電球がもう一つの方法として受入れうるものと映っていたことも言っておこう。この使い方については非常に固執的で、一九二五年の高度に計画的であった新精神館（パヴィヨン・ド・レスプリ・ヌーヴォー）のように、彼自身と彼のアイデアを公開しようとする展示用の室内ではそれが特に目立つので、この光源に関する裸体主義もやはり計画的なものだったにちがいないと想像せざるを得ない。

上記のウィンター博士からの引用や、その時代の著作の随所に見られるように、「裸の」というのは、当時はよい言葉であって、純粋な正直さに対するその時代の公然の称賛とよく一致していた。このような概念がル・コルビュジエとその仲間の照明光源に対する態度に影響を及ぼしていたという詳細な確証は、『新精神』の、クック邸および展示館と同じ頃の号の中に見出すことができる。二十一号には、単に「近代様式」と題されているが、「日常的事物の形と機能に関する分析」という副題のついた記事の中に、イブ・ラバスクという投稿者が、家庭の室内で日常用いられる事物の法則について書いている（その多くは全く賢明な称賛すべきものである）。しかし彼は装飾に対して慣例的な一つの主張をするために、この研究の観点からは非常に有効な例を選んでいる。

> 有用なものはその機能をいつわり隠してはならない。装飾による邪道の一つは、ものの本質と用途に関して嘘をつくことである。――例、油ランプのような姿をした電灯……[注8]

「してはならない」（ne doit pas）という言葉は、多分この議論のなかでは自然法則の力をもつことを意図しており、それは文字どおり決定論者の調子である――「決定する」

という動詞は、ほとんどの部分でも時制でも用いられており、およそ他のどの文章にも現われている。しかしもし電灯を偽装することが自然法則に対する侵犯ならば、いつわり隠さないものとは何だろう?拡散用グローブは許されるのか、あるいは油ランプにも拡散用グローブが使われているから、これは不適当な偽装なのだろうか? このようなグローブは、油やガスなどランプ用の燃料の場合には、ふつう燃焼に必要な空気の流れを調節するガラスの補助通気システムの一部であるから、また電灯はそんな空気の必要がないから、合理化された心には、実際、拡散用グローブは供給される光の性質をいつわる不道徳なものと写ったことであろう。

もしこれが、一九二五年におけるル・コルビュジエの事情だったとしたら、それは一九三〇年サヴォワイエ邸の設計までに確かに変わってしまっていた。そこでは間接照明が法式であり、天井の中心線に吊るした樋の上に隠された管状電球から部屋全体に光が配されるための、主要な反射面として居間の天井を用いることは、彼の人工照明技法を、彼の昼光照明における意図とよく似た状況にもちこんだ――「壁を照らさないなら、窓は何の役に立つか?」。今や、昼でも夜でも、自然光も人工光も、直接光源からでなく建築的な表面の反射からくる。不幸にも、彼が公言した自然採光の目的に対する論理的追求は、この点で、自らの目標を打ち負かすという状況になってしまった。

全面ガラスの壁はその論理的結果であった。そして無思慮なやり方のときも、そうでないときも同じくらいしばしば、その環境的恐怖――特に夏には温室効果によるものすごい太陽熱取得、同様に冬には薄い窓ガラスの熱絶縁性がほとんどないことからくる恐ろしいほどの熱損失――をはびこらせた。ガラス壁面(パン・ド・ヴェール)の開祖としてのル・コルビュジエは、ライトがしたように、安い燃料による経済や相殺利益のことで言い開きすることはできなかったが、彼が、パリの画室付き住宅における地方的なやり方の伝統を進めたものとして、全面ガラス壁を引き継いだことは覚えておくべきである。二〇年代のほとんどを通じて、彼はそれを画室または画室型の室のみに用いたのであり、彼の施主はおおむね芸術愛好家か、そうでなくてもこの種の環境をすでに経験したことのある人々であった。だから彼等は暖房に付随する出費については、寛大でなかったとしても覚悟はしていただろう(伝統的には出費はそんなにひどく大きかったわけではあるまい。なぜなら、こういう家はふつう密着して並んだ都市のテラスハウスの一部だったので、ライトの深く分節された一戸建の別荘と違って、二面の短い外壁しかないからである)。

そのうえ、画室の窓は伝統的に北向きであった。それはパリ派の絵画の伝統が築かれた、変化の少ない好ましい北からの光をとりいれるためである。ル・コルビュジエの初期の画室付きの家は、敷地の制限が許すかぎり磁針数度の範囲内ですべてこの方位の法則に従っていて(もしそのガラス壁を正しくない時刻に写真に撮ろうとすれば、誰でもそれが発見できるだろう)、この窓を通しての太陽熱取得は通常無視しうる。陽光を称賛するあらゆる美辞麗句——ウィンター博士のも——にもかかわらず、太陽はこれらの窓には意味のあるほど輝きはしなかった。

この状況は一九二七年頃まで続いたが、そのころ彼がシュツットガルトのヴァイセンホーフにおける工作連盟展のために設計した独立住宅は、もはやその二階の画室型の窓を厳密に北向きとはしないで、その代り午後半ばの太陽をほとんどのぞきこまんばかりにしている——これ以外の方法では、同じく彼が設計した隣接のもう一戸の裏窓を見下ろすか、あるいはちょうど真南にあるシュツットガルトの街の素晴らしい眺めを全く失うか、のどちらかを避けることができないのを知るのはむずかしくない。

しかしこの家のために提出しうる特別の口実が何であろうとも、ここで彼がその全面ガラス壁の常識的な方位を放棄したのだと思われる。サヴォワイエ邸とともに、彼の二〇年代の作品の終結でもあり栄冠でもある二大会館建築——スイス学生寮(パヴィヨン・スイス)と救世軍会館(シテ・ド・レフュージュ)——は、どちらも二、三度以内で真南に面したガラス張りの主立面をもっており、真昼と午後の太陽の全衝撃をうけとる。その結果どちらも重大な太陽熱問題を提出している。

シテ・ド・レフュージュの敷地は、方位についての選択の余地をほとんど残していなかったであろうが、パヴィヨン・スイスの場合について不思議なことは、彼が計画を進めていたときには、敷地には何の邪魔もなかったし、他の建物から見下ろされることもなく、平面「要素」のもっと別の組合せでも容れられるぐらい大きかった。一方、予算は——ル・コルビュジエがそれについてどう言おうが——、一つの学生室と次の室との間の中空軽量間仕切の中に鉛の板を吊して、音響絶縁の実験をすることが許されるほどま

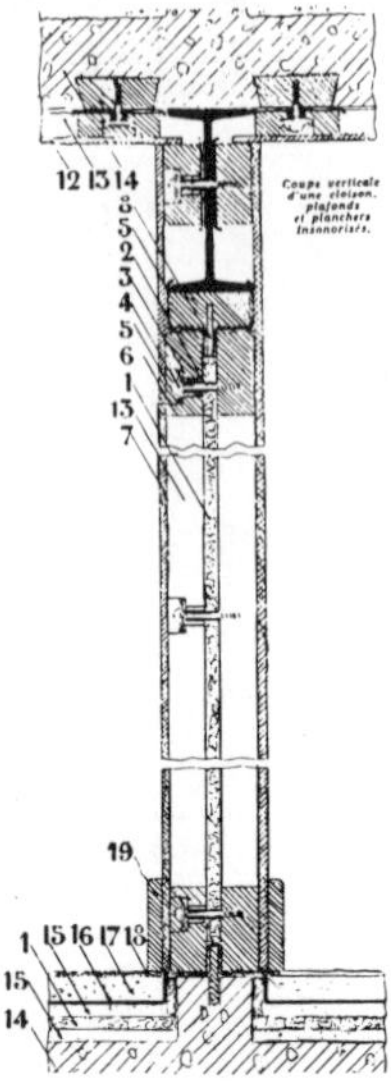

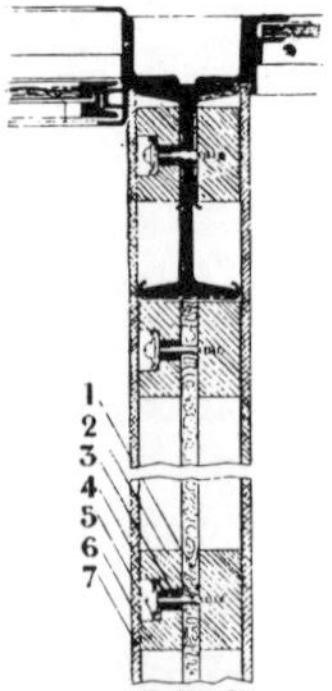

右上　サヴォワイエ邸、ポアシー、フランス、
1930、ル・コルビュジエとピエール・ジャンヌレ設計。
居間の上向き照明用樋を示す。
下　パヴィヨン・スイス、パリ、フランス、
1931、ル・コルビュジエとピエール・ジャンヌレ設計。
南面のガラス張りファサードを示す外観。
左　パヴィヨン・スイス。
内部間仕切の断面。

だ余裕があった。耳で確かめた人の話は、この術策がさほど効を奏さなかったことに同意しているようだ……「三室隔たったところから電気かみそりの音がきこえる」というのが一つの評価である。しかし歴史的な要点は、音響絶縁に対する意識的な用意が実際になされたということであって、これはル・コルビュジエが、伝統的な石積み壁の質量を合理化によってしりぞける試みをすることで、自分自身に課した問題に、もはや直面せざるを得なくなったことを示すものだからである。

なぜなら、彼は彼自身を説きつけて、三十年前にコンラッド・マイヤーの関心をかきたてた「細身でのっぽで薄っぺらな建物」の問題によって、最も極端な形に直面する立場に自分を立たせたからであった。この議論の詳しい過程は、二〇年代における彼の著作の多くを占めているが、その起源はもっと以前の作家の中にあり、特にショワジーの骨組と充塡構造の概念中にあるのが目立っている。骨組は建物を支えていることをはっきりと示すことができるが、充塡物のほうは何もそれほど役に立つようには見えないので、骨組を賞揚し、充塡物は実質的な機能がもっと少なくなるようおとしめることが、論理的（賢明でないにしても）なのであった。もしソルボンヌにおけるル・コルビュジエの講演の論旨を信じるとすれば、彼は一九二六年までに充塡膜の物理的存在を実質的にやめてしまっていた。まず彼は、五つの「討論の客観的要素」を主張する。

一　建築＝シェルターを作ること。
二　シェルター＝壁の上に被いをすること。
三　被い＝開口部をかけわたして開けた空間を残すこと。
四　シェルターを明るくする＝窓を作ること。
五　窓＝開口部をかけわたすこと。

そして数行あとでこれから結論を出している。

しかし今は数本の鉄筋コンクリートの柱で家を建てることができる……その間に全くの空所を残して……尋ねるが、空間が空っぽで私に与えられたときそれを再び充たして何のよいことがあろう？［注9］

「薄い（マンス）」というのが彼の最高の賛辞の一つでなければならなかったその時代に、ガラス以外の全ての材料は、彼の目にその貧弱な代用品と映っただろうし、ガラスは、非物質化された建物の外皮としての彼の理想であり、室内と戸外との間の最小限の膜であった。パヴィヨン・スイスの乱石積みの曲面壁のように、彼がもっと明らかに密重な材料を使うときは、シュールレアリストが原始文化を引用するような趣きがあり、パヴィヨン・スイスの宿舎棟の妻壁や背面の壁の人造石パネルのように、軽量ではあるが不透明な外装を用いるところでは、人間の内気さに不承不承に譲歩している風がある。壁は、質量も実質もない、骨組の間のあいた所を観念的に埋めるだけのものになり下がってしまい、質量や実質の長所――熱容量、断熱、視覚的プライバシー、遮音、その他絵をかけるために釘を打つ場所や配管用の溝を切る場所まで――は全て放棄されてしまった。

一九三〇年までに、彼は自分が何をしてしまったか、載荷壁を撤廃する試みの中でどんな環境的性質が置き忘れられたか、に気づきつつあったことは明らかである。今や、彼は「空間が空っぽで私に与えられたときそれを再び充たす」ため、いくつでもりっぱな理由を発見することになった。遮音のためには鉛のシートを吊してこれを充たすこと、太陽と覗き見をさえぎるためカーテンでこれを充たすこと、それと関連した理由のためガラスブロックで充たすこと、密重な石積みやその他「人間に親しみのある材料」で充たすこと、あるいは外壁へは日除けをつけ、内側には暖かい空気層を作るようもう一層のガラスを入れてガラス壁を厚くしはじめること。要するに、部材の上に他の要素をクリップでとめることによって、どっしりした壁が一様かつ有機的にもっていた性能要因を付加的に置きかえるということである。

この付加的な置きかえ過程の最も顕著な歴史的要約は、シテ・ド・レフュージュによって与えられた。この広大な宿泊棟の多階層ガラス壁は、南からわずか西寄りに面している。カンタグレル通りにある敷地の性質から、たぶん方位を定めるとき、またはずらりと並んだ宿泊室のガラスの絶壁の足元および正面に、一群の幾何学的立体をなす入口や、オーディトリウムや、その他独自の施設といったような建物の各要素の全般構成をきめるのに、ほとんど選択の余地がなかったであろう。デザインの視覚的観念から言えば、この巨大な反射面が、陽光の中につどう一群の附属施設の背景として、素晴らしい効果をもつことは疑いないが、建物の内部の経済性のための外装としては、ル・コルビュジエの頑固な環境的誤解に基づくその欠陥が、予算の多少の不足と、セーヌ県が都市計画条例の適用を強制したときのバカげたやり方とで、二重に合成されている。

シテ・ド・レフュージュ、パリ、フランス、
1932、ル・コルビュジエとピエール・ジャンヌレ設計。
上　建設当初のままのガラス張りファサード。
下　ブリーズ・ソレイユ付加後。

ル・コルビュジエ自身の説明によると、彼は、環境管理への新しいアプローチの二つの主概念であると考えたもの、すなわち正確な呼吸と中和壁とによってすでに武装したうえで、シテ・ド・レフュージュの設計の仕事にかかったのだという。前者の概念は、簡単にいえば、調節された機械換気で、ギュスタヴ・リヨンがサル・プレイエル（名高いコンサートルームで、リヨンはそのため音響的処理を工夫した）で用いたシステムまで、ル・コルビュジエがたどっていったものであり、中和壁とは、たんなる二重ガラスで、その間の中空層に温気または冷気を循環させるものである。彼はこれを自分たちの創案とし、彼がかつてまだスイスにいた間に、それほど極端な形ではないが一度使用したことがあるからというので、何とかして正当化しようとしている。この主要概念は両方ともさらに検討を要するであろう。それらとシテ・ド・レフュージュとの関連について、彼は次のように述べている。

> 私たちは機会を探した。それはやってきた。すなわち、救世軍の宿泊所「シテ・ド・レフュージュ」。六百人の哀れな男女がそこに住むのだ。そこで彼らは、溢れる日光と太陽熱のえもいわれぬ喜びをただで与えられる。一千平方メートルのガラス面が、どの室にも床から天井まで、壁から壁まで光を入れるのだ……建物はガラス面によって密封される。なぜなら暖められ塵埃を除かれた空気は、ボイラーと送風機で調節されて室内にふんだんに通されるからだ[注10]。

この調節された換気とえもいわれぬ陽光との密封箱は、勝利をもって開館された。なぜならル・コルビュジエが誇らしげに宣言しているように、一九三三年の厳寒の十二月に気持よく暖かだったからだ。そしてまた彼が素直に認めているように、反対の太陽の季節、真夏の暑さの絶頂には深刻なことになった。南向きの密封ガラス壁は、室内を耐えがたい温室にしたのである。というのは、経済的理由のためガラスは一重で、中和壁ではなかったからであるが、もしそうだったとしても、ル・コルビュジエの見積りとは大きな違いがあっただろう。なぜなら同じ予算制限が、換気システムに冷房装置をつけないことを意味していたからだ。とどのつまり、都市計画当局は、開放可能な錯覚の窓の設置を固執したが、その環境的性能は、ル・コルビュジエがそのふりをしたかったほどには錯覚的でなかったようである。一方、彼自身はそのすぐあと、外側に設ける日除けまたはブリーズ・ソレイユを発明することを余儀なくされた。しかし彼がその日除けをシテ・ド・レフュージュにとりつけたのではなかった——それにはもっと後になって他人の手を待たねばならなかった。

すでに述べたように、日除けまたはブリーズ・ソレイユの発明は、伝統的などっしりした壁の利点が、一時に一つずつ論じ直される過程の一例である。透明なガラスの膜は、日光のえもいわれぬ喜びを与え、雨の吹き込みや人の落下を止めるには充分だが、えもいわれぬものの与えすぎを除くことができなかった。しかし卵ケースのような縦と横の外部の日除けは、眺望をほとんど妨げないでそれができた——その動機がどれほど絶望的なものからきているにせよ、ブリーズ・ソレイユは彼の最も美事な発明の一つであり、われわれの知っている環境管理の分野における最後の数少ない構造的革新の一つであることは疑いないだろう。

太陽熱負荷問題に対して提案された他の解決法である中和壁は、わかりきったことだが、環境的技法の動力(パワー)消費型伝統に属するものであって、事実上ル・コルビュジエがこのような技法が利用できるとはじめて公認したものである。しかしこの概念が彼の心をよぎったのは、これが最初ではなかった。彼のスイス時代の非凡な最後の建物であるラ・ショー・ド・フォンのシュウォブ邸(これを彼は一九二三年ごろまで大変自慢していたが、その後その様式について困ることがあって何年間も隠していた)は中和壁(ミュル・ニュトラリザン)の形をもっていた。個人住宅のための先駆的な(一九一五年)コンクリート枠組デザインとしての構造的革新はよく知られているが、枠組の間が大部分二重壁でふさがれ、二枚のパネルの空隙が配線と配管とに用いられていることはあまり知られていないようだ。主要な窓もまた全て二重ガラスになっていて、特別に大きいのもいくつかあり、そのうちの一つは二階分あって、冬季に窓際の空気が冷やされておこる下向きの冷気ドラフトを防ぐため、二層のガラスの間隙の底に加熱用配管を通してあった。

しかし真の中和壁は、技術的にも、またこれを採用すれば生じてくると彼が考えた莫大な係り合いという意味でも、もっともっと面倒なことがらとなるものだった。

> おのおのの民族はそれぞれの気候に応じた家を建てる。科学技術の国際的相互浸透のこの時代にあたり、私は提案する。あらゆる民族と気候のためただ一つの建物、すなわち正確な呼吸をもつ家を。

私はこれらの床の図を引き、正確な呼吸のための装置を備えつける……私は摂氏一八度の空気を作り、天候状態に応じた湿度にする。一個の送風機が、この空気を、巧みに配置したダクトを通じて、ドラフトを避けるよう創造された拡散器から吹き出す。この一八度の組織は動脈系統であろう。私は同量の空気を吸引する第二の送風機によって、静脈系統をも設け、こうして閉回路が確立する。排出され帰還した空気は換気装置へ戻り、そこで薬液浴によって炭酸ガスを除去し、次いでオゾン化装置で再生され、もし過熱されていれば冷却器に入る[注11]。

彼が本当に人工衛星か原子力潜水艦のような密封システムのことを言っていて、当時存在した類似のもののつもりでないことは誰にでもわかる。最初の原則から狭義に論じて、彼はびっくりするほど粗末でしかも絶対的な解決の、非現実的で実行不能なもう一つのものを用いて、全く現実的な問題に近づいたのであった。ウィリス・キャリアの実用主義的なアプローチについては次章で論じられるが、その彼がずっと以前に、もっともっと巧妙で経済的で融通性があり、また実用的でもある解決法に到達していたことを、ル・コルビュジエは全く知らなかったらしい——彼は一九三五—三六年に合衆国を訪れるまでは、「空気調和」またはそれに当たるフランス語を使ったとは決して思えない。

彼の絶対主義者的な解決法をさらになお不経済にしているのは、無駄な二重装置である。というのは、話はまだ中和壁自身までできていないからで——右の引用に述べられたシステムは、ただ中和壁で密封された箱の中で換気される空気だけを扱っているからだ。熱負荷を扱うつもりはないのである。

私は建物も空気も暖めるようなことはしない。だが純粋な空気の豊かな流れが、摂氏一八度で一分につき一人当り八〇リットルの割合で循環する。

また次にその働きの第二部がある。

どうして、とあなたは尋ねる。空気は……もしも外気がプラス四〇度とか、マイナス四〇度とかである場合、各室に拡散しながらどうやってその温度を保つのか？

答え　一八度の空気を外の影響から守るため中和壁（ミュル・ニュトラリザン）（われわれの創案）がある。その壁はガラスや石、あるいはその併用の形が見られるが、二重の膜体でできていて、その間に数センチメートルの空隙がある……この空隙は建物の下側から壁を上り、屋上テラスの上までとりまいている。

もう一つの熱プラントすなわち加熱並びに冷却用のものと、二つの送風機、一つは吹き出し一つは吸込み用の、とが設置される。今一つの閉回路。

膜体の間の狭い空隙へ、もしモスクワだったら灼けるような熱い空気を、ダカールならば氷のような冷い空気を吹きこむ。その結果、内側の膜体の表面が一八度を保つようことが運ぶわけである。さあいかが！[注12]

まったく、さあいかが、というわけで、世界中否応なしに摂氏一八度の標準温度に釘づけされるのだ。

ロシアの、パリの、スエズまたはブエノス・アイレスの建物や、赤道を越える客船はぴったりと密閉されるだろう。冬は暖められ、夏は冷やされ、ということは一八度に調節された純粋な空気がその中を常に循環していることを意味するのである[注13]。

彼の「標準、不変」に対する情熱が、こんなに無意味で非実際的な極端まで押し進められたことはめったになかったし、こんなに強く実用性を装うことは決してなかった。なぜなら、ル・コルビュジエは『輝く都市（ラ・ヴィル・ラディエーズ）』の中で、ギュスターヴ・リヨン自身の指示の下に、サン・ゴバン・ガラス会社の研究室で行なわれた中和壁の実用試験について言及しており、サン・ゴバン社内雑誌『ヴェール・エ・グラス』から称賛の一節を引用している。しかしこれには欺瞞がある。たぶん建築家がときには陥りやすい自己欺瞞が。この称賛の一節は、中和壁を提案するル・コルビュジエとピエール・ジャンヌレの意図に関する概論からのものでゴバンが称賛以外の何を見つけられたろう！——二倍ものガラスを使うことを含む提案に対して、サン・ゴバンが称賛以外の何を見つけられたろう！——試験のやり方と結果を報告する記事からのものではないのである。この記事はいくらか違った文体で、試験がどのように用意されたかとか、用いられた装置やなされた調節や測定などに関する、几帳面で面白味のない説明である。この原文から、明らかな称賛の一節を何でもよいから引き出そうというのは、非常に困難な仕事だったろう、そんなものはまるでないのだから。ほめ言葉に最も近いものといえば、

二枚の板ガラスの間の空気を暖めると、快適感が増進する[注14]。

これでは、ル・コルビュジエが自分の弁護のためにした引用を、正当化するほど強調できそうなところはどこにもな

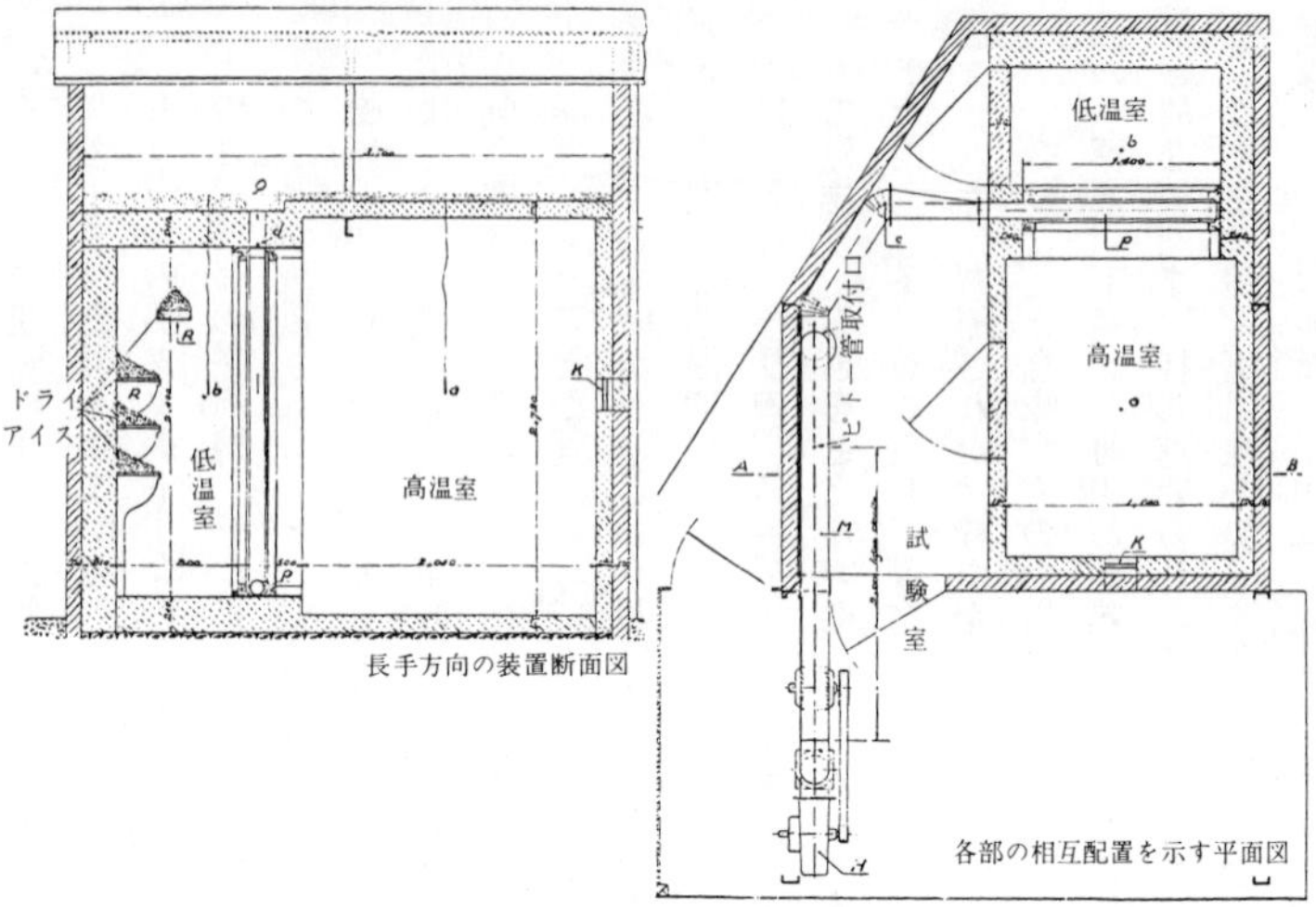

サン・ゴバンにおける中和壁（二重ガラスの間隙に温気を循環させるもの）の試験室。1931、断面および平面。

い。サン・ゴバンの技師たち（実際にJ・ル・ブラを長とする）が見出したのは、数々の興味ある細部の事実と人気の出そうもない改良とであった。そしてこれを実効的な提案とするためには、二重ガラスの間に温気を用いるのに、第二の（静止）空気層を設けるよう三層目のガラスが必要だと結論した！

しかしいずれにせよ、このことはどれもル・コルビュジエがほんものに出会ったとき、それを認識し寛容に応じる用意を弱めてはいない——閉鎖系（比喩的および物理的の両方の意味で）に対する彼の好みは、キャリアが合衆国において実用主義から考案したものの美点に対して、心を開くことを妨げはしなかった。たとえば『伽藍が白かったとき』の中で、彼はラジオ・シティの室内配置を、その建物の機械設備と同じぐらい手際のよい効果的な言葉使いでもって賞玩している。

> その寺院は、暗い色の大理石を張り、ステンレススチールの枠に明るいガラスが光って、荘厳である。静けさ。広い廊下と広間。扉が開く、それは客を吐出す無言のエレベーターである。窓はどこにもない……もの言わぬ壁。どこもかしこも「空気調節」されている、純粋

で、埃を除き、温度の一定に保たれた空気[注15]……この冷やかな修辞には、場当り的な感がある——この規模の建物全体に調和空気を行き渡らせる能力は、最近になって発達したもので、この場合には、防音を施した放送スタジオを換気するという、止むを得ない必要によってのみ正当なものだった。発展の過程は世紀の変り目からずっと続いていた——ヨーロッパの近代建築家が、「技術を文明化する」であろう様式を案出しようと試みていた間に、合衆国のエンジニアたちは、文明化された人類の住みやすい、建築の近代様式を作るであろう技術を工夫していた。その過程の中で、彼らは環境を管理する独自の手段として、実効的な建築の代用を生み出そうとするところまできていた。また、こうして建築を、少なくとも「建築」という言葉が伝統的に理解されていた意味、ル・コルビュジエが『建築をめざして』を書いたその意味においては、文化的にすたれたものとするところまできていたのである。

　といっても、空気調和の発明者たちがそれを知っていたはずはないし、その結果に対する興味ももっていなかった。彼らの目的は、建物を商取引に耐えるほどさらに住みよくすることであった。そしてル・コルビュジエが、やはり住みよくするには空気調和の発明が必然的だと確信するところまで、彼の美学を追いつめていった時には、彼の概念をこえた性能水準をもつ洗練された装置を彼に提供できただろうような、この全く特別な提案を、すでに発明者たちはもっていたのである。彼らはこれを達成するのに、エジソンが電灯照明を細別させて以来の最初の大きな突破口を作っていた。しかし今度は過程がもっとゆっくりしていた。調整された空気を室規模に供給する細別法は、長い迂回の過程であったが、一九二九年までには少なくとも実験的基盤では達成されていた（ニュージャジー州ニューアークのライル会社の事務室および会議室）。だから建築家が設計を求められるのが通例だったような建物を、空気調和することは便宜上可能だったのだ。

＊　＊　＊

今や、さらに先の発展を理解するのに必要となってきた空気調和の歴史に話を転ずる前に、どんなに少なく見積っても、ル・コルビュジエのこの話についての内容のある脚注として、考察される価値のある住宅規模の二つの建物がある。一つは——非常に特別な意味で——自己自身の権利として疑問のない傑作であるが、ピエール・シャローとベルナルド・バイフゥトによってちょうどル・コルビュジエが前述の大会館作品を設計していたころと同じ期間——一九二八年—一九三一年——に設計されたダルザス博士邸である。ダルザス邸の通称ガラスの家（ラ・メゾン・ド・ヴェール）は、ギヨーム通りに面した表向き立面のガラスブロックのファサードの明白な環境的特性をよく示している。レンズ様のガラスブロックはバルコニー付の主要な居住空間全体に調節された光を拡散している。

しかしながら、この内省的な美しさをもった丹精こめたインテリアの「機械美学」的な装いは、その機械的性能とよく一致している——それが当時はどれほど稀だったことか。ケネス・フランプトンが書いているように、

> ……家中を通じ全ての電気と電話の配線は、床から天井へ渡された独立の管状金属支柱の中を、階から階へと垂直に通じている。これらの管は配線だけでなく、全てのコンセントやスイッチ類をとりつけた立て型配電盤にも役立っている……この薄い立て管が動力や光を運ぶように、重い床版がダクトを通る温気の形で熱を運び、グリルから床面の上へ放出している[注16]。

実際にこのグリルは、床の周囲をとりまいて立ち上げた縁石のような床版の厚みの中に埋め込まれており、同じようにスラブの下側に厚くなった部分は、また照明のための埋込み反射器をとりつけるのに使われている。このように、機械設備によって一種の連続的な空間彫刻を作る過程のなかで、住宅の手引きの環境的要求のほとんど全てに対して何とかうまく答えを出した一軒の家が、ル・コルビュジエの選んだ都市に存在していたのである。しかしこれの機械美学はル・コルビュジエの機械美学ではなく、また彼の作品の一つとは決して間違えられることのないものであった。

しかし、手引きをほぼ満足するところまで行っていて、しかもある点で彼の作品と間違えられそうな一つの家がある。それは「アルミニウムの家」で、彼の二人のスイス時代の仲間、コッヘルとフライの設計であり、今はロング・アイランドに建っているが、もとは一九三一年のニューヨークにおける名高い建築連盟の現代住宅展覧会のために作られたものである。「空を飛び嵐に耐える小さな家である飛行機のように建てられた」のではないが、それはまさに軽量構造であった。すなわちアングル鋼、2×2（インチ）の間柱、断熱板、そして全面をおおうアルミニウムの

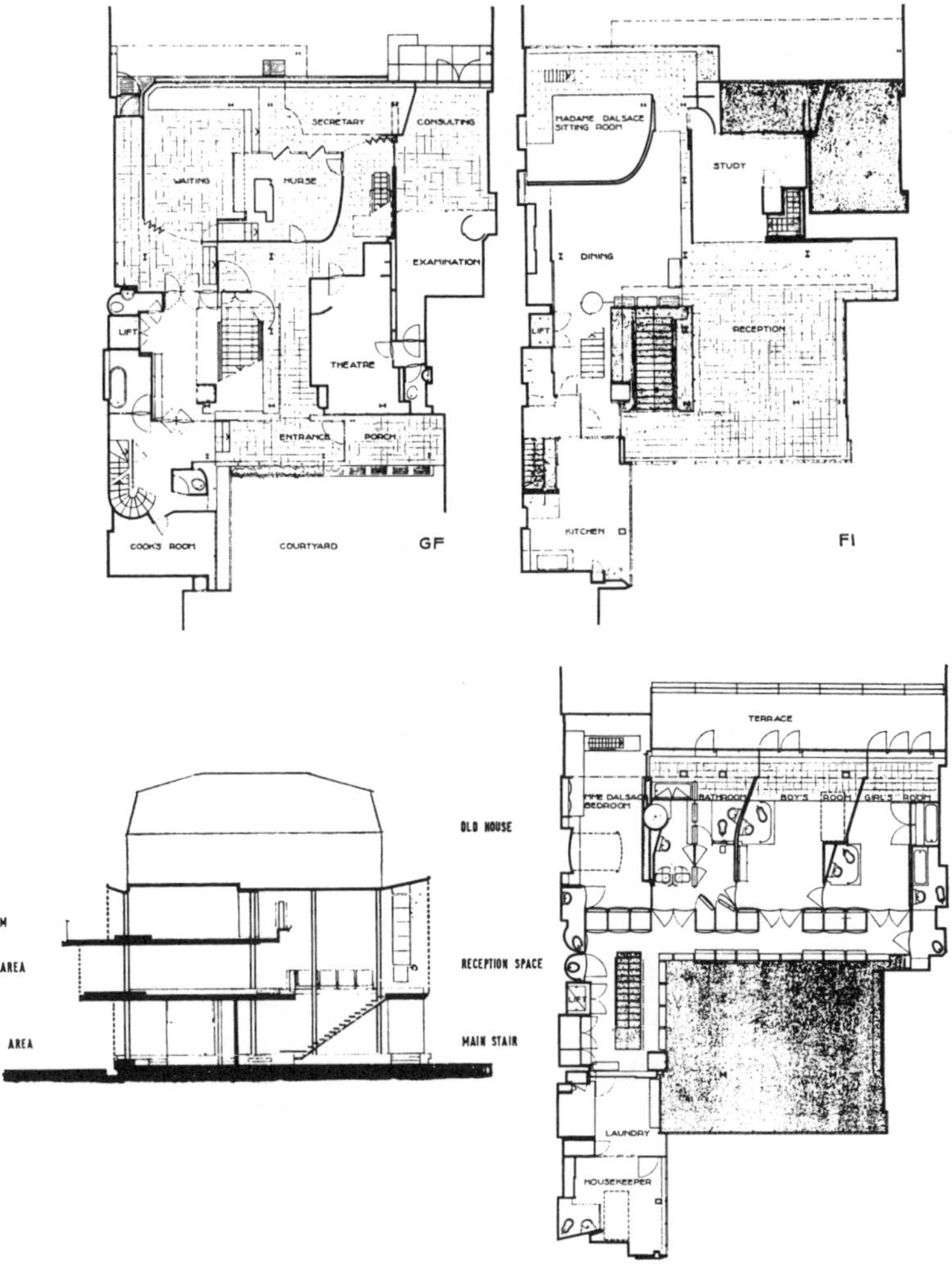

ダルザス邸（メゾン・ド・ヴェール）、パリ、フランス、
1931、ピエール・シャローとベルナルド・バイフォト設計。
一階・二階および寝室階平面図、ならびに断面図。

ダルザス邸。
上　居間。
下　街路側夜景。

アルミニウムの家、ニューヨーク州ロングアイランド、1931、コッヘルとフライ設計。
上右　前面。
上左　側面の二階吹抜け画室窓。
下　平面図。

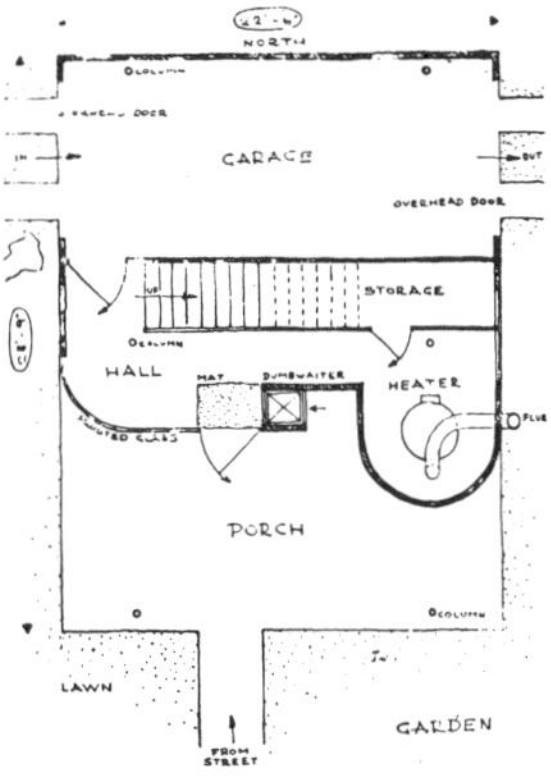

GROUND FLOOR PLAN

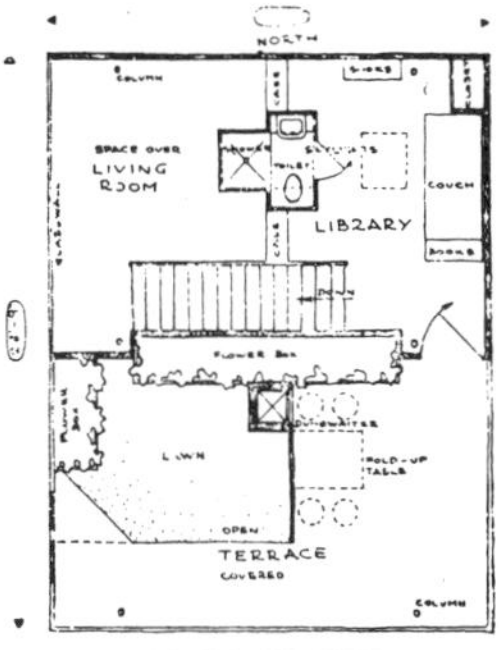

SECOND FLOOR PLAN

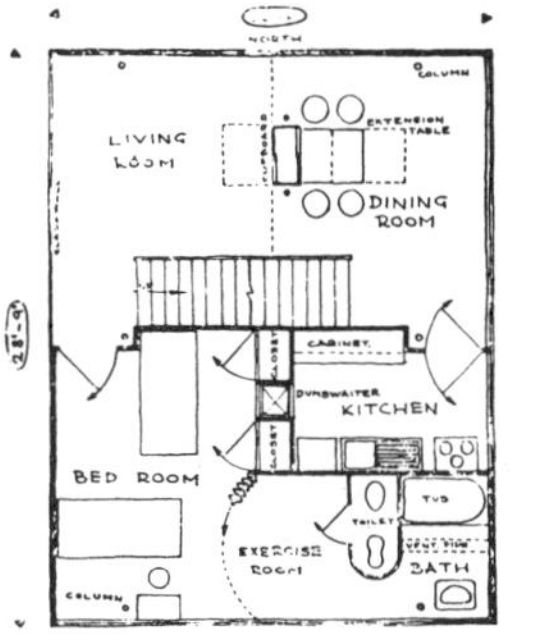

FIRST FLOOR PLAN

波板の外装。細いピロティに載せられ、コルビュジエ様式の一つの連窓とコルビュジエ型の開放された屋上テラスと、その下のコルビュジエ風の吹き抜けの居間に必ずつきものの、二階分の画室窓が一つある。最小限の浴室、埋込みの照明管、半透明の室内壁などがある。全体としては、コルビュジエ流建築の教条と、その教条を真実に持ち来すのに必要な合衆国の技術との著しい衝突を表わしている。なぜ著しいかといえば、これは、五年ないし十年以前から、太平洋沿岸一帯でルドルフ・シンドラーとリヒャルト・ノイトラ（第十章参照）によって、その同じ技術に向ってなされた教条的ではないアプローチほど、うまくいっていないからである。

彼らはよりいっそう断固とした美学をたずさえてきて（あとの三〇年代における彼らの仕事は、たとえばシンドラーのそれまでの十年間の仕事にくらべると、様式の変化がはるかに少ないことがわかる）、生れの異なる技術にそれを押しつけようとした。合衆国の軽量構造は、煉瓦造りの地下室の上に直接据えられる一階建の家には好適であるが、六本のピロティの上で釣り合いをとる多階建の場合はそうはいかない。それはもともと剛性を欠くので、入念な仮設の筋かいを（そして恒久的な余分の補強材も）入れなければほとんど建て上げることができない。室内の音響的プライバシーは最小で、特に二本の立下り管の間に固定された食卓につく人々にとってははなはだしい。一本の管は上階の水洗便所の流水音を共鳴して伝え、もう一本はシャワーのを伝える。普通の合衆国の軽量住宅では、一階または中二階という平面の拡散的性質から、こういう状況を生じることはめったにない。この家全体は、ル・コルビュジエの説いた機械美学の理想と、機械技術がその時までホームグラウンドとしてきたところ、すなわちアメリカ合衆国に存在したという、その現実との相違を雄弁に実証しているのである。

〔注〕

1 Richard Flügge, Das *Wärme Wohnhaus*, Hall, 1927.
フリュッゲの環境的知識に対する創意的寄与からみると、この態度はもっと魅力の乏しいものに見える。第三章のキンボールからの引用参照。

2 *Esprit Nouveau*, No.15, p.1755.

3 同書。

4 同書。

5 *Vers une Architecture*, English Edition, London, 1927, pp.114-115.
（邦訳：建築をめざして、吉阪隆正訳、鹿島出版会、一九六七、一〇三頁）

6 同書。

7 同書。

8 *Esprit Nouveau*, No.21.

9 *Journal de Psychologie Normale et Pathologique*, No.23, 1926, p.330.

10 *Quand Les Cathédrales étaient Blanches*, Paris, 1937, pp.25-26.
（邦訳：伽藍が白かったとき、生田勉・樋口清訳、岩波書店、一九五七、二三頁）

11 *Précisions*, Paris, 1930, pp.64ff.（邦訳 闡明、古川達雄訳、二見書房、一九四四、一一〇頁）

12 同書。

13 同書。

14 *Verres et Glaces*, Aug./Sept.1932, p.16.
この全文は、当時の環境的研究の目的と技法に光を投げかけることで特別の価値がある。

15 *Quand les Cathédrales*...etc., p.46.

16 *Arena* (Architectural Association Journal), April,1966, p.261.
Arena の本号の *Maison de Verre* についての Frampton の記事は、英語で書かれたこの家に関する唯一の内容豊かな記述である。

第九章　完全な制御を目指して

ル・コルビュジエの思考の発展が示すように、空気調和がまだ存在しなかったとしても、一九三〇年ごろにはそれを発明することは必然的になっていたであろう。その状況をさらにいっそう顕著なものにしているのは、通常建築家がかかわるような種類の建物の設計に対して、空気調和の将来の成長がいっそう密接な統合を要求するだろうと思われるところまで、その技法の発達自身が到来しつつあったということである。なぜなら空気調和の歴史は、工業上の必要に答え、大規模に悪化した大気条件を改善するためにはじめて大容量単位で応用された技術の古典的な例だと言えるほどであり、次いで家庭用の要求に応じられるほど、細分化され精妙になりうるような状態をめざして、ゆっくりと洗練されたからである。

もう一度言えば、この経過の物語は、きれぎれの問題がだんだん明らかになるにつれ、それに対してきれぎれのひとまとめずつの形で、手に入る科学的知識か、昔からある親指の法則を、思いやりをもって適用することに関わるものである。しかしこれが概括的に電灯照明の歴史に似ているとしても、エジソンが一八八〇年ごろに達成したような、集中したシステムの発明のただ一度の爆発によって、芝居がかったものにされているのではないし、正にエジソンの特質であるような個性によって、飾られているのでもない。エジソンが彼の技術の父と言われたように、ウィリス・ハヴィランド・キャリアも彼の技術の父として知られてよいだけの権利をもっているけれども、最も称賛的な伝記の中でさえ、彼は、少なくとも誰か他人が彼の途上においた特殊な問題について、実用的な解決を発展させようとして始めたにすぎない、限られた視野をもつ男として登場している。同情のない言い方をすれば、誰か他人がその解決のために彼に金を提供するまでは、その問題を認識しなかったとさえ言えるかもしれない。以下は彼自身の言葉だ。「私は食べられる魚しか釣らないし、食べられる獲物しか狩をしない——実験室の中でさえ［注1］」

彼は、人々が彼に課した問題を解くことにたいへん満足なように見えるので——しばしば驚くほどの器用さと深い技術的あるいは知的な手段をもっていた——、彼がずっと後にその始祖といわれるようになるまで、彼が礎をおいたその技術について、何か一般的な精神的概念をもっていたのかどうか疑わしいぐらいである。正に「空気調和」という言葉さえ彼のものではなく、彼の初期の競争相手であるスチュアート・W・クレーマーが作り出し、一九〇四年――一九〇六年に一度ならず講演や特許書類の中で使用したものである。他方、キャリア商会は、一九三三年ごろまでなお「人工気候」というような言い方を用いていたが、その頃までに「空気調和」という言葉は業界では一般的になっており、合衆国における慣用語の一部になろうとしていた――キャリア自身の個性と才能をめぐって、さまざまな時に設立された無数の会社の、少なくとも一つの名前としてすでに現われていたのである。

しかし「人工気候」というのは感心してよい言葉である。それは空気調和過程の最終産物を言い表わしているばかりでなく、キャリアの技能の習得が、屋外気象の一要素としての空気の性質と性能の直接観察に向かっていたその範囲を強調するからでもある。なぜかといえば、彼の最も決定的な特許である露点温度の制御は、この事業の奇蹟の年である一九〇六年にその使用の登録がなされているが、それは、彼が一九〇二年末にピッツバーグの鉄道駅で霧というものの真実に直面したことによるのであった。キャリア自身が昔を思い出して語るところによると、視界を妨げるほど水滴を含んだ空気に対する彼の反応は、

湿気のためほぼ一〇〇パーセントに飽和した空気がここにある。温度がかなり低いので飽和はしていても湿気はそう多くない。こんな低い温度ではそう多くはなり得ない。さて、もし空気を飽和させ飽和時の温度を制御することができたら、好きなだけの水分量をもつ空気が得られるだろう[注2]。

かつて大気の湿度の機構が理解されていれば、キャリアならずともこういう観察がなされていないはずはないのだが、事柄をこのように言葉にすることによって、彼はほとんど自動的に湿度を制御しうべき機構に思いいたったのであろう。それは、過剰な水分の存在する中で、望みの量と等しい量の水蒸気が最大量として保持されるような温度に本体の空気をおき、それによって空気の絶対的な水蒸気含有量を支配し、次いで余分の水滴を取り除き、その空気を循環させるのに必要な温度までもどしてやるのである。これは明らかに空気の温度を二度調節することを意味する。一度は、水分含量を調節するのに必要な正しい露点温度にするため、そしてもう一度は、循環用の正しい保持熱量（通常は高い温度にする）にもどすためである。キャリアが霧の観察を最も巧妙に利用したのは、露点温度を達成する方

法を工夫したことであるが、これはあまりに輝かしくあまりに逆説的なので、彼の同時代の誰も思いつくことがなかったし（競合するような特許はなかったようだ）、今日でもなお多くの人々には理解できないことである。ピッツバーグの光景についての彼の記述はなお続く。

> 私もまた、実際上の霧を作り出すための細かい水の噴霧の中に空気を通すことによって、それ（すなわち、好きなだけの水分量をもつ空気を得ること）ができる。水の温度を制御すれば、飽和の温度が制御できる。たいそう湿った空気が望まれれば水を温めよう。たいそう乾いた空気、すなわち湿気の少ない空気が望まれれば、低温の飽和を得るために冷たい水を用いよう。冷水の噴霧は実際に凝結表面となるだろう。それで、鋼製コイルを用いて空気中の水蒸気を結露させるときに起こる発錆の問題を、私は確実に除くだろう。水は錆びないから[注3]。

普通の高校物理の知識で、キャリアの方法の妥当性を確かめることができるだろう。しかし常識としては、空気調和の必要な気候風土の大部分で、年間空気調和のほとんどの期間を、キャリアがポンプで空気を水分一杯にすることによって、その空気を乾燥させようと提案していることがわかれば、やはりまごつくものだ——しかもそれが、クリスマスの実物説明講演での台の上の手品ではなくて、一日二十四時間の商業上の提案なのである。しかしそれはすぐにも実用化されたわけではなかった。噴霧ノズルの形と配置、および飽和空気から望ましくない浮遊水滴を取り除くためのそらせ板システムの試行錯誤に数年かかった。しかしとうとう終りにこの技法と、いろいろな自動制御（その全てがキャリアの発明というわけではなかったが）とによって、人類は遂に環境的不快のうち最もつかまえ難いもの——からからに乾いた空気や湿っぽい空気——を制御する、実用的な洗練された装置で武装することになったのである。

しかし、人類はこの長く待たれていた装置を、かさばったプラントと粗大なダクトのせいで、主として産業上の需要に用いうる非常に大きな一式としてのみ所有したのだということを、強調しておかなくてはならない。キャリアが一九〇二年にバッファロ鉄工会社を手始めに彼の活動歴（キャリア）を開始したとき、アメリカの（また実際には世界の）換気および暖房工業全般にわたって、大方は協同されないやり方で進められていた実験および新案設備の大集団は、ほとんど全て工場環境の改善をめざしていた。なぜなら、装置の生産者にも使用者にも、双方の経済的利益がはっきりわかるような状況にさせるほど、充分大きくて有利な問題があったのは、そこだけだったからである。別の言葉で言えば、空気調和はお金を失うこと少なく、あるいは作ること多き方法であった。最高立法府（一八三八年英国下院）とか、主席執行部（一八八一年瀕死のガーフィールド大統領）など、普通の人間に与えられるもの以上の環境的補助を受けるに値すると思われた場合に関する一、二の珍しい例外はあるが、産業上の需要が優先していた。すなわち船舶での冷凍や換気、茶の乾燥のための調節された熱気、醸造所におけるぼうだいな冷房、タバコ工場の塵埃沈降、セルロイドのカビの発育抑制、織物の繊維の湿度、坑道の換気などであった。オグデン・ドレマスなら修辞的に尋ねたことだろう。「シカゴの死んだ豚を冷やすことができるなら、なぜニューヨーク株式取引所の生きた牛と熊*を冷やすことができないか？」。しかし取引所の儲けがじりじり落ちてゆくのがわかるまでは誰もその提案を考えてみようとはしなかった［注4］。

純粋に産業に利用された多くのものの中でも、もちろん利益率が労働力の能率に関係のあるところでは、人間の快適性が活発な考慮の対象となった——こうして、タバコの粉末を沈降させれば、葉巻巻機の作業員は機械がどう動いているか見ることが可能になり、したがって過誤が少なくなるし、坑道の換気は、採掘に有利な石炭が存在するけれども自然換気なら決して届かないという場所や状況で、鉱夫が呼吸しながら生きてゆくことを可能にする。ラーキン・ビルでさえ、もし外気が当時の標準で許容されるものであったら、多分換気制御にそれほど注意を示さなかっただろう——事実、文書や事務機械が空中に浮遊する煤でよごれるのを避けるということが、ラーキン社の密閉建物を受け入れた主な動機だったことが論証されている。粗雑な空気調和をされてはいたが、ベルファストのロイヤル・ヴィクトリア病院でさえ、プレナム換気の使用をはじめ、建築的にとり入れられた全てのものは、人間の快適に対する考えよりむしろ危急の医学的要求によって命じられたのであった。

実際には、当時手に入る装置に対して、投資をそれだけの価値のあるものとしたり、また無期限投資を可能にするほど充分釣り合った大きさの利鞘を、たんなる人間の快適性が提供するような状況はほとんどなかった。だがホテルの食堂やダンス室はこの級に入ったし、それからプルマンカーや、何よりまず、劇場がそうであった。催し物の場に大観衆が集まるということは——そこでは彼らは通常支払った代金に対するサービスの一部として、快適さを期待しているだろう——、いつも極端な環境問題で困らされることになっていた。ふつう用いられる建物の形は、ジェイコブ教授が非国教の礼拝堂で見た「桟敷があるために人が混み合う」のと同じ効果をもち、外の騒音やその他気を散らすようなものを適当に遮らねばならぬ必要から、密集と密閉の情況を作り出すので、そこでは観客の身体から出る熱が、正常な室温を維持するよりも多くなった。だから、映画館が、ふつうお昼ごろから夜おそくまで満員だった(またはそれに近かった)一九二〇—一九五〇年のあいだ、厳冬期以外は、開場の約二時間後には暖房を全く止めてしまうのが商売上の習慣となっていた。

もっと暖かい南方の気候では、人体による熱負荷は一般に困却することでもあり危険なことでさえあった。観客の失神が流行するのは、確かにただ演し物のせいによるだけよりは多かったし、扇子を使うのは、秋波をおくるためと同じぐらいしばしば環境的必要のためでもあった。このような熱負荷と共に、空気の化学的な汚染もさらに大きな負担となってきたが、これは熱的な危険がなくても充分有害なものであっただろう——十九世紀における最も驚くべき炭酸ガス濃度のあるものは劇場の平土間で記録された。十九世紀の環境技術者は、もちろん空気調和が予期さえもされぬ以前から、この問題にとりくんでいた——マンチェスターの自由貿易ホールのようにオーディトリアムをもった大きな公共建築とか、リーズ市役所のなかの会議室などには、しばしば巨大な熱サイフォンによる排気ダクトが備えられていて、その底にある火鉢か加熱コイルによって作動された。リーズにおけるカスバート・ブローデリックの設計のような場合、そのダクトは蛇腹の上にそのまま現われ、「芸術建築」の意図的な特徴に対抗できるほど大きくて、結果として同じように芸術的な細部を必要とするものだった。

しかしその世紀の終りごろ、大容量の送風機が手に入るようになったことによって、こうした危険への解決が見えるところまできた。いつものようにジェイコブ教授は、彼の著作の時代におけるこの手法の状態について、信頼しうる観察を行ない、二つの場合に対して特別の注意をひいている。

ウィーン・オペラハウスの暖房と換気についての配置は、不思議なほど完全である。それはルドルフ財団病院の医局長ボーム博士によって設計された。二つの送風機があり、一つは送りこみ他は排気のためのものである。空気は蒸気のコイルで暖められ、床から座席の蹴込みを通って場内に入る。それぞれの桟敷と仕切席は、舞台も含めておのおの独立した供給設備と加熱手段とをもっている……。空気は地下室に入れられ、そこで夏には水の噴霧を通す。次いで蒸気パイプの上を過ぎて混合室へ送られる……。

ニューヨークのメトロポリタン・オペラハウスにも非常によく似た配置が見られる。しかし送風機は一つしかなく、プレナム方式に使われている……排気方式で換気される劇場によくある、扉からのすきま風を避けるためである[注5]。

ジェイコブはまた他の著者と同様、ニューヨークのマディソン・スクエア劇場の例を引用している。それは、一八八〇年以後、そこのスタートヴァント送風機システムが、空気を冷却するため、取入口のところに氷塊を立てておく設備をもっており、夏季には一晩に四トンもの氷を消費するものだったからである。

こういう冷房手法は、もちろん気まぐれなものであっただろう。周囲の情況次第で、取入空気は氷から蒸発する水分をとりこんだり、氷の表面への凝結によって水分を失ったりする。確率からいえば、通常この効果は正しい方向ではあっただろうが——つまり暑くて乾いた空気は湿気をひろい、暑くて湿気の多い空気は幸いにも湿気を失うから——、それでもこのシステムのやっかいな大きさ、きれいでない操作、自動制御のできないこと、および絶えず人出がかかること、などを埋め合わせるほどの信頼性はなかった。空気調和は、これら全ての点でもっと魅力のある提案と思われたし、機械的に実用化されるや否や重宝されるにきまっていた。こういう「劇場快適化の仕事」の最初のものがどれかに関しては、多少議論の余地がありそうだが、マーガレット・インゲルスはキャリアの伝記の中で、カーボンデール冷凍機付きキャリア装置をもつ一九二二年ロス・アンジェルスにできたグローマンのメトロポリタンに、その栄誉を与えている。

グローマンの装置や、それに続くたくさんの劇場や映画館の快適化の仕事は、すべて右のジェイコブからの引用の中で論じた換気案を、効果的に逆にしたものであった。ウィーン・オペラにおけるボームのような計画は、座席の下からオーディトリウムに入ってくる給気の配分場所として、傾斜した座席下の空間を用いる傾向があったのに対し、新しい快適化の仕事では流れを逆にして、空気は頭上の拡散型吹出し口を通って低速で送りこまれ、そこからオーディトリウム全体をおおう冷たい毛布のように静かに下りてきて、座席下の蹴込みにあるグリルを通って排出された。大多数のオーディトリウムでは、冷房のほうが暖房よりはるかに大きな問題であり、この配置が「頭寒足熱」という好ましい空気の層を作るという事実のため、今では頭上から送りこみ座席下から排出する方式がほとんど世界の標準となっている。初めのころは、たいていの商業劇場も、空気調和された空気のいく分かを、フォワイエから歩道へわざと洩れ出させるというような習慣を発達させた。こうして実際に、「涼しい屋内」の肌で感じられる証拠を与えようというわけであった。

このように映画産業は、改善された大気環境を、次章で論じられる改善された光環境と共に、はじめて一般大衆に教えたのであった。しかしその大衆のうち何人が、同じ改善された環境を、家庭で、または職場ですら、享受することができただろうか？　二〇年代の終りより以前に、家庭用は言うに及ばず、事務所建築用にまででも、空気調和の大きさを縮小できる人がいたら、輝かしい商業的未来をもっただろうということは明らかだった。伝説によれば、最も早く完全空気調和をもった事務所は、一九二八年テキサス州サン・アントニオのマイラム・ビルということになっている。それは建築家ジョージ・ウィリスと技術者M・L・ダイヴァーによるものである。ひらめきのない外観にもかかわらず、それは多くの点で革新的な建物であった――たとえば最初のコンクリート枠組(ラーメン)の摩天楼のうちの一つだったし、二十一階建てで、当時世界でも最も高い多層コンクリート枠組構造であった。

その空気調和法は、一般概念としては単純だが、応用としては複雑なものだった[注6]。地下室にある共通の冷却源は、第一に低層部の主な公共室の空気調和装置に、第二に事務用基準階のための一組のもっと小さい標準型装置に供

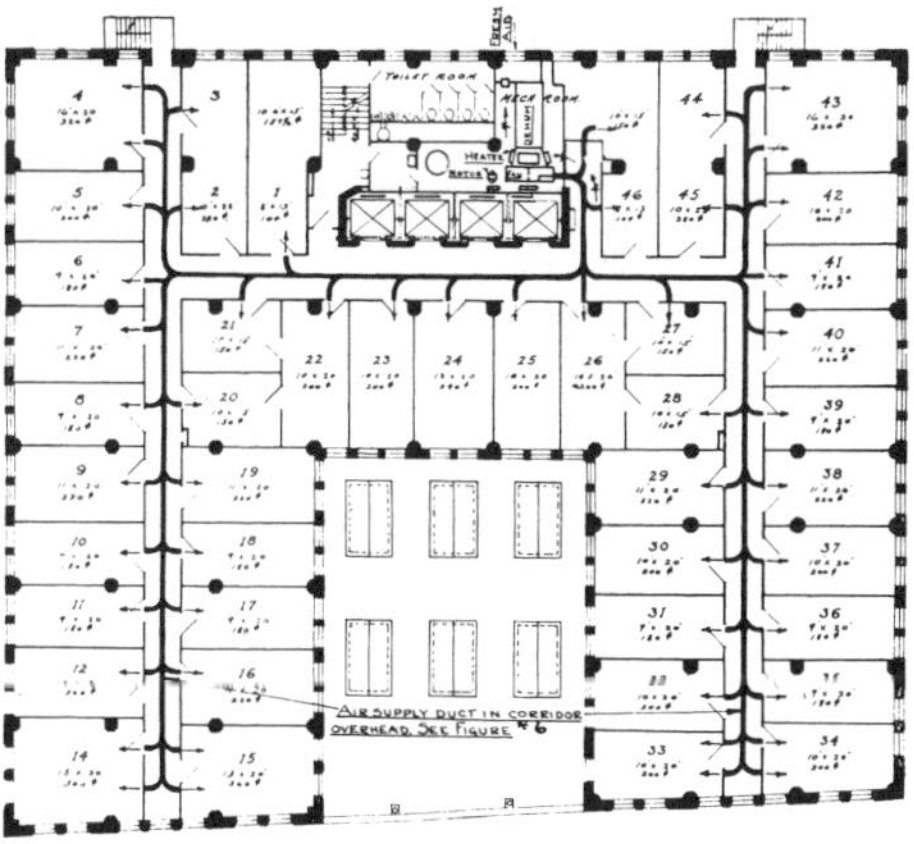

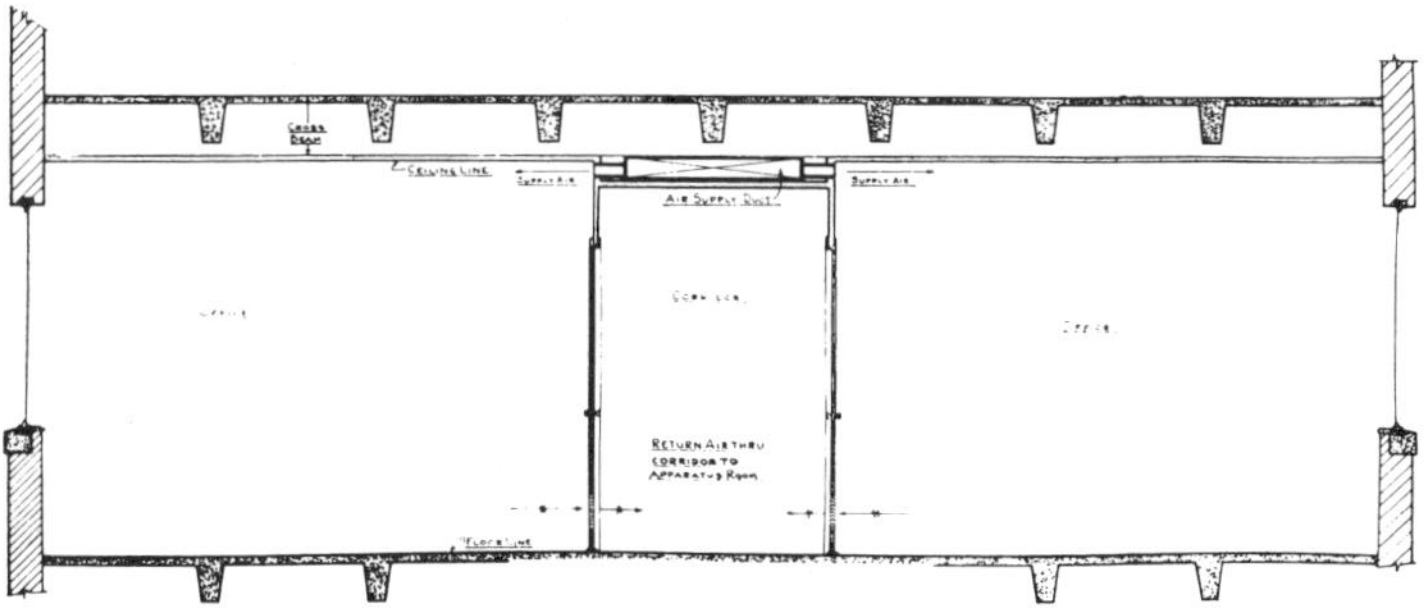

マイラム・ビルディング、テキサス州サン・アントニオ、
1928、ジョージ・ウィリス設計。
上右　外観。
左　基準階平面。
下　廊下およびダクト配置の断面。

給していた。これらの機械は、二階ごとに一組の割合でその建物のほとんど全高まで配置され、床面計画では背後にあたる化粧室とエレベーターとの間に位置を占めていた。各装置は中央廊下の天井裏のダクト工事によって、調整された空気を二つの階に供給し、廊下そのものは返りダクトの役目をしていて、室内からの排気用グリルは扉についていた。このことは、かなり大きな装置単位を運転する必要が避けられぬことと、大きな垂直ダクトによって賃貸しうる床面積をあまり使いすぎることをしないで、出力を細配分することとの合理的で経済的な妥協を果たしていた。

商業的実用性が、最初の動機でもあり最終の拒否権でもあるような情況では、空気調和のもたらす快適ささえも、一平方フィートの損失を埋めあわせるほど賃貸料を値上げできるくらいの魅力をもつことはまずなかったので、ダクト工事のため床面積を食いつぶすことは死活問題であった。キャリアの――最終的にはその他全ての人の――解決策は、濾過し湿度調節した空気を、小径のダクトによって高速で配分し、事務室の窓の下のパイプコイルに、別配管による温水または冷水を送って、吹出しの直前に空気を暖めまたは冷すという方法であった。また、吹出し空気量よりかなり大量の室内空気を、ユニットの囲いを通って誘引するよう、噴射ノズルシステムを用いることによって、高速配分の有難くない副作用（騒音やドラフトなど）は、吹出し口のところで緩和された。この部分的に再循環する新しい混合空気は、窓ガラスの前面をカーテンのように静かに邪魔にならない速さで吹き出すのである。

この概念の胚芽と、基本的部分のいくらかは、すでに一九二九年のライル社事務所の会議室の設備にもあって、これについては最終章で述べるが、それでもまだ、一九三二年にフィラデルフィア貯蓄基金ビルディングで（次章参照）キャリアが用いるには充分役に立つ案ではなかった。標準的ひとそろいとしての完全な「コンジット・ウェザーマスター」装置は、一九三七年までは存在しなかったが、これと非常によく似たものは、すでに一九三四年の『アーキテクチュラル・レコード』誌に掲載された、二人のキャリア社員レアルト・チャーンとチェスター・ネルソンの「現代建築のデザインにおける空気調和の予備計画」と題した記事の挿絵に見ることができる。しかし歴史的指標としてのこの記事の重要性は、そのことをはるかに超えたものである。すなわち、挿絵は間違いなく小さな室単位に分割した事務棟を示しており、工場や劇場のような単一の大空間ではない。本文にいわく、「この討議は快適性のための空気調和に限定されるであろう……[注7]」そしてその全体は、空気調和が、建築のチェックリストに盛りこまれるような、慣習的な職業的知恵に類する水準で論じられていたと思われる最初の確かな例を示している。

空気調和における重点は明らかに変化してしまったが、北アメリカを襲った景気後退と経済崩壊の傾向がなかったら、多数の室をもつ巨大な建物に対する空気調和の使用は、おそらく三〇年代の終る前に確立されていただろう。しかしそれがあったため、進歩の速度はのろくなり、ル・コルビュジエにあれほど感銘を与えたラジオ・シティの高価な設備に対して、取るに足るような相手は一九三二年以後存在しなかった。何らかの点で、この遅れは建築と空気調和との両方にとって有益だったことが論証されるかもしれない。第二次世界大戦に続いて、経済活動が大暴落からすっかり立ち直るまで、合計十年以上が空気調和の予期された生長から切りとられた。ほんとうの進歩は四〇年代が終るまで十分には再開されなかったが、その頃までに、事務所建築の空気調和のための機械工学的可能性は、照明の分野での新しい技術的助力と、建物の外郭のデザインにおける新しい一連の美学的な好みとによって増強されていた。

照明における革新とは蛍光管であって、これは関連のあるガス放電管と共に、今世紀の初めから可能性としては存在していたものである。フランスのクロードとイギリスのモーアとが、まだ早い時期に実用的な放電管を造っていた——モーアの放電管は、一九一三年にロンドンのウェストエンド・シネマのファサードを縁どるのに用いられ、クロードの好んだ放電ガス（ネオン）は、一九三〇年以前に常用語のうちに新しい単語を加えていた。しかし一九三八年の夏に、ウェスティングハウス社とゼネラル・エレクトリック社とが、蛍光管をカタログにのせ市場に出すために、「ルミライン」管を同時に発表するまでは、それはエジソンの一八九六年の蛍光電球の実験からとったものだったのである。

世界全般にとって、また建築家の心情においても、蛍光管は本質的に戦後の革新であった、主としてその電力節約と集中する眩輝（グレア）がないという点が重視された。しかし最初のルミラインの発表のうちにすら、蛍光管の熱出力の減少が空気調和の問題に対して関連をもつことが述べられていた。いずれにせよ、蛍光灯照明の使用は、まもなく新しいグレアの問題を生むことになった。それは昼光の役立つ周辺の窓際からずっと離れた場所で、ＰＳＡＬＩの光源として事務所建築の天井全面の平らな連続格子の中に用いられたときである。しかし非常に奥行の深い床平面の中心部で、このようなＰＳＡＬＩ（Permanent Supplementary Artificial Lighting of Interiors.：室内における恒久的補助人工照明）を使用することは空気調和と蛍光灯との潜在力のみごとな合流なしには、決して起こり得なかった。書類の仕事に対して、許容レベルの照明を与えるに十分な白熱電灯の熱出力は、どんな換気システムでも経済的に排出できないほど多かっただろう。しかし熱出力が減少すれば空気調和も経済的に対応できるわけであり、いったんこれが可能になると、長い間延滞していた合衆国標準高層事務所建築の平面形の合理化もまた可能となった。

伝統的にこの平面形は、背面で欠け込んだL型かまたは凹型を示すのが常であった（多分ヨーロッパの人々は、シカゴ派の説明の中にたびたび図示されているホラバードとローチェのマーケット・ビルディングの平面からそれが一番よいと知るだろう）。そしてこの凹角部は、事務室用賃貸面積と同様に、化粧室やエレベーターシャフトのような付属室を含む建物の中心部に、光を（換気用空気も）とり入れるのに役立っていた。しかしこのように食いこんだ形の平面は、付属室を中央部に島のように置いた「全床面（フル・フロア）」型平面——空気調和と低熱の照明によってのみ有利な可能性がある——と呼ばれるただの長方形にくらべて、部屋に細分することがより困難であり、賃貸の難しい不細工な隅角部をさらに多くもつものであった。しかしこれに対して、シカゴの不動産屋ジョージ・Ｒ・ベイリーが計算をした。すなわち、

空気調和、蛍光灯照明および吸音天井を完備したフルフロアは、空気調和のない普通の照明だけの標準平面（すなわち欠け込みのあるもの）よりも約八パーセント多くするだけで開発することができる[注8]。

彼の計算は時宜に適したものであった——明快な、設備のゆきとどいた長方形平面は、賃貸料が余分の八パーセント吸収するのに十分なほど魅力的であったばかりでなく、建築家たちは、彼らの戦後の摩天楼の夢が、今は全くコチコチの長方形美学に実現されようとしているのだと、多かれ少なかれ、だれもが決めこんでいたからでもある。国際連合ビルディングとレヴァーハウスとは、両方ともベイリー

の計算が公表されたころに設計中であり建設中であった。そしてどちらも、それぞれ違う理由からではあるが、「不経済な」設備基準を支持し得たほどの名声高い建築であったけれども、それらの模造品として現われた数知れぬ長方形のガラスの建築は、まもなくこういう体裁とそれに必要な設備基準とは全然不経済ではない——あるいはどっちみち不利なものではないということを示した。ル・コルビュジエの高層スラブ建築に対するデカルト的なガラス角柱の夢と、まっとうな金さえ出せばどんな環境問題でも解決するというキャリアの実用技術とが、文字どおり国連ビルで出会ったのであり、そして都市世界の顔が変えられたのであった。

しかしこの時になっても、一般住宅の室内は事実上まだこの環境技術の激変から注目されないままであった——空気調和は一九五〇年に、やっと家庭への道を見つけはじめたばかりだった。その到着までの物語は長くて、特に業界としては、挫折に満ちたものだった。歴史上の究極的理由は、多分この産業自身の特質とこれを先導した人々の流儀のうちにある。キャリアのような人々は、商社に雇われているときでも、ふだんは空気調和の全装置に必要な一部品——送風機とか冷凍機とか——のみを作る会社のために働き、空気調和というものを元来は親会社の販売促進の手段とみていた。まるで独立したコンサルタントのように、彼らはいくつかの製造業者の商品を、しばしば別々の競争入札で集めて、全装置を組み立てた。初期の段階では、誰も、あらかじめ組み立てたパッケージとして完備した装置を、製造しようともまた販売のために提供しようとさえもしなかったようだ。ひとそろいの装置の各要素は、コンサルタント会社や下請業者の秘伝に従って、建物の構造のすき間に分散して配置されたので、素人にとっては、空気調和装置を、自分の家の都合のよい場所に据えられるような商品か、またはそれとわかるような設備だと見わけることは困難だった。

業界の夢想家や世論づくりにとって、この情況がなお当外れになったのは、こうした都合のよい場所が、北アメリカ中の一般の家の地下室にほとんど普遍的に存在したこと、その場所は、温気炉からさまざまな部屋へ温気を送るダクト工事という形で、空気調和を取り付けるのに必要な技能が広くゆきわたっている証拠を、すでにもっていたということである——事実、これらのダクトは、しばしばそのままで空気調和のため十分役立つようなものであった。小さな入口とはいえ、この約束された市場が、事務所用装置と同様、大暴落のためぶざまな曲り角にいた業界を助けることができた。シカゴの雑誌『空気物理学者』の激励的な論説は、一九三一年の夏、すばらしいスローガンを作り出した。いわく「求む、安物の空気調和！」そして呼びたてた。

……家庭用の空気調和ユニットを、能率的で、ほどよい値段で、比較的扱いの簡単な……現代の製造法で量産すれば、空気調和はまもなくラジオや自動車以上の必要品となるだろう。そして家庭がそれを受け入れたとなると、事実上人間の使用するその他全ての建物や輸送機関に、巨大規模の採用をうながすことになるだろう[注9]。

実際には、歴史は逆の方向に進んだ——実際には、家庭用空気調和器が安物のファミリーカーのようにいたるところに出現する前に、「その他全ての建物や輸送機関」のほうが空気調和されることになったわけで、その経過は『エアロロジスト』の論説の発表から、最終的にほとんどまる二十年かかっていた。その間にも、ぜいたくな家庭には孤立した高価な装置があったはずだし、実に一九三〇年以前にも、尊敬すべきサムエル・R・ルイスによってシカゴ地区に建てられたようなものもいくつかあった。ゼネラル・エレクトリック社は一九二九年にキャリア自身の家に実験的なルームクーラーを評価検討のためとりつけた。それにつづいてルームクーラー装置への興味の旋風がまき起こったが、その大部分は、引用例とはちがって、自納型ではなくどこか別のところにおいた冷凍機から供給されるもので、その場所はふつう地下室であった。

キャリアはそのころ自分の標準製品部門を通じて否応なしに製造にかかわりあっていたが、一九三二年までに「大気キャビネット」というルームクーラーを市場に出した。しかしこれはまだひとそろいの設備がかさばりすぎて、家庭用家具として推奨できるようなものではなかった。地下室からダクトを通じて家に供給しようという中央施設方式の多くは、もっとやっかいなものであった。三〇年代半ばの、注意深く塗りかえた広告のお世辞に照らしてさえ、それらはなお、必要な部品の特別な寄せ集めと見られており、ときには共通の台にのせられ、産業スタイリストの当世風容器の特徴的な例の中に、いやいやながら包まれていた——しかしトレーン社は家庭化に対するこの最少の譲歩さえも軽蔑し、配管のエルボや露出した弁などの「ボイラー屋の美学」を誇りつづけたようである。そしてそれらは嵩高くて、普通は六フィート×六フィート×六フィートの立方形に近い容積を占め、重さもそれに見合うほどあり、値段はときに二〇〇〇ドル以上もした。だから仮にそれがもっと扱いやすく、ほとんど自動制御できるほどのものだったとしても、こういう数値だけとってみても、大量に出回るような魅力のある家庭用新製品とするわけにゆかなかった。『エアロロジスト』がその需要を公式化してから十年後にも、「安物」はまだこれから具体化しなければならぬ状態だったから、合衆国は帰還しても家庭向きの空気調和のないまま戦争にでかけたのであった[注10]。

しかし戦後は長く待たされはしなかった。いつもそうだが、敵意は発明と技術の発展速度に拍車をかけ、いくつかの小さな技術的革命に突入するところまできていた。必ずしも全てがそのままで空気調和に関連するわけではなかったが、全ては関係ある設備の根本的な小型化への道をめざす傾向にあった。小型化その他の改善の累積的な効果は、一九五〇年ごろにわかに世間を騒がせることとなった。自分の目を全く信じられない人がちょっとボーッとなった風な書き方で、アーサー・カーソンは一九五四年に述べている。

一九四六年に始まった研究は、その一九五一年の発見を製造業界に命中させ、その年量産された家庭用空気調和器は、あらゆる姿や形で市場に現われた。一九五二年に販売業者は二億五千万ドル相当の装置を売り尽し、十万人のおとくいを断らねばならなかった。その年この分野には二十社しかなかったが、現在は七十社以上あり、もとの二十社は一九五二年の生産を四〇〇ないし五〇〇パーセントに倍増させている[注11]。

カーソンは多分始まりの日付を間違ったのであろう。というのは、この研究のあるものは、彼が示したよりも早く製造業界に命中したらしいから——マッケイとゼネラル・エレクトリックとの両社は、一九四八年のカタログに、彼の書いているような種類の空気調和装置をのせていたらしく、また早くも一九四六年に疑わしい例がある。「疑わしい例」というわけは、カーソンが論じているたぐいの空気調和装置は全く特定のものであって、『エアロロジスト』の論説が予期したようなものでは全然なかったからであ

パッケージ型空気調和器。マッケイ社、1948

る。最後に革命を起こし、空気調和の「安物」をもたらしたのは、ダクトを通して家に供給する中央設備システムでもなく、別の所に冷凍機をもつルームクーラーでもなく、キャリアの「ウェザーマスター」のような複合装置でもなかった。それは簡単な自納式の箱で、電気のコンセントに接続するだけでよかった。たいていは一人で持ち上げられ、特に大きいものでも二人でよい。大きさも二または三立法フィート以上になることはなかった。それは、いずれにせよほとんど必要のない冬期の加湿装置を除いては、全てに十分で完全な空気調和を備えていた。初期の装置のあるものを「疑わしい例」としているのは、それらが提供した調節内容がどれほど十分なものだったか今日では確かでないからであって、カーソンが語っているものは壁の中の穴や開いた窓に取付けられるようになった自納型装置で、電気のコンセントに差しこめば正真正銘の空気調和が得られるのである。

　多くの場合これに該当するのは、窓敷居の上にのせてその上まで窓サッシを下ろすようなすべての装置である——今日では多くの型は、窓開口の余った幅をふさぐため動く板か固定板が用意されている。キャリアが心に描いていた種類の、冬期の暖房と共通のダクトを使って中央施設から送る家庭用空気調和も、やはり増加していたが、それは自納式の窓用装置の後を追ってそうなったのである。最後にはこちらのほうが、空気調和を調理器や冷蔵庫やテレビセットに匹敵する家庭用品——電気の接続コードと調節つまみのついた小奇麗な箱——のように手軽なものにしたのであった。この装置をどう見なそうとも、それは建築の歴史にとって一つの前兆である。

　第一に、大気の変化する温度、湿度および清浄度をほとんど全面的に制御できるようになったことが、いま一つの突破口であった電灯照明にも生き残った設計上の環境的制約のほとんど全てを打ち砕いてしまった。誰でも消費した動力（パワー）の当然の勘定書きさえ払う用意があれば、今や世界中のどんな地域でも、好きなところで好みの名のついたどんな姿や形の家にも住むことができる。この便利な気候づくりのパッケージがありさえすれば、湿気の多い熱帯で低い天井の下に住むこともできるし、北極で薄い壁の中にも、砂漠で断熱していない屋根の下にも住むことができよう。構造と形態とによる気候的な補償というものについての全ての教訓は、すたれてしまっている——もっともジェームズ・マーストン・フィッチ（やその他の人々）が急いで指摘したように、空気調和の使用に対する経済的考慮が、地方の伝統にのっとった昔ながらの建て方をかなり大きな力で呼びもどしてはいるが。

それでもなお、今われわれには、建物の形態における無条件の変化と無限の選択の可能性がある——無限の選択があまりにしばしば生じたので、選ばれるものがほとんど完全に均質化してしまったほどだ。合衆国では、今や空気調和は、土地開発業者の建売り軽量住宅を国中どこでも住めるようにしたが、これは合衆国住宅産業が、他に優先して生産するよう始動された家だったから、現在メイン州からカリフォルニア州まで、シアトルからマイアミまで、ロッキー山地から河口地域まで、風土病のごとく蔓延している。これには理由がないわけではない。中西部の、どんどん機械化の進んでいた農場で育った、標準的な合衆国生活方式から発展したものと、キャスリン・ビーチャーが見なしていた標準的なアメリカ住宅は、旧世界の地方化した土着の住宅が、その伝統に縛られた住人によく合っていたように、このアメリカ住宅に住む人々の会得した目的や使用法に多分よく一致したのだ。この住宅タイプは、その残っていた欠陥を一掃するために空気調和が登場するずっと以前に、すでにもう蔓延していたし、今なお拡がりつつあった。そしてますます特殊化する気候条件に適応させるのは、多くは借家人や家を買った居住者の仕事であって、彼らが余暇をさき、自分の手で自分の家にパッケージ型の空気調和をとりつけたのである。

第二には、このことが空気調和の最も不吉な様相であることがわかるだろう。つまりそれは家庭用品の一箱でありながら、人類がこれまで所有したうちで最も洗練された環境管理用具であり、その形は取付けのためにはほとんど、操作のためにはなおさら、何の腕前もいらないものである。ふつうの知性をもった世帯主ならだれでも、ふつうの家庭

ラファイエット・パーク・アパート、
ミシガン州デトロイト、1961、
ミース・ファン・デル・ローエ設計。
上　外観。
下　窓下に合わせた特別開発の空気調和パッケージ。

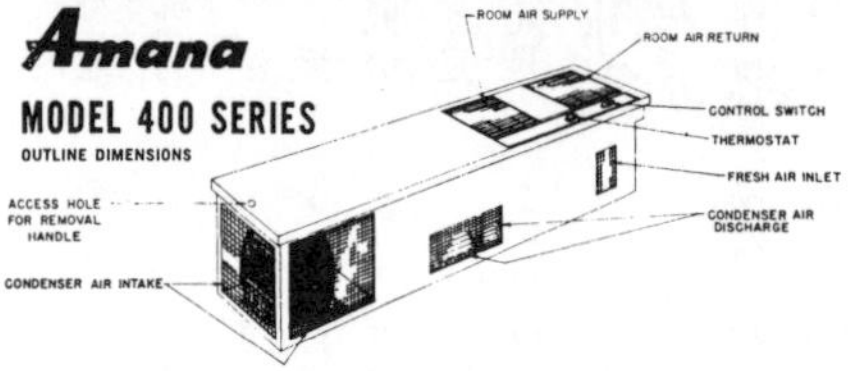

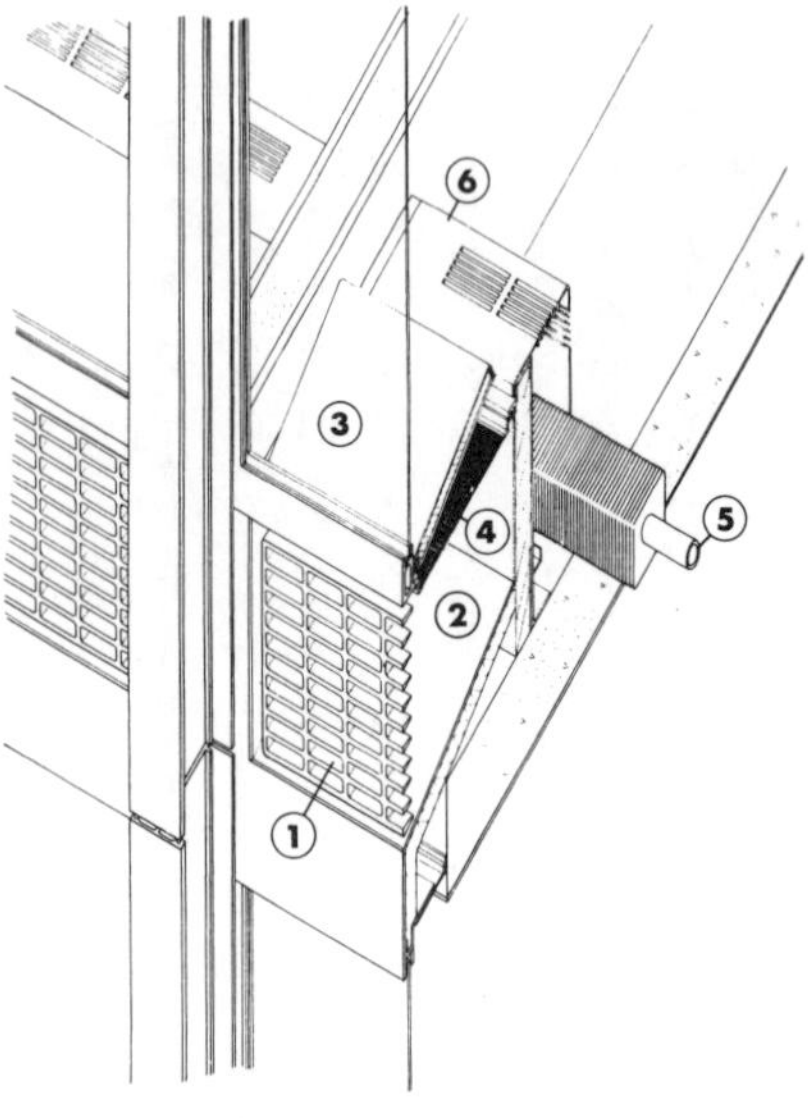

ラファイエット・パーク・アパート。
スパンドレル部分切断面、
空気調和器用の箱と暖房配管。
1　空気取入グリル
2　注文取付の空気調和用の箱
3　取外しのできる蓋
4　防虫網
5　フィン付暖房パイプ
6　通気用放熱器外箱。

道具で取付けることができるし、また多くの人々はそうしている。郊外の小住宅に関する限り、このことは見た目にも建築的にも問題にはならない——常緑樹がすでにこの装置の前面に生い茂っていて、それを見えなくしているからだ。しかし市街地のアパート棟では、こういう取付け方をすると、世帯主の環境改善と建築家の外観上の意図とを真向から衝突させることになる。デトロイトにあるミース・ファン・デル・ローエ設計のラファイエット公園のアパートには、特徴のある細部をよくまとめた窓下の箱があって、世帯主には、制御できる自然換気と、箱の中に落しこむようわざわざ設計された注文装備の空気調和器との、どちらの選択もできるようになっているが、こういうものわかりのよい自由な構想の全ての行為に対し、衝突の避けられないようなデザインがあまりにも多すぎる。

よく目立つ例としては、I・M・ペイと協同者の設計になるニューヨークのキップスベイ・アパートがある。これは一九五九—六一年の計画なので、空気調和の用意がないのは全く理解に苦しむが、借家人が特に建物の南面した部屋にそれを取りつけようと決心する

キップスベイ・アパート、ニューヨーク、1961、I・M・ペイと協同者設計。
個人的に設置した空気調和器を示す南側のファサード。

ことは非常によくわかる。ペイのファサードの様式を保存するため、管理会社は、借家人が自分の空気調和器のパッケージを窓下の小壁にではなくて部屋の内側におき、外気と可撓ダクトでつなぐよう言い張ったという話である。しかしながら、ほとんど全ての家庭用空気調和器の環境的性能は、それが直接外気に過剰の熱と湿気を捨てうることに依存しているのだから（ニューヨークの街路で空気調和器からの水滴にあたった人なら誰でもわかるだろう）、この希望的提案は成功しないことがわかった。そして大多数の借家人は自分の装置を窓下の小壁にもどしてしまった——魅力的でなくもないファサードの全面に、でたらめなパターンで。

現在多くの建築家のデザインによる建物は、そのファサード上に空気調和器の突出することが外観上避けられないということと、和解しはじめているけれども、空気取入口のグリルの小ぎれいな細部の見てくれや、簡単に取付けたり取外したりできる便利な互換性などを開発しはじめたものはほとんどない。この無関心に対して、正しく気を使った例外は、一九三六年にハリー・ウィーズによって設計されたシカゴ旧市街地区にある連続住宅のテラスに見られる。そこでは、空気調和器のグリルは、テラスの背後の骨組の、数個の張間を占める突き出した戸棚ユニットの外面に、かなり優美な視覚的アクセントを形成しているが、一方、この突き出た戸棚の背面の非構造的な性質は——『アーキテクチュラル・レビュー』誌[注12]に述べられたように——「空気調和器が、技術的な廃物になるという通常の過程に追いつかれてしまったときに、模様替えが比較的簡単にできる」ようになっている。不幸にも、このユージニー小路のテラスが注目に値するのは、主として、にわかに台所の流しほどもあたりまえになったこの一片の設備のため、建築家が何の用意もしないという一般的怠慢に対する例外だからである。また不幸にも、この用意に対する怠慢は、住宅作品において、標準的な合衆国の一階建商業建物の空気調和によって、しばしば偶然に生じている画になりそうな無秩序さえもつくり出すことがない。こういう商業建物は、軒高から下では、抑制されない空想の極致のような、折衷的当世風ディテールのドンチャン騒ぎに直面させられ、軒高より上では、空気調和装置が、二〇年代の純粋主義者と機能主義者の共通の商売道具として使われた種類の、幾何学的立体の自由なコンポジションだというわけで

連続住宅ユージニー・レーン、イリノイ州シカゴ、
1963、ハリー・ウィーズ設計。
突出した戸棚ユニットの中に収められた
空気調和器を示す背後立面。

ある。それは、アウトがフランク・ロイド・ライトの作品の中に発見した、アメリカ上流社会の流行ポップアート版の横溢している上をうろつく、気兼ねした抽象的国際様式の幽霊を見ているような気がする。ただし軒の上にあるものが、理想化された機械美学の意識的な企てを代表しているのではなくて、スーパーマーケット・アメリカの上流生活を可能にするために環境的に必要な、ひとそろいのものの外観にすぎないということを除いての話である。

〔注〕

1　インゲルスによる。ただし、すでに伝説的である。

2　Ingels, *Willis Carrier, Father of Air-conditioning*, Garden City, 1952, p.15.（邦訳：空気調和の父、東洋キャリア工業株式会社、訳ならびに発行（非売品）、一九五七）

3　同書。

4　歴史的事実では、ドレマス教授の修辞的質問は、その発言からせいぜい十一年以内に答えられることになっていた。なぜなら一九〇四年にアルフレッド・ウォルフが、株式取引所に何がしかの冷房プラントを取付けたから。

5　Jacob, *Notes*...p.93.

6　*Heating, Piping and Air-conditioning*, July, 1927, pp.173ff. この中にこの建物の有用な記事がある。

7　*Architectural Record*, June, 1934, pp. 538ff.

8　*Heating, Piping and Air-conditioning*, September 1949, p.72.

9　*Aerologist*, August 1931. 表紙見開き頁の論説。二〇年代および三〇年代にシカゴで刊行された『エアロロジスト』は、狭い技術的衛生的な面に限らず、一般大気の人類に対する善に関連した数少ない出版物の一つであった。

10　コンジット教授が私に示したところによると、一九三〇年代における空気調和の進歩（並びに小型化）の速度が落ちたことについて私が示したのは全てではないだろうという。なぜなら合衆国においては、鉄道の空気調和について設置と改良とが引き続いて行なわれていたからである。一九三六年までに、合衆国の主な長距離列車の全てのラウンジカー、食堂車、寝台車は空気調和されていた。

11　Carson, *How to keep Cool*, New York, 1954, p.56.

12　*Architectural Review*, May 1964, p.311.

〔訳注〕

＊　買い方と売り方を指す。

第十章　隠された力（パワー）

前章に引用したジョージ・ベイリーの、厚板を立てたような摩天楼の経済計算は、環境的な三つの補助手段――吸音タイル、空気調和、蛍光灯照明――を提示しているが、それには最近の建築における一つの重大な発明（ただし建築家が発明したのではないが）、すなわち吊り天井が加えられるべきであった。というとすぐに、建築の存在したときからずっと、天井は吊るされていたと言い足さなくてはならないかもしれないが、天井を吊るす伝統的な理由は、室空間の上端を閉じることであったのに対し、現在商業文や事務所での会話に用いられているこの言葉の意味は、環境的な力（パワー）を部屋全体にゆきわたらせるために、室空間の上部に開口を作っておくことを指している。逆説的に言えば、こうしてあけておくことはふつう隠すという行為だと思われている。天井はいろんな穴があいているにもかかわらず、室空間の上部が、一般にはダクトやコンジットやその他の供給路で占められているという事実を隠す方法だと、見られているのである。

手許にあるもののうち、この形式の隠蔽的使用法に関する最も早い文献は、第四章でも述べた、一九〇六年のカーン・アンド・レーブ銀行におけるA・M・フェルドマンの換気設備[注1]である。問題は営業ホールを冷房することであったが（この建物は今でもウォール街の近く、ウィリアム街とパイン街の交叉点に立っているが、設備は一つも残っていないようだ）、そのホールは建物の隅角にあって、両方の街路に面していた。装置を合理的に載せるために使うことのできる唯一の面は、建物の背後の建て増し部分の陸屋根であった。ここと営業ホールの間には、ガラス屋根から採光している支配人室があった。この部屋の上部を通るダクト工事は、そのため起こるかもしれない他の環境的欠点は全く別としても、逆光のため影になってはっきり見えることになっただろう。それでフェルドマンは、内側の蛇腹の高さに不透明ガラスの天井を吊り下げ、少なくとも部屋の自然採光をいくらか確保しながら、ダクト工事を隠すという方法でこの問題を処理したのである。

この天井を吊るした部屋には装置が役立ったわけではないけれども、隠すという意図が後になって天井を吊るした多くの人々を活気づけたも同様になった。この隠すということが構造や設備を正直に展示することに（第七章・八章各所参照）はっきり示された美学（国際様式）の形式的法則の中で、正常に起こったという事実は、いまわかった吊

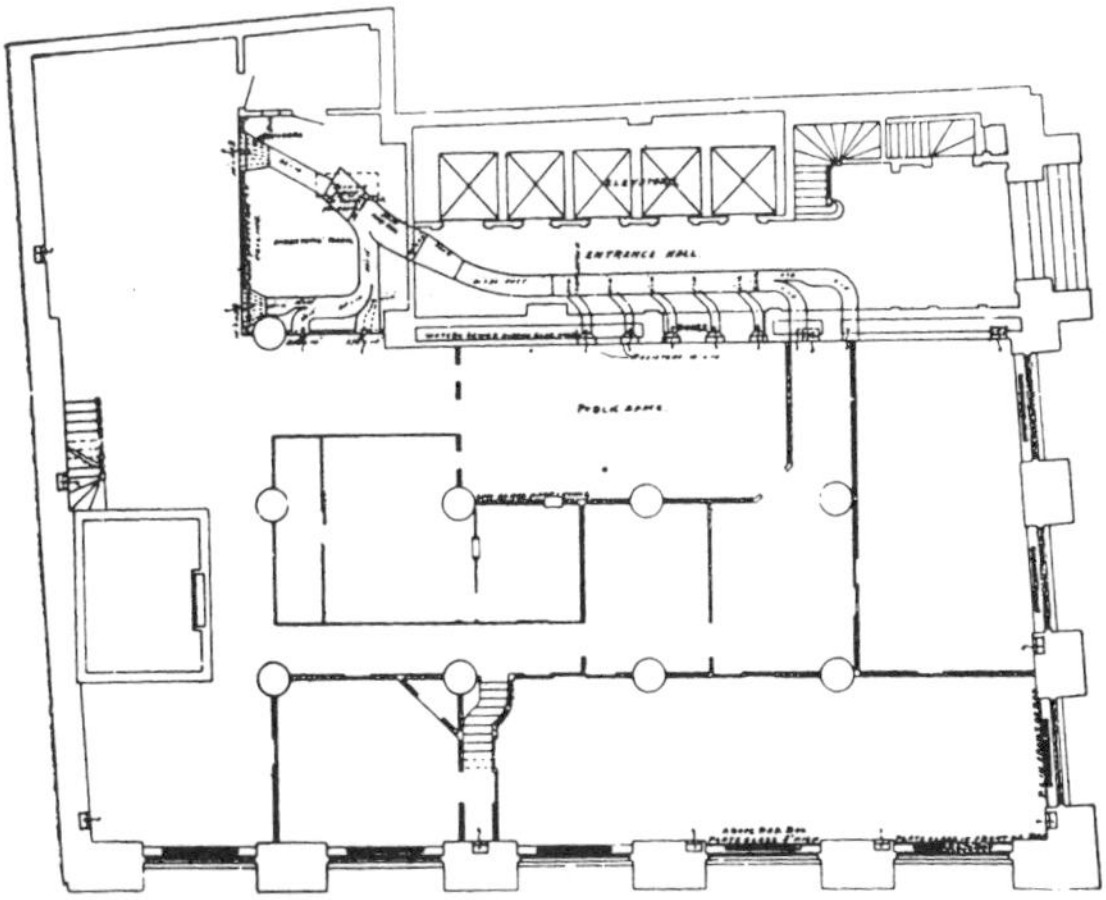

上　カーン・アンド・レーブ銀行、ニューヨーク、1906、A・M・フェルドマンによる換気設備、頭上のダクト工事を示す平面図。
下右　ジョンソン・ワックス社事務室、ウィスコンシン州ラシーン、1936、フランク・ロイド・ライト設計。タイプ室内部。
下左　アリゾナ・ビルトモア・ホテル、アリゾナ州フェニックス、1928、アルバート・チェイズ・マッカーサー設計。換気用穴あきブロックを示す室内。

り天井の出現についてのお話が、話の順序としてもそれに含まれた意図としても、いささか面喰らわされるものにちがいないことを示していよう。これはある程度まで真実であり、建築の概念をその本来の意図をこえておしすすめるという、技術の当り前すぎる二十世紀的情況のすべてを表わしているが、似而非技術的「機械美学」に身を任せなかったためにそれほど技術的改新に押し流されず、同じ理由でそれほど意図を混乱させなかった建築家グループの、少なくとも一つはあげておくべきだろう。

歴史も、これまで書かれたものは、今なお、近代建築における主な駆動力および改新力として、国際様式のヨーロッパの実践家に注意を集中する傾向がある。しかし国際様式は、ヨーロッパやヨーロッパ指向のアメリカ東部諸州ではどれほど重要だったとしても、決して近代建築の全てではなかった。そして結局は合流したが、二つの近代主義の別の流れを示すことができる。それらはその後の発展に直接の影響こそ与えなかったにせよ、それをより正確に予想していたのである。

明らかにその一つの流れは、フランク・ロイド・ライトと、あちこちに散らばった弟子たち自身およびその後継者たちである。彼の作品の多数には、隠された光源を含む照明形態への反復された興味が見られるし、ロビー邸の隠された照明については第六章ですでに考察した。この時期から、一九三六年のジョンソン・ワックス社の巨大な事務室空間の、きのこ型柱頭の間から背後照明されたガラス管の複雑なシステムまで、彼の計画案や実施作品の中には、数知れぬ間接照明や拡散照明のアイデアを見出すことができる。しかし一九三六年になっても、彼はまだ本当の吊り天井のアイデアをもってはいなかった。というのは、ジョンソン・ワックス事務所空間の上部表面からくるものは、まぎれもない照明だけだったからで、換気用空気の供給は、バルコニーの床版の厚みの中にいささか苦労して隠された送風機でなされていた。

もっと重要な影響筋は、もう細部までたどることはむずかしいが、ライトのもっと遠縁の門下の流れを引くものであることがわかるだろう。アルバート・チェイズ・マッカーサーが、一九二七―二八年にフェニックスのアリゾナ・ビルトモア・ホテルを設計した時、

ライト氏がアリゾナまでやってきて、構築にコンクリートブロック様式を用いるための全ての技術的細部

は、彼の指導の下で仕遂げられた[注2]。

不幸にもこの親切な相談役の小さな行為には少々はね返りがあって、マッカーサーはこの顧問の偉大な名が自分の評判をとり上げてしまったことに気がつき、一九四一年の『アーキテクチュラル・レコード誌』に、自分が原作者であることを再主張する手紙を書かねばならなかった。しかしこの帰属の間違いは諒解できる。なぜなら、そのデザインには明らかにライト風のたくさんの特徴があるし、またこの師匠のカリフォルニア住宅における、コンクリートブロック工事からの論理的な発展もなされているからだ。最も明らかな発展は、構造ブロックとその装飾とに、寸法的に調子を統一した照明用ブロックを用いたことである。

左　アリゾナ・ビルトモア。
埋込み照明パネルのあるメインロビー。

ビルトモア・ホテルの照明システムもまた、建築的デザインの必須の一部と考えられていた。後になって通常の照明方法がよかったと思い返すことのないように、建築家は慎重に試みている。大体において、照明計画は、コンクリートブロックのかわりに銅板の枠に組みこんだ数多くの圧縮ガラスブロックを、壁と同平面にはめこむことで成立っている[注3]。

実際には照明用ブロックは二面が外向になるような出隅にも置くことができたし、たとえば、構造用の柱と天井梁の間の入隅のような場所の、重要な装飾的特徴とすることもできたから、その効果は、この引用文から想像されるよりももっと視覚的に大胆なものだっただろう。さらに、ライト風の穴あき模様のある、同じ装飾的用法と寸法をもった標準の換気用ブロックもあったが、これは自然換気を促進するために（これは明らかに成功している）、壁の内側にある空洞部分と関連して建物のいたるところに用いられている。しかし、環境的な工夫が構造組織の中にたいそう体裁よく細部の納まりを見せているのは、喜ばしいことではあるが、それが機械的な力なしで働いていることより重大なことはあまりなかった。これに反してビルトモアのために工夫された照明の解決法は、明らかに採りあげるべき利点をもっており、これと似たものが、一九二九年にロス・アンジェルスのバロックス・ウィルシャ・ストアのためジャック・ピーターズが設計した、室内に突っ立った巨大な構造用柱にも見られる。

こういう例の中に、ビルトモアに由来する直接の影響を探す必要がないことは明らかである。ライト自身はカリフォルニア州の内外にあって、彼の門下のメンバーもそこで開業したり働いたりしていた。彼の前の主任ルドルフ・シンドラーもそこで働いていた――そして遅くとも一九三〇年までにはピーターズと接触があったにちがいない[注4]。しかしもしこれがライトとの関係だったとすれば非常に特殊な関係であり、リヒャルト・ノイトラやJ・R・デヴィッドソンも含まれていて、そのメンバーの大部分がやってきたヨーロッパにルーツをもつものであった。彼らがカリフォルニアでした仕事のうち、特に照明については、当時メンデルゾーンがベルリンで手がけていた作品と意図のうえで（実現についても）酷似したものがある。これは驚くにあたらない――ノイトラはだいたいシンドラーに強く要請されて合衆国へ来たのだが、ヨーロッパを去る以前にしばらくメンデルゾーンと事務所を共有していた。J・R・デヴィッドソンはベルリンで働いていて、一九二三年にカリフォルニアに向う前にメンデルゾーンの作品を知悉していた。メンデルゾーンも一九二四年には合衆国にいて、そのちょっと前にやはり西海岸にきていたノイトラによってライトに紹介された。

このように、一九二五年の初めにいたるまで、ベルリンの設計家たちとカリフォルニアの人々との間の個人的な接触の連続を証明することができるけれども、二つの仕事の主体をつなぐこと以外には大切なことはほとんどない。二〇年代初期にカリフォルニアで身を立てていた人々の思い出は、ヨーロッパとの接触の全面的な断絶と、合衆国東部に建設されつつあるものについてさえ、ますます無知になっていったことを雄弁に物語っている。国際的な刊行物はほんのわずかしか太平洋岸には届かなかったし（一九二五年に出版されたマルト・シュタムによる計画案を、シンドラーが知っていたはずだという命題のような、歴史家の希望的思考にかたをつけることになるが）、カリフォルニアの外で出された雑誌は、『アーキテクチュラル・レコード』が、一九二九年にシンドラーとデヴィッドソンの作品を発表しはじめるまでは、そこでなされていた高度に独創的な建築について、全く知らなかったようである。

だから、何がしか一体化したカリフォルニア＝ベルリン派について述べることは、実際無謀なことではあろうが、しかし、一九一〇年以前にはシカゴとカリフォルニアはむしろ一緒にとりあげ得るのだから、二〇年代にはベルリンとカリフォルニアを一緒にとりあげることに、歴史編纂上いくらかの便宜がある――特にデヴィッドソンがこの両地において、照明に関する革新者だったと思われるからである。ベルリンを去る前に、彼はピアノのショールームを設計しているが、その照明は壁から突き出したパネルのうしろに隠され、天井の折上げの曲面部分を下から照らすものであった。そして一九二五年に設計したロス・アンジェル

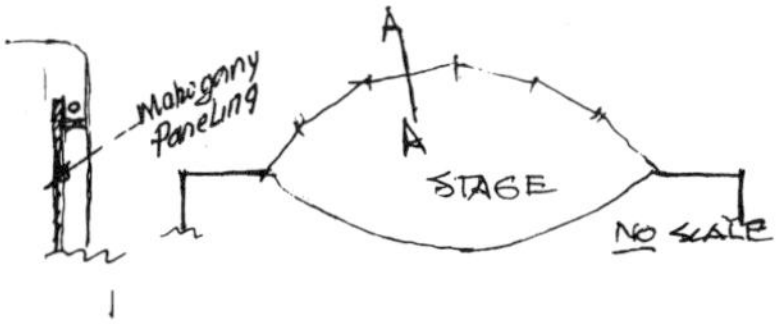

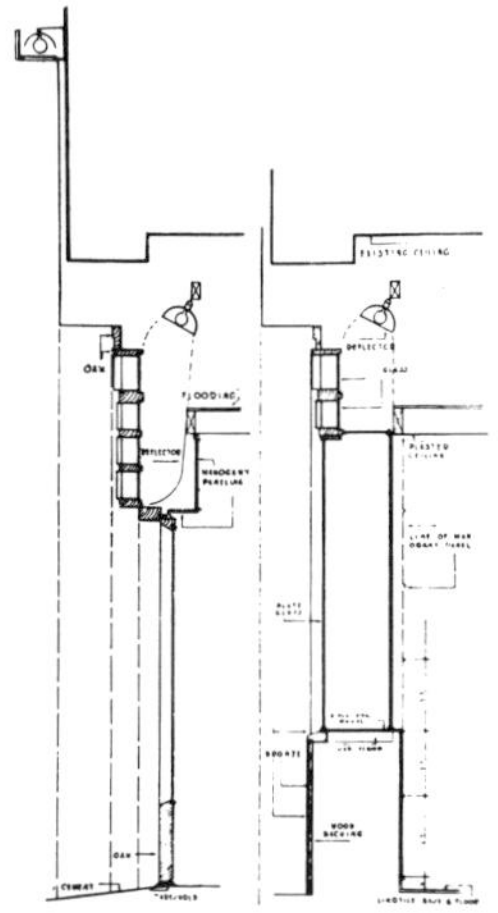

上　ピアノのショールームの背後照明。
ベルリン、1923。
下　店頭正面の間接照明。
カリフォルニア州ロス・アンジェルス、1925。
いずれもJ・R・デヴィッドソン設計。

スの自分の事務所では、事務所自身の中の特にデザインされた器具と共に、外まわり計画の一部として、ふつうの市販のガラス煉瓦を用いて内側から照明した最初の一人であったらしい。

メンデルゾーンの照明の仕事は、彼の訪米からほとんど得るところはなかったようだ――それにたぶんその必要もなかった。ベルリナー・ターゲブラット事務所の入口にある天蓋の下、ガラスパネルの上に埋め込まれた照明は、すでに一九二二年からのもので、彼のアメリカ旅行の二年前である。もしノイトラがベルリンでの体験から何かをたずさえて来たとしても、それを見分けるのは容易でない。またこれらのデザイナーは、誰も「曙光（フリューリヒト）」の中の図面やハンス・ペルツィヒの作品のような、明らかに手近にある影響から何も借りていないように見える。「大劇場（グローセ・シャウスピールハウス）」における彼の仕事には間接照明が非常に多いが、主として反射光を用いるそのやり方は、メンデルゾーンが、たとえば、彼の建築の平らな表面と同一面で、内側から照らされたガラスの平らな帯を用いたようなやり方とは、全く異なっている。

たとえば一九二四年のメンデルゾーンのヘルピッヒ商店で明らかなことは、ベルリン＝カリフォルニア「派」の意図が、光源を見せないで照明をするために普通の構造の残された空間や空洞を利用することだったということである。この商店の主要な売場空間では、商品棚の上の輝く壁パネルや、棚の上の突き出た棚板の中から照らす折上面や、室の周囲を壁から約一五インチ離れてとりまいている幅広いガラスを内側から照らす天井の帯などによって照明されている。これらの照明を容れる空間は、ふつうの商店の内装屋の構造法からほとんど自然にできたもので、デヴィッドソンが彼よりもっと有名なカリフォルニアの同時代の人々について言っていることと直接比較できる。

> ……二人とも梁や柱の間に、半透明ガラスパネルを用いて同一面に仕上げた造りつけ照明を用いた[注5]。

これは合衆国の住宅建築の技法を同じように利用したものである。しかしメンデルゾーンは、一九二七―二八年にはベルリンのウニヴェルスム映画館（ルクソル宮殿（パラスト））の室内において「光」天井の現代的概念にいっそう近づいてさえいたのである[注6]。そこでは光の帯は天井面積のおよそ三分の二を占め、室内装飾の主要なモチーフを構成するボラックス流線形を一掃きしたようなパターンの欠くべから

上右　ルドルフ・モッセ事務所、ベルリン、
1923、エリック・メンデルゾーン設計。
天蓋下面の埋込み照明。
上左　グローセ・シャウスピールハウス、ベルリン、
1920、ハンス・ペルツィヒ設計。
フォワイエの照明柱。
下　ヘルピッヒ商店、ベルリン、
1924、エリック・メンデルゾーン設計。
右　外観夜景。
左　埋込照明をもつ売場。

ざる部分になっている――これは続く二十年間、多くの素晴らしいものや、劣悪なものや、また我慢のならぬ映画館インテリアの始祖となった。

ここで、ロス・アンジェルスとベルリンの改良された現代照明のこの発展に、映画産業がもっと直接の役割を演じていなかったかどうかを調べてみたい気がする。両地ともその時期に映画制作の大中心地であったし、進歩した電機産業に後押しされていた。また両地とも建築の施主側において解放的で自由な態度を支持していた。もっともこのことが、進歩した近代建築に到達したと同じくらいしばしば奇妙な歴史的幻想に到達したとはいえ。しかし映画スタジオの要求していた投光照明（フラッド・ライト）、スポット照明、色彩照明の発展した技術にもかかわらず、また虚像空間やその他の幻影を創作したりもてあそんだりするために、これらの技術を用いるデザイナーやプロデューサーの熟練が増大したにもかかわらず――その年代のバウハウスにおけると同じく――それらの交配はほとんどなかったように思われる。もしあったとしても、デヴィッドソンによれば、建築家は製造者のカタログにある新製品から霊感をうけるよりは、むしろ製造者をおし進めるのでなければならなかった。なるほど一つの障害は、スタジオの照明設備があまりに大きく強力すぎて、家庭照明のすじでは考えも及ばないものであり、家庭での換気が通常排出してくれる以上の熱を必ず発生するということであっただろう。だからデヴィッドソンがガラス煉瓦を内側から照らすため、反射板の中に全く普通のフィラメント球を用いていることがわかる。

ベルリンの設計家たちの作品の中に演劇の影響が最も明白に見られるのは、多分、長方形の画像構成――フィルムの枠よりは舞台装置に似た――に発光体の縞や帯を入れる着想においてであって、彼らはそれを商店や映画館のファサードに応用した。たとえば、メンデルゾーンのヘルピッヒ商店のファサードを横切る光の帯がそうであるが、これは一つ下の階の蛇腹の上の折上げ照明（コーブ）で窓下の小壁を照らし出して作られた。ロス・アンジェルスでその影響が見られるのは、おそらくハリウッドが、その最も制御しがたい成功をつづけていた年月に育んだ、自由で開放的な知的風土においてである。もしこれがあまりに華麗で扇情的でぜいたくな傾向を産んだとしても、それはまた知性的には、費用のかからない技術によるじみな実験の余地をも作っていたのである。

上　ウニヴェルスム映画館、ベルリン、1928、
エリック・メンデルゾーン設計。内部。
下　ローヴェル・ビーチハウス、カリフォルニア州
ニューポート・ビーチ、1926、ルドルフ・シンドラー
設計。外観。

ローヴェル・ビーチハウス。
居間の室内、窓の傍の「光の塔」と左側壁の「光の梯子」とを示す。

ルドルフ・シンドラーのローヴェル・ビーチハウスは、リートフェルトのシュレーダーハウスとデザインにおいて同時代であって、同じ材料で建てられているが、リートフェルトが用いなければならないと思っていた抽象的理想主義の仮面をつけてはいない。しかし、それ以外では、建築的意図と重要性において匹敵するものである。その光源は、リートフェルトが用いたような種類の機械彫刻や偽工業生産的器具ではない。たとえばそれは、隣接した壁を横切って光を投げかけるよう、平らな木製の遮蔽板のうしろに隠した照明灯や、構造上の野縁の間に設けた曲面すりガラスのパネルの後の照明灯、あるいは一フィートほどの帯となって壁が立上がっている木製の目のつまった「棚」の書架の間の、低電力の電球などで構成されている。可動灯は簡素に造られた家具の一つで、光と影との交互の縞でできた「光の塔」であった。同じパターンが同じ部屋の主な窓隅のガラスに多少とも繰り返されている——これは自然採光と人工照明の一致であって、彼よりもっと有名なヨーロッパの同時代人たちの作品には比較しうるものがないだろうし、たぶんデザインの中でやりがいのある対象として彼らの心に浮んだことは決してなかったであろう。

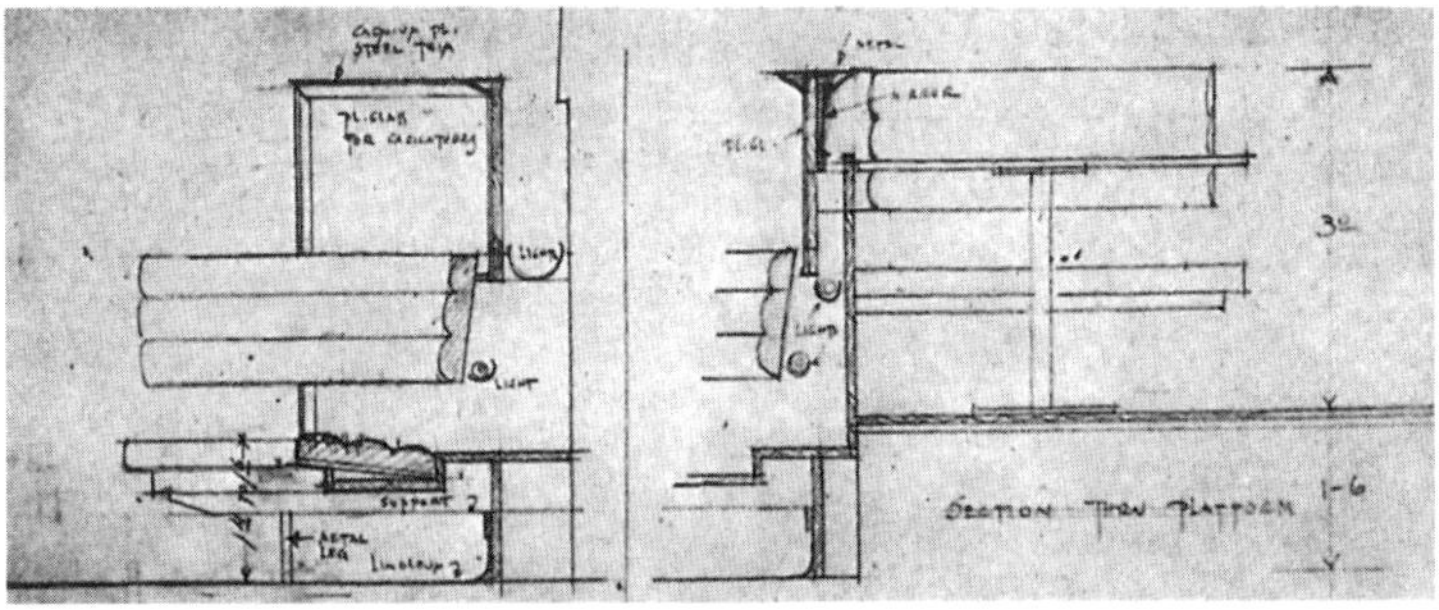

上　サーディのレストラン、カリフォルニア州ハリウッド、1932、ルドルフ・シンドラー設計。
席のうしろの間接照明のためのスケッチ。
下　ローヴェル邸（健康の家）、カリフォルニア州ロス・アンジェルス、1927、リヒャルト・ノイトラ設計。
図書室の吊り照明。

同じく簡素にできているよく似た統合の巧妙さは、二〇年代のシンドラーの住宅デザインのいくつかにも見られるが、建築的形態の、光による造形についてのもう一つの冒険的気質を、一九三二年のハリウッド大通りの、サーディのレストランの室内のような彼の作品中に見ることができる。ここで興味のあったのは（と言っても焼けてしまって二年以内に再建されたので、短期間だけだったが）、席の配置と照明とが緊密に統合されていることである。席の配置は半円形のボックス席かまたは壁ぎわの壇の上に設けた形になっていて、光は天井蛇腹の下の連なった樋形からと、席のうしろの照明器具からと、ボックスとボックスとの間にある裏から照明されたガラスパネルとから出ていた。

　これは、環境の質を高めるために光を展開したものとして、それだけでもひときわ目立つものとはいえ、吊り天井の発明とはたいした関係がないが、関係ありと思われるものにリヒャルト・ノイトラによる数年前のデザインがある。彼が代ってローヴェル家の後援を受けることになり、一九二七年、彼らのためにハリウッドヒルズの有名な家を建てた時、彼は埋込み器具にフォードのヘッドライトの反射板を使うというような、機械時代の精神的遊戯を行なったのみならず、長い図書室のために実に長さ一五フィートもある連続した光の吊り棚をも考案したが、これは構造上の天井から二フィート下に壁から約一八インチ突出して設けられた。色調補正をした低ワットの「昼光」電球三十個を用いて、天井へは直接放射による上向きの光を、下方には棚の底を形成するすりガラスを通して拡散光を投げかけていた。これは、いかなる弁護者も、国際様式はかつてこんなに賢明な人道的方法で照明されたことはないと公言したであろう初めてのインテリアであると思われるが、同時代の称賛されていたヨーロッパの作品（これは裸電球と恐ろしげなグローブを用いていたワイセンホーフの年であった）とこれとの対照は正にショッキングといってよいくらいだ。

　アメリカの著作者は、しばしばノイトラのローヴェル邸を、アメリカが国際様式に貢献しはじめたきっかけの一つとして選び出していて（皮肉にもそれの属していたカリフォルニア派のつながりについては見落しているが）、その文脈では、（特にウィリアム・ジョーディによれば）これは大陸の反対側の最初の国際様式建物である一九三二年のフィラデルフィア貯蓄基金協会（PSFS）の高層事務所に関連づけられていた。こういう分類は、ノイトラのデザインに対してとほとんど正確に同じぐらいの割合で、ハウとレスケーズのデザインの要点を見落している。というのは双方の建物の技術的な、とりわけ環境的な業績がその様式的な結果を小さく見せているからである。外形上はPSFSは、おそらく最初の、長方形の厚板を立てたような事務所建築で、商店と銀行業務の公用室を容れる基壇（ポディウム）の上に立ち、エレベーターや設備などのための付属タワーが背後についている。これによってハウとレスケーズはレヴァーハウスの特徴的な型だとか、あるいは――外形に現われた構造と明確に分節された設備タワーとで――シカゴのインランド・スチール・ビルの先駆者としての資格を与えられている。

　しかし、スキッドモア、オーウィングスとメリルによるこの二つの有名な作品のほかに、それはもう一つ同じ作者による一九五七年のシカゴのハリス・トラストの建物にも先行している。この建物の上半分ほどのところにあるよく目立つ「見えない」階は、PSFSの半ばにある「異なる」階に先を越されたもので、建物の中央に主な環境的プラントをおくことの経済性という同じ理由からであった。なぜ

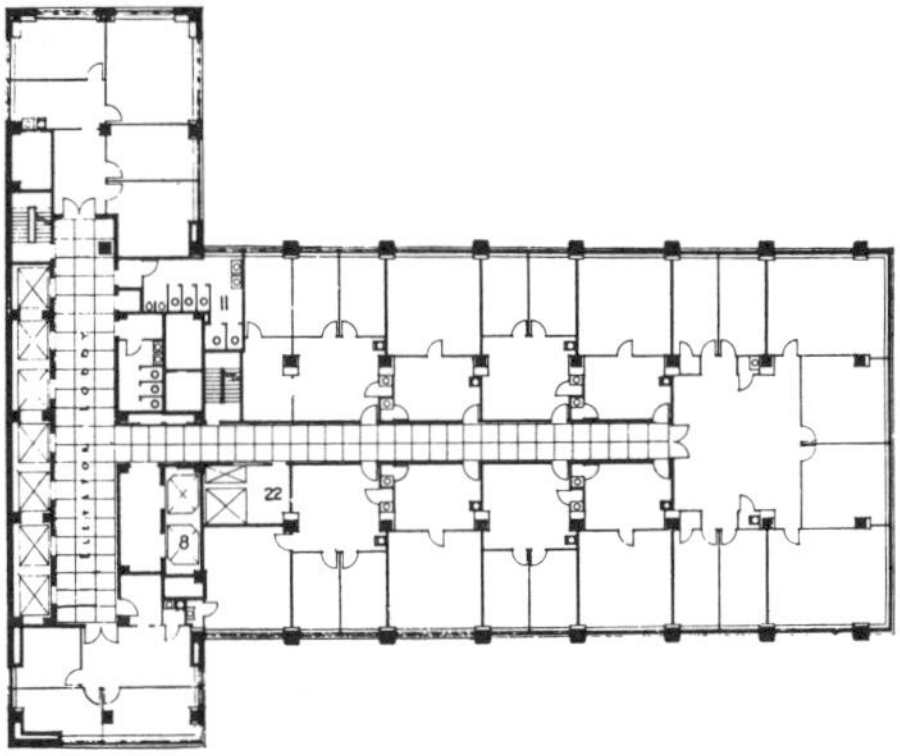

フィラデルフィア貯蓄基金協会ビルディング、ペンシルベニア州フィラデルフィア、1932、ハウとレスケーズ設計。
右　営業ホール内部。
左　外観。
下　基準階平面。

ならPSFSは完全に空気調和された高層事務所であり、マイラム・ビルディング（前章参照）に次いで合衆国で（したがって世界でも）二番目のものだったからである。二十階目にあるキャリアの空気調和プラントの存在は、窓のパターンが変化していることと空気取入口とのためにそれとわかる。事実はPSFSには二つのプラントがあり、一つはポディウムにある公共空間の大容積のため、もう一つは事務室階のためのもっと標準化された負荷を扱うものであった。しかし事務室区域の、外気候に基づく標準的でない負荷変動にも、対処できるようになっていた。二十階にある中央プラントは、東側と西側とに対して別々の送風機システムをもち、推移する日射負荷を補正しうるようになっていた。

この中央プラントからの調和された

右　フィラデルフィア貯蓄基金協会ビルディング。
右手に照明と換気用拡散吹出口の組み合せのあるロビー。
左　ハリス信託貯蓄銀行、イリノイ州シカゴ、1957、
スキッドモア、オーウィングスとメリル設計。
高さの半ばごろにある設備階（暗黒部）を示す夜景。

空気の主な配分は、サービスリフトの後の死空間に納めた垂直ダクトによって上下に向っており、こうして中央で分割することによって、中央プラントを建物の最上階または最下階においたときに生ずるような不経済な断面積を、垂直ダクトのどの部分にも必要としないことを保証していた——どの高さの階をとっても全空気量の半分以上が上下に移動することはないからである。しかしこの後の配分はもっと月並みなもので、各階の天井下にある幾組かの水平ダクトが、内側の構造柱の外面の線で外向きに空気を吹き出していた。すなわち、中央廊下から建物の両側外壁までの約三分の一の距離である。だから還気は、扉についたルーバーを通って中央廊下へ出てゆくようになってはいるけれども、厳密にいえば、マイラムのような廊下型システムではなかった。分配ダクトが頭上の位置にあることからして、今日の吊り天井をほぼ自動的に連想するはずなのだが、PSFSではそういうことは全く企てられなかったようで、初期の写真にはありきたりの照明器具がぶら下っているのが見られる。

しかしながら、銀行の営業広間と公共部分とは事情がちがっていた。銀行の主広間は、カウンターの上の低い照明

器具と、柱頭の周囲に垂れ下がったパネルの上に隠された電灯によって天井を照らす間接光とで照明されていた。空気調和用の吸込みと吹出しのグリルもこの柱に組み込まれていて、ダクトは下地骨組みで造り出した大きな空間に隠されていたので、柱の断面は構造的に必要な太さをはるかに超えてふくらんで見えた。玄関ロビーのような他の場所では、天井の下地の中の空間はやはりダクトを納めるのに役立っていて、空気はそこから埋込み照明器具のまわりの環状拡散型吹出口を通ってロビーに取入れられた――これもやはりずっと後に行なわれるようになったやり方に先行するものであった[注7]。

　こういう使われ方のために、空気を扱うシステムにどれほど余分の熱負荷が課せられたかは明らかでないが、フィラメント電灯が建物全般に熱的な問題をひき起こしたらしく、全域にわたる大部分の照明が広範囲にとりかえられた。しかし、歴史的にみてここで関連のある点は、この吹出口と照明の組み合わされた器具について、建築家と技術者とが一緒になって天井の忘れられた空間を利用する仕事をし、天井の表面を隠された力（パワー）の多目的な膜として扱いはじめたことにある――これは吊り天井という進歩した概念へのもう一つの貢献であった。そして、たとえその概念の最終的な出現がＰＳＦＳの完成から二十年も隔たっていたとはいえ、次のことは特記しておくだけの興味がある。すなわち吊り天井が最終的に出現したちょうど一九五〇年ごろ、ＰＳＦＳに対する興味の復活がまき起こったのであって――たとえばフレデリック・グートハイム[注8]の称賛にみちた長い記事――、それはあたかもハウとレスケーズの高層建築が、まさにそうなろうとしていた建築の真の祖型としてついに認められたかのごとくであった。

　その建築、すなわち五〇年代のガラス高層建物には、吊り天井は必須のものであったが、製造業者のカタログにある市販製品としてのその歴史は、ＰＳＦＳの時代までさかのぼるもので、そのころは問題と発明の交錯した一団が過程をたどりはじめていた。一つの問題は耐火構造であって、普通はコンクリートの床版を用いることで達成されていた。ル・コルビュジエの場合のように、このことが、伝統的な床＝天井構造には存在していた、あらゆる種類の有用な設備をつめこむための死空間を、建築家から奪うことになった。導管（コンジット）を定位置に埋込むのも、頭上に溝を掘るのも、労賃やその他の点でとうてい魅力的な提案ではなかったし、空気を扱うようなかさばった設備にはほとんどお手あげだった。こういうものは床版から吊り下げなければならなかったので、厳密な実益をこえて何らかの見せかけをもつ建物では、ありきたりのプラスター天井で隠したのである。

さらに、三〇年代初期の不況の中で、新しい販路を探していた鉄鋼産業もまた、耐火床構造に興味をもちはじめていた。しかし逆の方向からで、軽量鋼の甲鈑に穴あきウェブをもった軽量梁を用いて、上に細長い床版を置くものであった。リヴェット・グリップ社は、一九三〇年には早くもこのようなシステムを広告にのせていて、設備の配管が都合よく穴あきトラスの部材の間を通りぬけてこれにのっかることができ、天井もそのあとで直接ウェブの底にとりつけうることがまもなく判明した。かわって、一九三二年にはピッツバーグのメロン研究所が、細長床版を上に置いた構造的な鋼甲板の床と、その下側に吊り下げるためのダクトや吊り天井を含む種々な部品の完備したひとそろいを提案した。こういうサンドイッチの中空層の新使用法が、一九三六年にリヴェット・グリップ社によって提案されている。すなわちこの見えない空間自身を、ダクトなしに調和空気の分配用前室として用いることであり、もう一つはほとんど同時に現われたごく近縁関係のシステム、すなわちバージェス・アクースティヴェントである。

バージェス・システムの名前が示すように、これはジョージ・ベイリーの計算の第二の要素が、空気調和と合体した吸音タイルとして話の中に登場するところなのである。両システムは穴あき吸音タイルという新製品を次のように使うことを提案した。

（a）天井面を形成する。

（b）残響音を弱める。

（c）換気用空気の継続的な拡散吹出し口を形成する。

それゆえ、われわれは真正の多目的な力（パワー）の皮膜をとり扱っているのである。同じころもう一つの力（パワー）の皮膜の概念が現われているが、それは数十年の間さまざまな萌芽の状態でうろうろしていたパネル暖房が、今や実用化され議論さるべき考案となったからである。実用化とは、小口径の暖房管技術が、プラスター工事やスクリードの中に適当な銅の配管網を埋込んで、壁や床や天井を全面的に熱を放射する表面に変えることを可能にしたからであり、議論さるべきとは、その方法がまだそれほど新しかったので、建築家仲間が、大あわてで自ら説き明かし、かつ理解しなければな

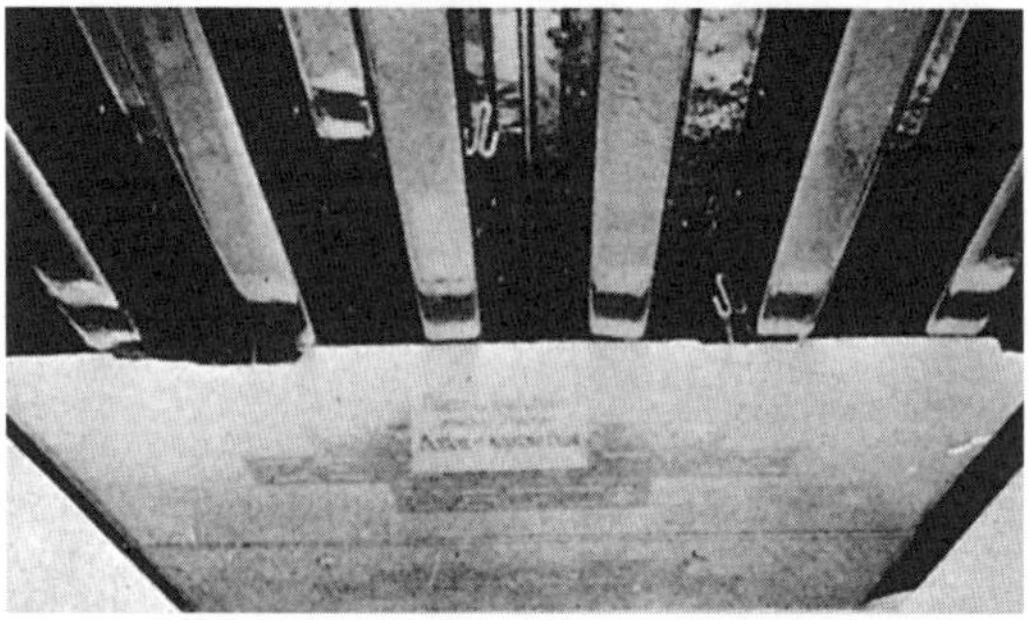

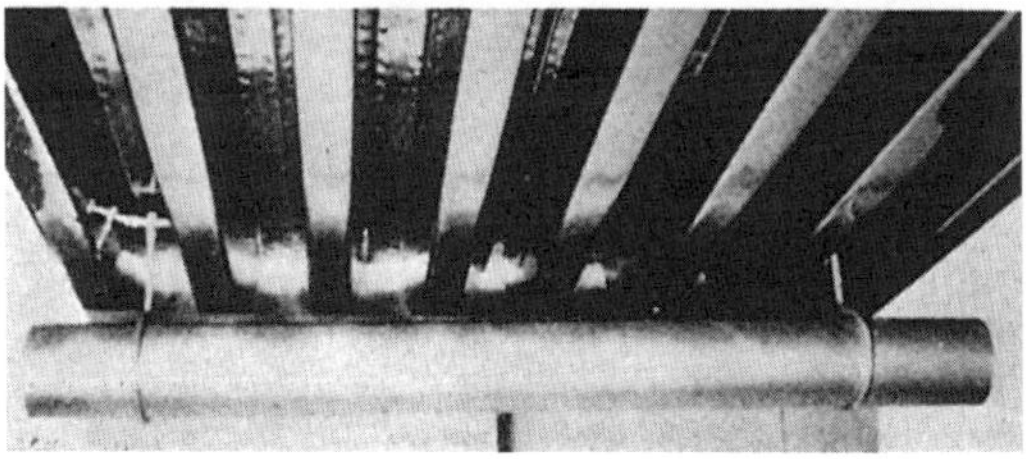

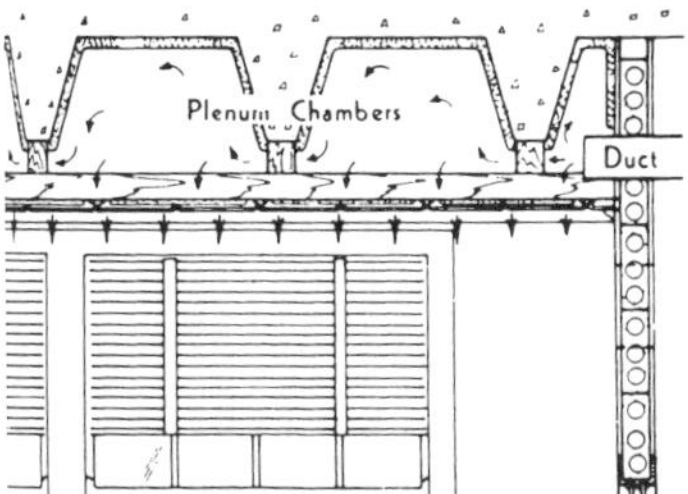

上3点　波板鋼の床＝天井システム、1932。
ピッツバーグのメロン研究所開発によるもの。
下　穴あきアクースティヴェント天井システム。
1936、バージェス研究所開発。

らない問題と利点とが、にわかにできたから——特に、軽量のアメリカの建物では、大部分忘れられていたところの、この加熱された床版の蓄熱容量に関することであった。

しかしながら、吸音タイルはそれと共に、その出現後四十年近くたった今日でも、なお効果を残すもう一つの建築的結果をもたらした。どんな寸法や形状の天井にも塗り拡げられるプラスターとちがい、吸音タイルは、標準寸法の限定された範囲に応じる個々の四角形単位からできている。だから天井の実際のモデュールを限定し、タイルの無駄な裁断を避けるために、他の部品にも同じ寸法と四角な枠組とを使うことを助長している。またタイルを支える吊り木や野縁の形状も限定され、こうして天井の見えるところに取付けるはずのいっさいのものの配置を拘束している。吊り天井ひとそろいの中の他の部品が、タイルのモデュールに応じはじめたのにつれて、タイル寸法の変化に抵抗するような寸法上の惰性ができ上がり、この一式に付加される新しい技術——蛍光管の「はめこみ枠（トロッファー）」のような——の寸法を拘束している[注9]。標準寸法の組は、こうして意図的な選択システムやモデュラーコーディネーションと関係なく創り出され、吸音タイルの採用されない建物にまで影響を及ぼす。そしてエズラ・エーレンクランツとスタンフォード大学の彼のチームとが一九六〇年代のはじめに開発した、「学校構造システム開発」（SCSD）建築システムの寸法格子は、表向きは、丈の高いトラスの屋根構造の下側の箱の中に、標準の蛍光管を収める必要によるのであるが、そこにはその下の部屋に供給するのに必要な、全ての環境的設備が収納されている。しかしこれら蛍光管の寸法は、もっと古い型やその他のもの——三〇年代初期までさかのぼる寸法基準の偶然に決められた結果の歴史——を収める天井格子によって、条件づけされてしまっていた。

このタイル形状による圧制は、ほとんど絶対的なものとなってきたので、古くからの製品さえ従わねばならなかった——「とうとう、正方形のアネモスタット！」が、一九四九年の広告にさらけ出された。よく知られた円形拡散吹出口の標準化路線が、ついに四角の型になって現われたときであった。しかしその時までに、真の吊り天井にいたる最後の一歩が踏み出されていた——一九四九年以後には、標準的な部品一式が存在しており（ベンジャミン・スカイグロー、スカイライン・ルーバオール）、それによって、

上　デ・ラヴェガ小学校、カリフォルニア州サンタクルス、
1966、リーフとエーレンクランツ設計。外観。
右　同、SCSDシステムの主要部の見取図、
外壁はシステムの一部ではなく、建築家の判断に委ねられている。
1　屋根上の空気調和器からくる空気の混合箱
2　分配ダクト（剛）
3　分配ダクト（可撓）
4　天井吹出口
5　照明システム
6　還気プレナム用空間。

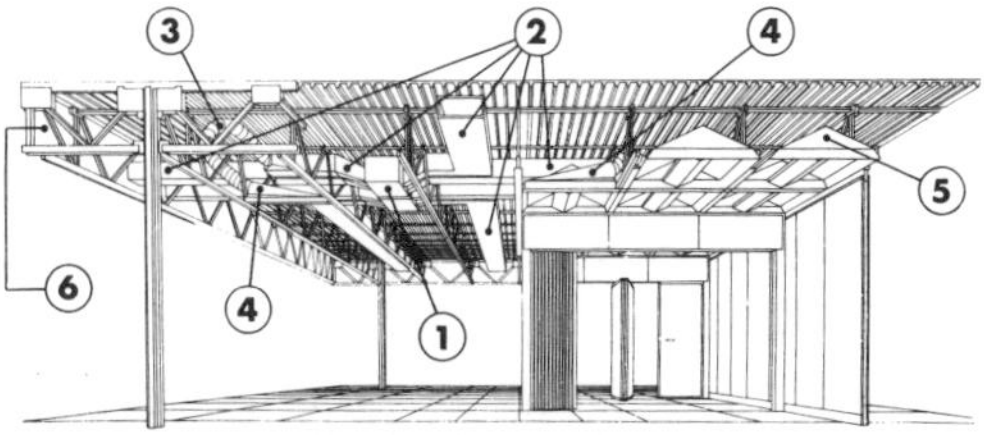

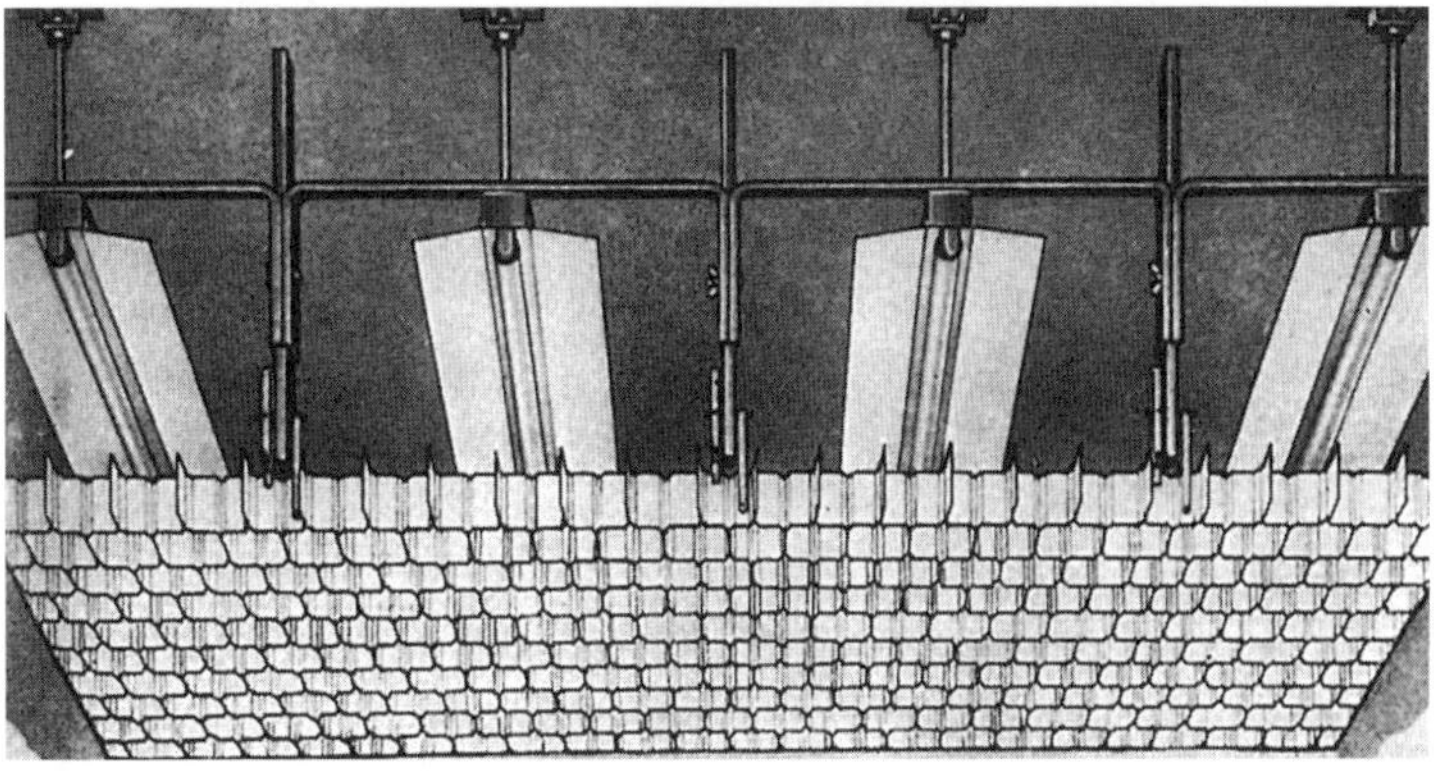

吊り天井システム。1947、スカイライン・ルーバオール。

特殊な吹出口かまたは（ルーバーを用いた場合）天井全面から調和された空気を下向きに拡散させる適当な設備をもった、半透明、ルーバー、または卵容器のような吊り天井システムを組み立てることができた。光および（または）空気に対する透過性をもたせなければならないので、こういうシステムはほとんど音響的価値がなく、その祖形である吸音タイルは、出発点にもどって耐火床版の下側にはりつけられ、天井面にはそのモデュールだけを残しているのがしばしば見られるだろう。

こうして、A・M・フェルドマンが今世紀初頭にはじめて粗描した概念が、一九五〇年には工業製品となった。つまり設備のための空間を店の棚から買ってきて、部屋の上部に吊るすことが可能になった。最近の建築における多くの重要な発展と同様、それは職業的な文書中で意見もなく実質的に合格して、とうとう共通な不平の対象となるほどしっかりと根を下ろした。

建築家ウォルター・ネッチいわく。吊り天井は合衆国建築の下腹部の急所だ！

彼の言は、今日のありふれた吊り天井の外見や働きについて、満足とはほど遠い多くの建築家や技術者の不満を反映している。

と一九六三年の『アーキテクチュラル・フォーラム』[注10]は報告したが、それまでの三十年間、その概念と製品の生長については、どんなものにせよ論説的な注意がはらわれたことはほとんどなかった。ネッチはしかし、意見を言うべきいくぶんの権利があった。というのは、彼はそのときまで、吊り天井の概念の建築的意味を作るのに多大の役割を果たしてきた一つの設計事務所——スキッドモア、オーウィングスとメリル——の主なデザイナーだったからだ。しかし一九四八年という昔に、状況が本当に意味しているものを、広告業者たちはすでにはっきりと見ることができた。目立った例をあげれば、ロバートソン・Q＝デッキのコピーライターは、従来の耐火床版を軽蔑的に墓石にたとえ、ダクト工事と天井板とを吊るした自分たちの鋼甲板システムを、建物の「活力的動脈」と呼んでこれと対比させた。

吊り天井の歴史はほとんど注目されたことがなかったし、一九五〇年まではその部品は解体できないほど結合されていたので、最初のころのまじめな評論家は、原因から結果までどの方向にも読みとることができたけれども、建築的な思考習慣があまりに構造指向的であったので、情況

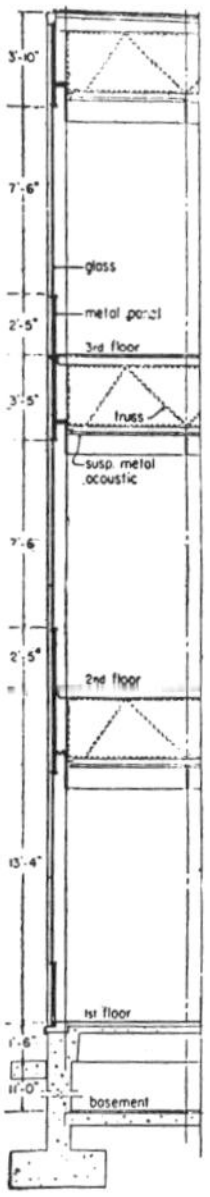

ゼネラル・モーターズ技術研究所、ミシガン州ウォーレン、
1950、サーリネン、スワンソン、サーリネン設計。
右　製図室内部、天井システムの可変性を示す。
左　構造骨組の一部断面。

はなお一般的には構造が設備によって歪曲されたとみなされていた。だからL・W・エリオットは、サーリネンのゼネラルモーターズの技術研究所に関して、次のように適評を述べた。

……最も現代的なアメリカの建物に広汎な機械設備（サービス）を備えたことが、ダクトや配管や取出し口を容れるための吊り天井の発展を刺激した……[注11]

そして、プレファブリケーションに取りつかれたイギリスの技術主義者たちに推薦されるような、一つの利点をつけ加えている。

……この方法は、高度の吸音力を備えると共に、一定の床高を確保するのにも役立つので、標準間仕切りユニットが使用できる[注12]。

しかし続いて、最終的には問題であることに対する奇妙な見解と思われるものをとり上げている。

エーロ・サーリネンの設計になるゼネラルモーターズの技術研究所の事務所建築の場合、機械設備のシステムがあまりに大規模なためこれを納める高さとして、二フィート六インチせいの溶接組立てトラスを用いるのに十分なほどである[注13]。

しかしもしこれが、（その後のサーリネンの事務所の噂話が信ずべきものだとすれば）そういうふうに論理的に考え出されたものでは全然なくて、張り間をわたすのに十分なせいのトラスが、設備のためにも十分だったことがわかったということを、妙なふうに表現したのだと思えるなら、サーリネンの事務所は、カーテン壁と吊り天井の組合せに対しいくらか筋違いのアプローチをしてしまったようだ。今日、この二つが歴史的必然性に属していると仮定することはたやすいが、サーリネン、スワンソンとサーリネンのドレーク大学研究所計画では、一九四七年になおカーテン壁と、廊下だけの天井裏空間のダクト工事とを組み合わせており、出入口線上の廊下壁にあるグリルを通して研究室から直接引き出している。通常の商業建築家による同じ年代ものの他の建物では、似たような方法を使っていた――多分ニューヨークで初めての完全空気調和の事務所建築であるパークアヴェニューのユニヴァーサル・ピクチャーズの建物は、各階にあるそれぞれの送風機室から供給される中央主幹ダクトをもち、ふつう通りダクトの位置は廊下にあって、廊下の壁を通して直接事務室に吹き出していた。しかし、まじめな考察に値する最初の「構造と設備の統

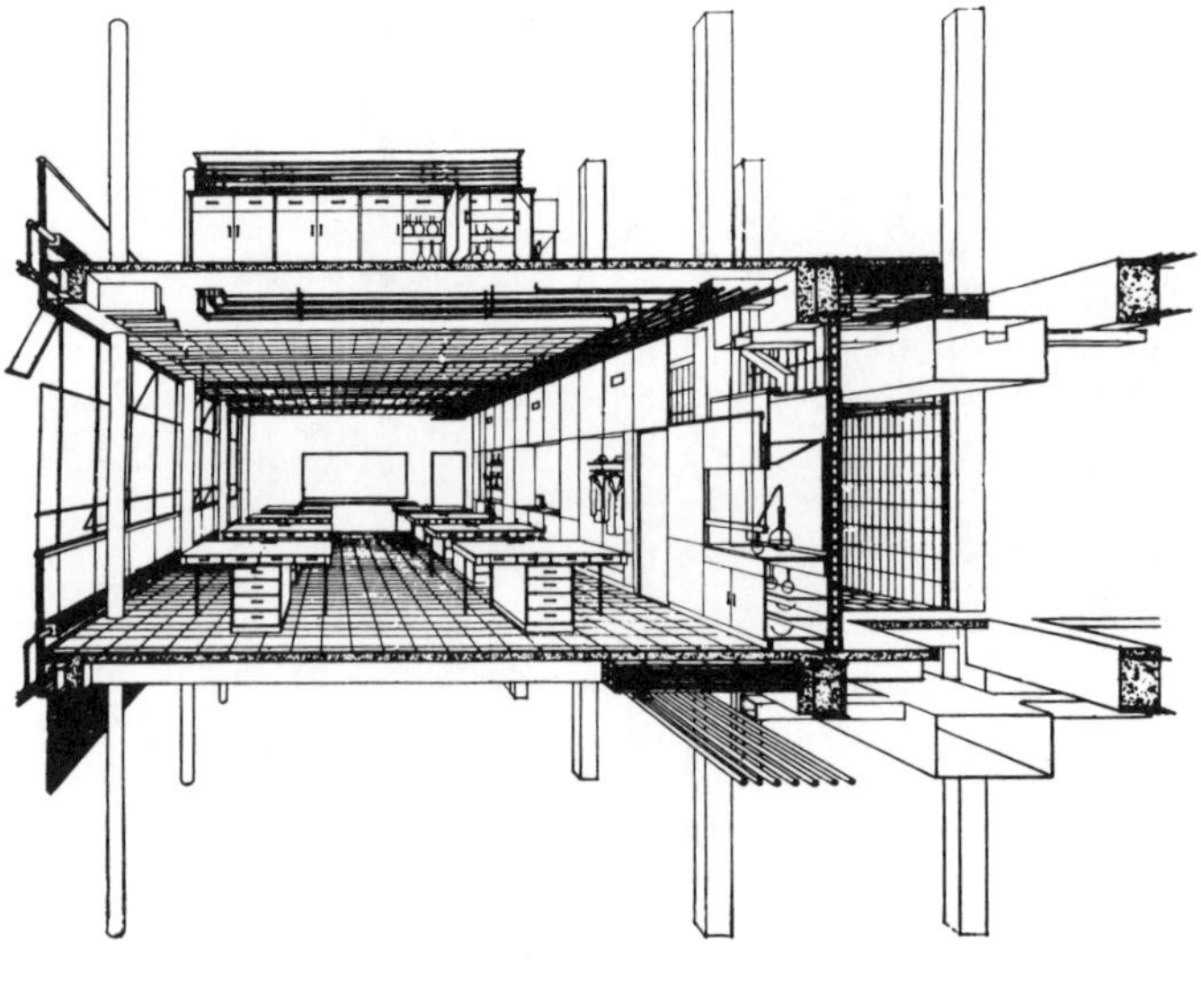

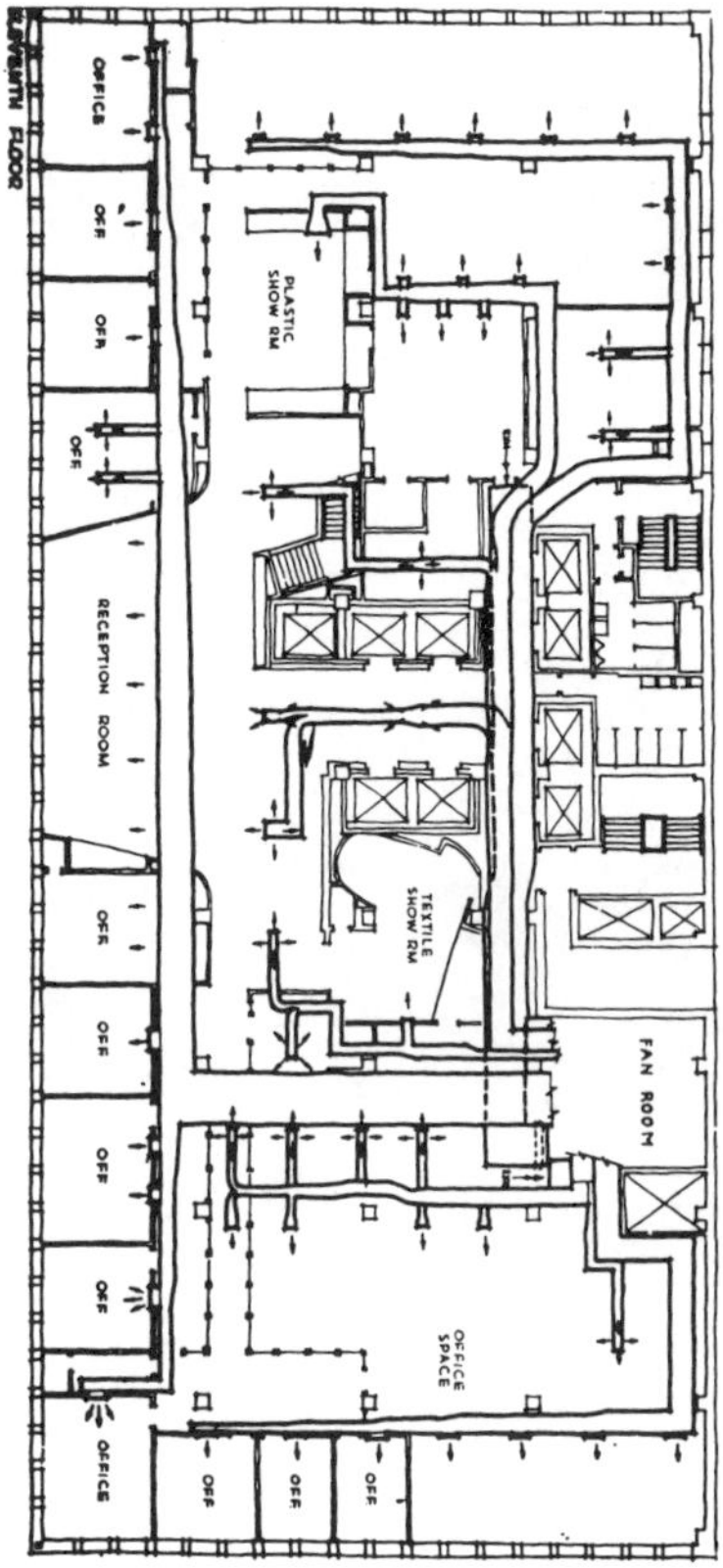

ユニヴァーサル・ピクチャーズ・ビルディング、ニューヨーク、一九四七、カーンとジェイコブス設計。
右　外観。
左　基準階天井の空調用ダクト配置。

（前頁）
ドレーク大学研究所（案）1947、サーリネン、スワンソン、サーリネン設計。完成した構造的および設備的天井の断面図（これは実験室だから、廊下のダクトは排気用で、新鮮空気はカーテンウォールの開口から取入れられる）。

合」として、GMの事務所棟における設備を称賛することでは、エリオットは疑いなく正しかった。それは見事な技術化された計画で、彼の記事は、この線にそって建てられた最も重要な二つの建物——国連本部とレヴァーハウス——についても考察しているという事実によって、権威と適切さをもっている。いずれにせよ国連ビルディングは、たんに世界の議会の象徴としても重要なものであろうが、しかしその事務局タワーは、それ以上に建築的および環境

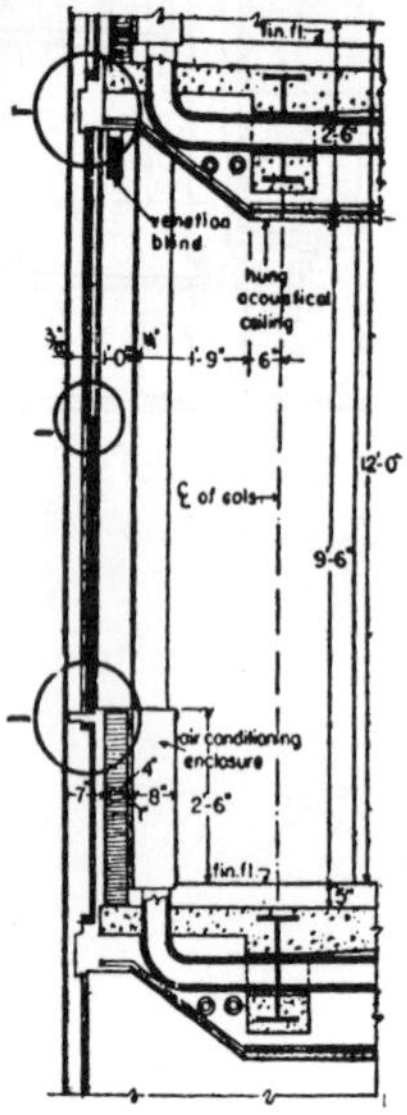

国連本部、ニューヨーク、1950（事務局棟の完成）、監理建築家ウォレス・ハリソン。
上　全景。
下右　事務局棟壁面の基準断面。
下左　事務室天井の標準吹出口。

的重要性をもっている。そのデザインの功績の国際的配分がどれほど微妙なものであろうとも、原着想はまちがいなくル・コルビュジエのものである。ここニューヨークで、彼は都市という背景の中に巨大なガラスの塔を創造する夢を成し遂げたのであり、ここニューヨークで、彼はまた十中八九までこれを機能させることのできる一人の男の才能に出会ったのだ。すなわちウィリス・キャリアである。国連に設置されたコンジット・ウェザーマスター・システムは、キャリア自身が自分の経歴(キャリア)における王冠だと思っていたもので、それ自体きれいにまとめられ洗練されていたが、また未曽有の環境負荷をも処理しなければならなかった。『アーキテクチュラル・フォーラム』誌に引用された匿名の解説者がこのことを説明しているように、

……空気調和とベネシアンブラインドとが強力な太陽に取り組ませられている……[注14]

ガラス張りの壁は、よく知られているようにル・コルビュジエの激怒に対し、ブリーズ・ソレイユで保護されることなく、ほぼ真東と真西に面し、狭いめくら壁が南北に面していた。このデザインの弁護者たちは次のことに重きをおいていた。

……マンハッタン島はぴったり南北を向いているのではないというほとんど評価されていない事実……西壁は西というより北西に近く面していて、予期されているよりはずっと少ない太陽熱を受ける[注15]。

ずっと少ないなどとはとんでもない。公表された計算によると、真西に面した場合の冷房容量は二四〇〇トンであり、実際の方位では一〇〇トン少ないだけである。国連の方位の最も強力な正当化は、究極的には、敷地計画の都合と外観と眺望を考慮してのことであったに相違なく、またそれで十分すぎるほどの正当化であっただろう。

キャリアと、監理建築家としてのウォレス・K・ハリソンとは、PSFSの直系ではあるが、はるかに複雑になった空気調和システムの助けを借りて、この方位の環境的結果に本腰をいれることになった。設備と装置のための中間階は、一つでなく三つあり――六階、十六階および二十八階で、おのおのがその間に挟まれた階のため調和空気を上下に分配している――、さらに最上階には、すぐ直下の階に供給する最後の装置階(プラント)があり、もう一つは地下三階にあって玄関まわりと会議室とに供給している。これらの機械階は、ガラス張りのパターンが違うので外観からそれと

わかるが、その気持のよい外形は、取り付けなくてはならぬ装置の量に対してそれ以外の譲歩はしていない。

内部にあって認められるものは、グリルや拡散吹出口などだけで、これを通して二重ダクトシステムから供給される調和空気が、室内に入ってくる。低速の空気は蛍光灯トロッファにくっついた拡散吹出口を通って、床・天井複合体の下階内側の室に下向きに配分され、高速の空気は上階の外側の室の周囲をとりまくウェザーマスターから上向きに配分される。もちろん、このダクト工事を納めるのに必要な床版と吊り天井複合体のせいはかなりのもので、これが建物の外壁のガラス膜に達すれば、いずれにせよ姿を見せざるをえないだろう。幸運にも、構造柱を超えて片持ちで突き出た床が、三〇インチかそこらあって、柱の線より外の天井を四〇度上向きに折上げて、外壁のところで床版と稜と出会わせるのに十分なので、薄い線だけしか見えない――一方、ウェザーマスターへのダクトに必要な上向きのエルボの曲りを納めるに十分な空間をまだ残している。

これは巧妙ではあろうが上品な解決とはいえない。レヴァーハウスでスキッドモア、オーウィングスとメリル事務所のゴードン・バンシャフトがしたこと、すなわち防火壁を二倍の幅にすることを、ハリソンのチームは思いつかなかった。ニューヨーク防火条例の施工によって、階から階への延焼の抵抗を増すため、各階の床版の端部に小壁を設け（通常はシンダーブロックのもの）、建物外壁のガラス張りを後ろから守ることが必要になっていた。国連の建物では、この壁は外壁はくもりガラスの小間で隠され、内側はウェザーマスターの装置をきちんと納めている。レヴァーハウスでも、防火壁と空気調和吹出口との同様な基本システムをとり入れているが、床版端部の下側に同じような壁を吊り下げて防火壁を二倍の幅にしているのである。

上の壁より一インチかそこら短いこの吊り壁は、ずらりと勢ぞろいした設備（サービス）のため、十分のせいをもつ吊り天井空間の末端のすばらしい鼻隠しになっている。この上下に建て付けるという解決の二連性は、緑色ガラスの小壁を上下のガラス小間にわける水平方立によって当然の正直さで外から認められる。技術的にも知性的にも、これは国連のものよりも完成された解決策であるが、ＳＯＭ事務所のその後の作品では重要な繰り返しはされなかった。ほとんどすべては下側の天井を用い、その鼻隠しは窓の上部のうしろ

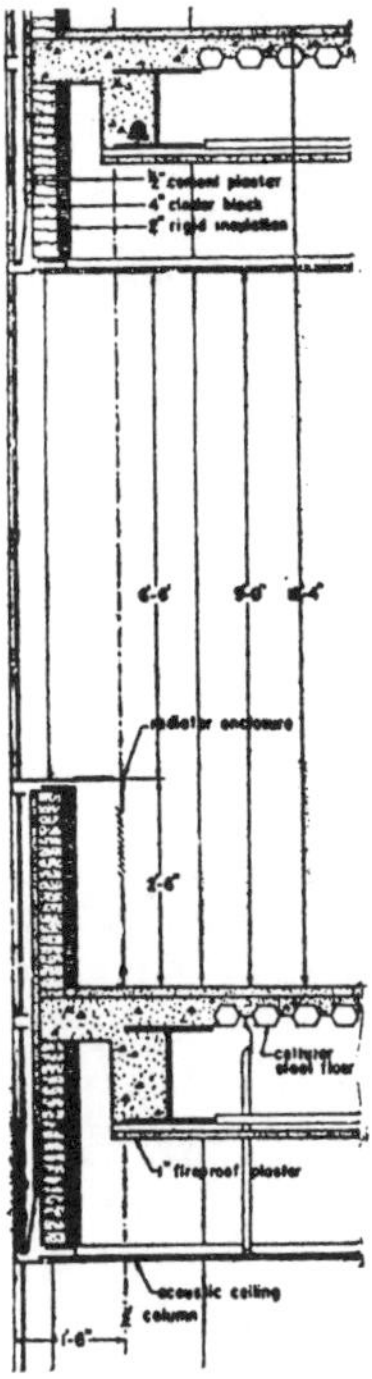

レヴァーハウス、ニューヨーク、1951、
スキッドモア、オーウィングスとメリル設計。
右　事務室棟外観。
左　典型的カーテンウォール断面。

からさがっているのが見られる。その面とガラスの間に狭いすきまがあり、それは通常日照調整に必要な縦型羽根板のベネシアンブラインドの上端をおさめるカーテン溝のようなものとしてときどき使われている。

しかしながらこの情況にあってさえ、吊り天井がその末端を閉ざすための鼻隠しをもっているという事実は、その意図がまだ隠すということにあったことを表わしている。照明と換気とが、天井の平坦なモデュール割付け面とつらに、四角なはめ込み器具としてだけ表わされているということによって、また、ウェザーマスター型の装置が、窓台と同一面のたんなる付属物として扱われることによって、環境制御の機構はインテリアの眺めから隠された。ガラス壁の外装パターンをほとんど破ることのない基準階に、機械プラントを収めることによって、または、一番上の居住階高さよりも上まで、このガラス面を立ち上げることによって、これらの機構はやはり外観から隠されたのである。この美

コンチネンタル・センター、イリノイ州シカゴ、1960、C・F・マーフィーと協同者設計。設備プラントを隠すため、ルーバーを施したファサード上部を示す外観。

学の最盛期において、特に見事な例をとれば、C・F・マーフィーとその仲間による、シカゴのコンチネンタル・センターによって代表されるごとく、機械装置の存在は、ファサードの頂部におけるガラスからルーバーへの変化によってのみそれと知られる。つまり目的は平坦な長方形の囲いを示すことにあり、様式上の見てくれは機械主義的でありながら表現された中身は機械的ではなかった。SOMのインランド・スチール・ビルディングのように構造が囲いの外に現われたときでさえ、設備はそうならなかった。そして、一九六四年になって、同じ設計事務所のシカゴのエキタブル・ビルディングで、空気ダクトがついに囲いの外に出てきたとき、それはそのままのようには見えないで見せかけの外部構造の中に納められている。

＊　＊　＊

最後に、隠された環境的な力（パワー）に関するこの章は、一九五〇年の銘柄をもつ、平坦な外見上の単純さと隠すこととにおける傑作の一つ、ニューカナーンにあるフィリップ・ジョンソンの自邸を認容するのに適当な場所だと思われる。おそらくジョンソン自身は、このデザインは全くのオリジナルなのではなくて、ファンズワース邸のためのミース・ファン・デル・ローエの最初の計画や、彼が印刷物[注16]で列挙した一ダース以上もの歴史的先例から引き出したものだと主張するかもしれない。そしてまた、それは「制御された環境ではない」と彼は言っている（明らかに空気調和をもっていないからだ）。彼の個人的意見が何であれ、よく調べて住んでみれば、この本で早くから論議した数々の主題を要約する、広義の環境管理のユニークな例であるという結果が発見される。

驚いたことに、フランク・ロイド・ライトが（彼はデザインに関しては期待されたように無作法だったが）、設備において「現代的な機会」と呼んだであろうものが、たんに平面を拡張し、または「分節する」ためでなく、二つの全く別個のユニットに分割するために利用されていた。一つはほとんど全面に固い壁をもつ客用の一翼であり、内部がどんなにうまくできていようとも、今の議論にはこれ以上関係はない。もう一つは、全面ガラスの居間用パヴィリオンで――たとえ意図的でなかったとしても、これはシェールバルトの離れベランダの実現である――、より明らかにファンズワース計画に関連しており、これが今の議論に直接かかわっているのである。ファンズワースのデザインよりは単純で、見る者には分化されていない四角なガラスの箱とうつり、細部といっても四隅のひっこんだ鋼材と四面のおのおの中央にある軒高一杯の扉だけである。

ガラスは二重ではないので――熱、光、眺めおよび音響的見地からは極端な軽量壁である。機械設備コアを示す煉瓦の筒が、床から立ち上って平らな屋根スラブを突き抜けている。これには使用できる浴室が入っており、主たる居室空間に向った側には暖炉があってやはり使用できる――といってもライトの見せびらかしの炉の多くのように、主として儀式的な程度においてではあるが。それは燃えているという心理的満足を誇示し、限られた範囲には熱を放射する。それでも床面全部、最も遠いガラス壁の隅でさえ、雪が地面に積りガラスにふりかかる時でも暖かくすごすことができる。実際には暖房は床版と天井版の両方に埋め込まれた電熱エレメントで行なわれ、そのため目に見える吹出し口やレジスターがいらないので、この家は火を燃やしていない普段の状態では、見えない暖房設備の究極的な例なのである。

建築家の自邸、コネチカット州ニューカナーン、
1950、フィリップ・ジョンソン設計。
上　昼間のガラスの家。
下　ガラスの家夜景。

しかしながら、この家は夏の盛りにも同じように住み心地がよいが、そのことは、内側にいくらかカーテンがあるほかは何も日照を制御するものが見当らないので、一見さらに当惑をまねく。けれども冷房と日除けの設備は、周囲の風景の中に丸見えで「隠されている」のである。このガラスの家は、敷地の頂上の道路から一番下の池まで下っている相当急な斜面から突き出した断崖の上に建っている。断崖は下の方から生えたよく育った樹木の垣を通して西を向いており、これらの樹木に葉の茂っているときは、熱的に危機にある南面と西面の壁に適当な影をおとす。さらに、この斜面と樹木とが、恒風のないときも穏やかな微風をもつ局所気候を促しているようであり、そのせいで扉を二カ所以上開ければ必要な通風が得られよう。その同じ樹木が、照明をあてれば冬でも壮麗な夜間環境を作り出すし、公道から家を隔離して視覚的プライバシーを保証してもいる。

　実際は、二組の条件だけが、その環境的性能の重大な欠点を表わしているようだ。一つは、晴れた夏の日に、決意に身を固めた建築愛好家が、ことわりもなく庭園路を下ってきてジョンソン氏のプライバシーを侵すこと。もう一つは、非常に長びいた小春日和には、すでに葉の落ちた樹木

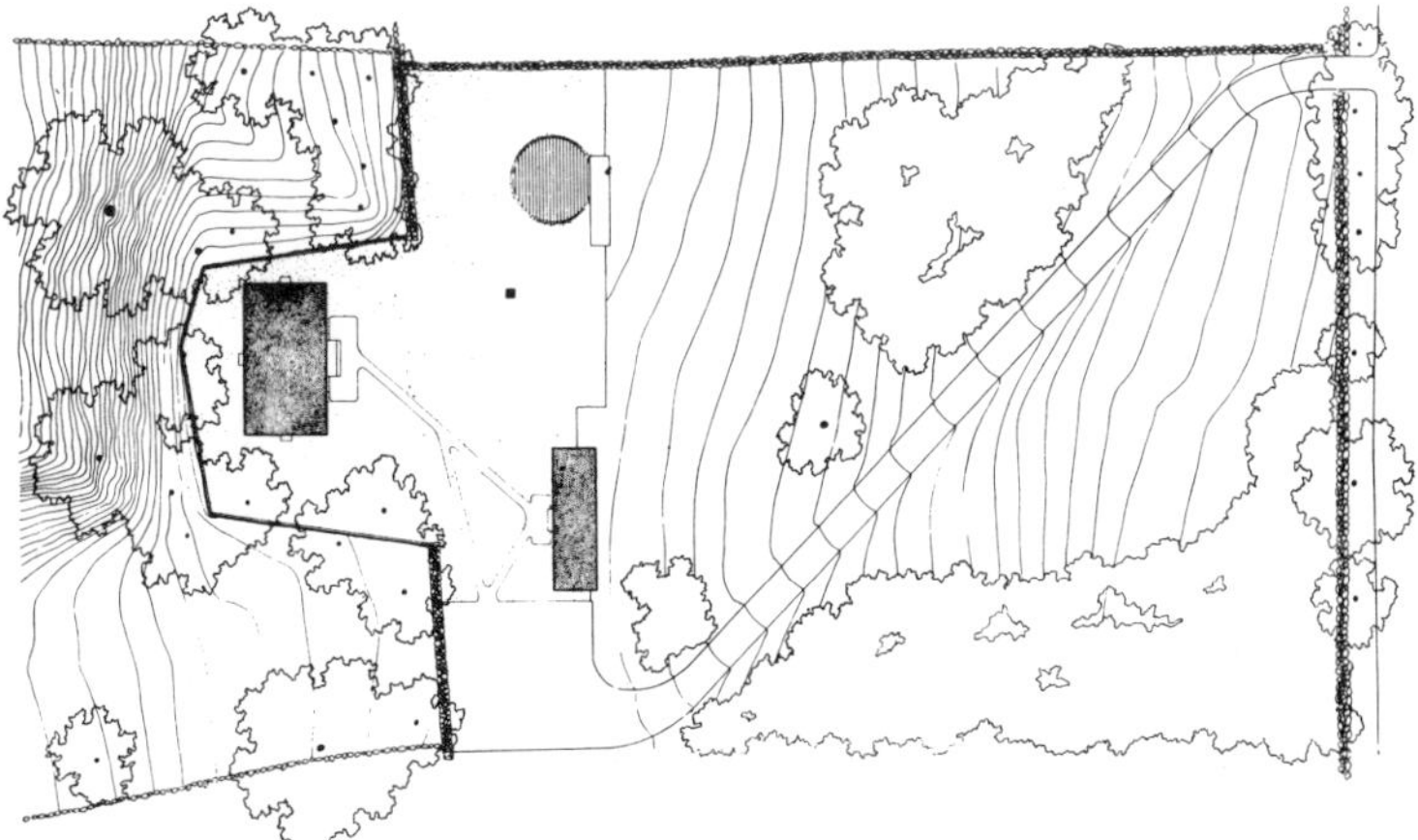

ジョンソン邸
敷地配置図。最左端にガラスの家。

を通して、傾いた暑い日射が家の中に入りこむことで、こんな時には、内側のブラインドも昼過ぎの熱負荷に対していつも十分だとはかぎらない。しかしこの数日間は、想像でそれをもつのは楽しいことだというライトの提案を思いだすためなら、田舎に建つ家にとって高すぎる代価だとは思われない。ロビー邸から四十年たって、フィリップ・ジョンソンは（ただ一回きりのようだが）、ライトと同様に、巧妙で上首尾の機械的および建築的環境制御の混合体の傑作を創り出した。たしかに、彼は他の多くの建築家には与えられないような、予算と敷地との両方について数えきれない利点をもっていたが、しかし他の建築家たちに対してもなお、彼ら自身のもつ利点を、同じ想像力と実際的技能でもってもっとしばしばしっかりととらえ、そしてその趣意書や予算や敷地から、もっと多くの環境的利得を引き出すよう期待すべきなのである。

〔注〕

1　唯一の説明全文は、一九〇九年、アメリカ機械技術者協会で読み上げられた、フェルドマン自身の報告の中にある。(New York Public Library, Bound Pamphlets, VEW pv6, No.12) ただし、設備についてはインゲルスの伝記中にも言及されている。

2　*Architectural Record*, July 1929, pp.19ff.

3　同書　p.23.

4　ピーターズは、ライトを含むノイトラ、シンドラー一派の他のメンバーと共に、後にライトとシンドラーの決定的な不和をひきおこした、一九三一年の博覧会に参与した人々のうちの一人であった。

5　J・R・デヴィッドソンより著者への手紙。

6　メンデルゾーンは明らかに換気設備についても興奮していた。デニス・シャープが引用した彼のウニヴェルスムについての詩を参照せよ。*Modern Architecture and Expressionism*, London, 1966, pp.125-126.

7　しかし照明からの発生熱を、排出空気を用いて光源において除去しようという思慮深いやり方は、ロバート・T・ドーシーがネラ・パークの彼の事務所に、換気用トロッファを試験的に設置した一九五六年まで、待たされたようである（一九六八年ケンブリッジにおけるＩＥＳ会議での彼の報告による）。

8　*Architectural Record*, October 1949, pp.88ff.

9　ビュフォード・L・ピケンズ教授の私信によると、ワルター・スタロックの下でゼネラル・エレクトリック社のチームは、熟慮の結果、蛍光管の長さを標準の一二インチ方形タイルのモデュールに適合させた。

10　*Architectural Forum*, May 1963, p.140.

11　*Architectural Review*, April 1953, p.252.

12　同書

13　同書。

14　*Architectural Forum*, November 1950, p.108.

15　同書。

16　*Architectural Review*, September 1950, pp.152-159.

第十一章　露わされた力（パワー）

見えないように設備を整えたガラスの囲いを達成したことは、明らかに近代建築の主導的な美学的野心の一つを満足させたが、しかしそうすることによって、その最も基本的な道徳的命令の一つ、すなわち機能の正直な表現を侮辱したのであって、そのため一九五〇年代初期の建物や建築評論のうちに、意図における現実的な葛藤を感じとることができる。照明用の電球が電灯そのものとしてはっきり見られることを要求する伝統は、死に絶えたのではなく、実際にアリソンとピーター・スミッソンによって復活させられた。彼らは、友人の技術者のため一九五二年に設計した事務所のインテリアで、声明書的な効果をもつ裸電球を用いた。だから、効果的に設備を隠すことを最初にやりとげた初めての複合建築——国連本部——のひとつで、後の仕事が早速その傾向をくつがえしたという事実もほとんど驚くにあたらない。

事務局タワーの基壇(ポディウム)にある専門別会議室では、頭上の設備は全般に露出したままで強い色彩によって目立たされていて、吊り天井の残骸の骨組のようなもので、せいぜい軽く覆われているにすぎない。これらのインテリアは通常は監理建築事務所の仕事ではなく、インテリアの費用を寄付した国の指名した建築家によるものであった。だがそれは、メッセージを顧慮しないでなされたというのではなく、一九五七年に完成した(ル・コルビュジエの意図していたようにではなかったが)一般会議場の巨大なフォワイエで、ハリソンは空気配分システムのかさばった複雑なダクト工事が天井全体にわたってまる見えになっていることを許した。それは強調されているのでもなく隠されているのでもなく、たんに見えてもかまわないというだけのことであった。

こういう解決法は、たとえばミース・ファン・デル・ローエのように、こういうものを決して提案したことのない人には、あまりにも知的に臨時の間に合わせすぎて興をそそることはないだろうし、スキッドモア、オーウィングス、メリル事務所の現役の設計仲間のようなミースの追随者たちには、あまりにも美的に略式すぎてやはり興をそそることはないだろうということはほぼ確かであった。歴史的には、たぶん二つのうち美的な抵抗感がよりきびしいものであろう——環境的設備(サービス)を露わにした建築は、ダクトや機械プラントがますます大きく複雑になるにつれ、それを隠す場所を見つける困難に対処しなければならなかったと同じ

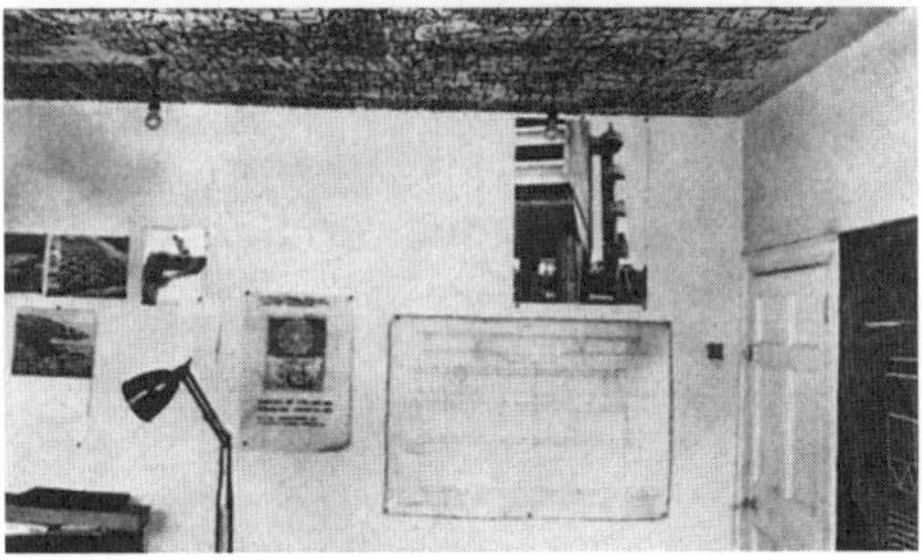

上　国連ビル、信託統治評議会室、一九五二、フィン・ジュール設計。天井に設けられた露出した拡散吹出口と照明器具。
下　事務室内部、ロンドン、一九五二、アリソンとピーター・スミッソン設計。裸電球の復活を示す概景。

ように、美的な好みの変化にも対処しなければならかった。この好みの変化の中では、いつものように、ル・コルビュジエの影響がいちばん大切な探知しやすい要因であった。言及するほど価値のあるような機械設備の建築に対して、彼が直接の貢献をしたわけではないが（一つ次に述べる顕著な例外がある）、彼が平坦で顔のない平面から離れていったことと、かさばった、塑性の、直角をもたぬ形への好みが増したこととは、どちらも、建築的表現のはるかに大き

上　国連ビル、一般会議場フォワイエ、1957、監理建築家ウォレス・K・ハリソン。天井の露出ダクト工事。
下　ユニテ・ダビタシオン、マルセイユ、フランス、1952、ル・コルビュジエ設計。屋上の排気筒。

な自由度を可能にする嗜好の風土と、機械的設備がしばしば表現についての公式実験の原動力あるいは口実を作るような情況とを、創り出す助けとなった。

マルセイユのユニテの屋上にある彼の勇ましい彫刻的な排気筒は、機械設備が建物の表現しうる機能だとする彼のほぼ二十年間にわたる作品の、最初の明白なしるしとしてだけなら、歴史的重要性を認められねばならない。しかし、建物を設計する一般的手法への直接的影響は、実際にはゼロだったこともやはり認められねばならない——そのただ一つのよく知られたあとつぎは、ロウハンプトンにあるロンドン州会の住宅開発における「小さなユニテ」の暖房プラントの煙突であるが、これさえも形を単純にしている。一方、五〇年代半ばの設計競技参加作品と学生の卒業計画とを探せば、もっと多くの例がきっと見つかるだろうし、ロンシャンのノートルダム・デュ・オーの彼のデザインの影響の例がまだもっと多いだろう。この建物は、表面上は設備の建築と何の関係もないが、そのシルエット——量感のあるせり出した屋根の上に立った形式ばらない塔の群れ——は、垂直や水平の設備を収容しなければならない情況に対して、明らかにまた直接に適応しうるようなものだった——一つの例はロンドンのクイーンエリザベス・ホールであるが、これについてはこの章の終りで論じるつもりである。しかしこのこと以上に、最も重要なのはロンシャンが通例の長方形の建築形態の伝統を全壊させたことであった。

ロンシャンに由来するように見え、かつ設備的な用意を表現的に利用しているような計画をいくつか検討してみれば、このことは明らかである。それらは、平面やシルエットは絵画的で不規則だけれども、細部形態は依然として長方形で鋭い稜角をもち、ロンシャンのフリーハンド曲線ではないことがたびたび見出されるだろう。これは、次のことをよく考えてみればもっとはっきりする。すなわち、空気を扱う設備は、その絶大なかさ高さのため、「形態に対する技術的決定因子」といういかがわしい役割のあつらえ向きの候補者になっているわけだが、これが送風機外囲の渦巻曲線は言うに及ばず、段形や台形など極端な特徴的レパートリをもっていながら、しかも「設備の建築」のレパートリの中にはほとんどあらわれたことがない、ということである。環境的機械は形態の決定因子であることからはほど遠く、むしろ実験に対する刺激や口実となる傾向がますます強くなっていったが、その実験はこれら環境的機械の生んだものの解放効果によって可能となったものである。

地方的な気候の束縛から建築を解放するにあたり、機械的な環境管理技法は形態的実験に対する白紙委任状を与えてしまった。たとえば、ガラス張りの長方形厚板様の建物は、多くの気候風土において（環境的に何が耐えられ、何が耐えられないかについて、その土地にうけ入れられている土着の伝統という見地からすれば）、絵画的で不規則なある形式よりはずっと気ままでロマンチックな提案である。ほとんどすべての種類の建築形態を、世界中のどこの地表においても住みうるようにしたため、環境的設備（サービス）は、すべての種類の建物を、たとえどこに出現しようとも、ほんのいささかエキゾチックに見える程度にしてしまった。

だからこの章で最初にとり上げるべき建物が、アルゼンチンのメルロにある敷地のためにミラノで設計され、どちらの場所でも同じように故郷にいるごとく見えるものだっただろうということは、たぶん順序にかなっていよう。それは設備（サービス）の建築の現在相の先触れと見なされるような（純粋に年代記的な）、一群のデザインのうちの一つを形成している。他の二つは、ローマにあるフランコ・アルビニのラ・リナシェンテ百貨店と、フィラデルフィアのルイス・カーンの研究所である。この三つは、全て五〇年代の終りを目指して設計中であったが、ザヌーソのオリヴェッティ＝アルジェンチナの工場は、一九五九年までに最終の形に到達していたので、最初にとりあげて然るべきである。

この工場の一般的着想は、全くありきたりのもの、すなわち連続した上屋をかけた平家建であった。しかし、それは環境制御の実験を容易にするため、必然的に一階構造になっているように思われる――一つの歴史的極点として、全て下側から供給されていたロイヤル・ヴィクトリア病院や、あるいはもう一方の歴史的極点として、全て上側から供給されていたＳＣＳＤのように。ザヌーソの解決法は頭上からのものである。構造的には、高くした幅広い屋根版と、低くした幅狭い屋根版とを交互に組み合わせた手のこんだおおいを作業空間にかぶせ、その高さの差を使って連続した越屋根採光をしている。高いほうの屋根版は、円筒状の桁にのせた横断梁に支持されているが、低いほうの屋根版は、円筒の両側に水平のフィンが効果的につき出た形になっていて、つまり低い屋根版の中に円筒桁が収まっている。全体が鉄筋コンクリートでできており、一つの円筒

オリヴェッティ工場、メルロ、アルゼンチン、1964、マルコ・ザヌーソ設計。
上　工場の空中写真。
下　中空円筒桁の端部を示す近景。

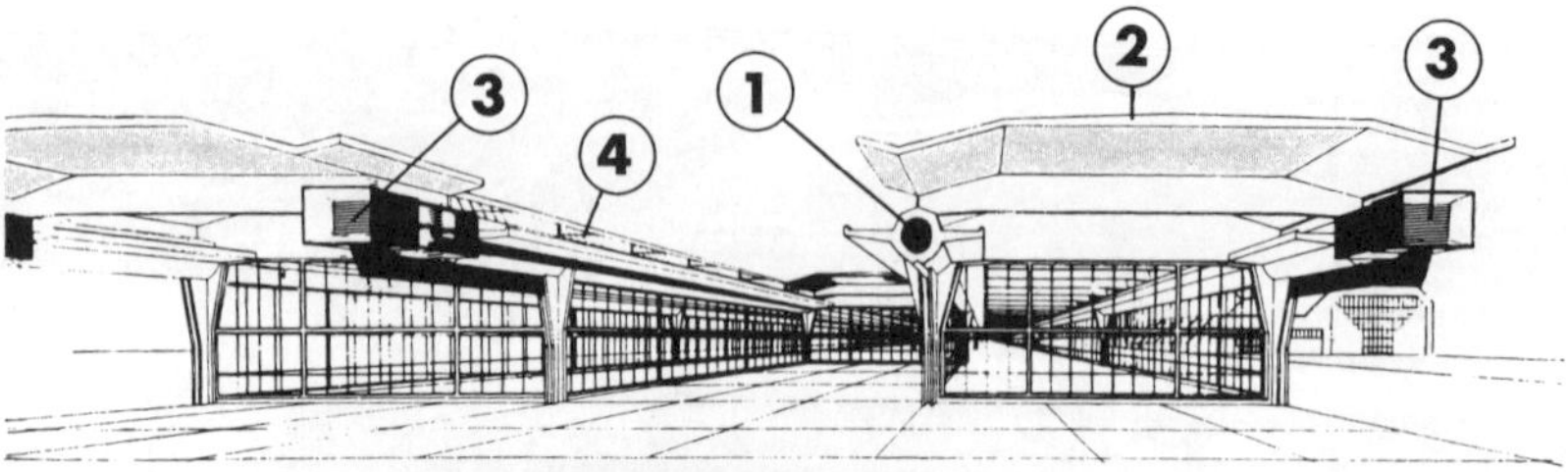

オリヴェッティ工場。
上　構造を示す透視図(カサベラより)。
1　中空コンクリート梁の露出端
2　主屋根構造
3　中空コンクリートダクト端にとりつけた空気調和ユニット
4　越屋根採光。
下　空気調和ユニット。

桁から次までの張間は一二メートルと少しである。円筒桁は、複雑な「ロレーヌ十字」形の断面をもつ柱で一八メートル間隔に支えられ、どの列も末端の柱をこえて最大三メートルの円筒片持梁が出ている。

越屋根は、たんにカーポートや雨除けに使われるところではガラスが入っていないが、全面的に囲いが必要なところではガラスが入っており、周囲は、柱の中心線上でどちらの方向へも一重ガラスの壁で閉ざされている——ということは、側壁に沿う桁の外側についているフィンであれ、妻壁の上の桁端をこえて突き出た高いほうの屋根版であれ、ガラス壁をこえてガラスを保護する何らかの片持構造が常にあることを意味する。このような端部の片持梁のあるところでは、高いほうの屋根版が拡げられて縁と縁とを接し、越屋根をなくして連続した天蓋を形成するようになっている。これは妻壁から日射や雨を遠ざけているが、もっと重要なことには環境的機械作用をも遠ざけるのに役立っているのである。

なぜなら、空気調和の必要なところでは、桁の上に突き出した鋼製枠から吊り下げた露出ユニットを設け、桁の中空部を空気配分用のダクト空間として用いているからである。細長い吹出口は桁の下面のところどころにあけられており、その下には大部分の配管や配線管などが同じように吊り下げられていて、空調器への返り空気は、柱の中央のウェブを貫通して現われ、空調器ユニットの下側へ上向きに曲って入る露出ダクトで送られる。ちょうど舷外モーターで舟の推進力を与えるようなやり方で、建物に環境的力（パワー）を与えるというこの古くさい「クリップ留め」の解決法は、空調ユニットを直接見られるように、また補修のため接近できるようにするばかりでなく、深遠な知的および道徳的要求をも満足するように思われる。その要求とは、恒久的だと思われている構造と、一時的にと望まれている設備（サービス）との間の違いを見ることができ、この違いが表現的になっているのを見ることができるということである。建物がサービスをうけており、サービスされているのが明白に見られる。たとえ細部において、見えるものの全てが建築家のデザインではないとしても、サービスしているという事実が建築家の支配下にあることが、見られるのである。

カーンのデザインもアルビニのデザインも、この率直さと満足を与える明瞭さとをもっていない。ザヌーソは、誰でも工場を設計する人に得られる伝統的な役得を楽しんだ

——こういう建物は今でもまじめな代表的建築と思われてはいないし、それゆえ文化的な束縛もそれほどきびしくない。アルビニの場合、文化的な束縛は——彼の世代のミラノ人には——ほとんど圧倒的であっただろう。彼は、大多数のイタリア建築家の歴史的神経がほとんど完全に衰えていたとき（新自由主義（ネオリバティ）のノスタルジアの時代だった）、歴史でいかれているローマの雰囲気の中で、特に目立つ敷地の建物を設計していたのだ。

リナシェンテ百貨店の基本計画は、ごく単純なものである——売場空間を囲う窓のない多階の箱で、島のような独立した敷地に立ち、ほとんど全部の外壁面が設備（サービス）の発展のために利用されている。しかしこの単純な計画の実現は、設計が最初のものから最終的な表現へと進むにつれ、だんだん複雑になっていった。頭でっかちのシルエットと屋上駐車場、大胆に露出した鋼構造枠組とよく目立つ外部階段をもつ最初の案は、初期の工業プラントから、あるいは、フェロ・アトキンソンによれば、未来派の思い出［注1］からのインスピレーションを暗示している。この初めのインスピレーションを、先在雰囲気の要求と想像されるものに合わせようと操作した結果、その溢れる豊かさが古典的なシルエットにまで縮んでしまったが、それには直接そのあたりに先例がある——サラリア街のごく近くにある六階建のアパートメントである。

それゆえアルビニが最終的に「歴史的舞台装置のための技術的建物」として提案したのは、緩勾配の屋根と、凝った念入りの露出した鋼製枠組に作り直した古典的細部をもつ、十九世紀のパラッツォのようなものになった。骨組の間を埋める壁は、まだらに現われた赤い骨材をもつプレキャストコンクリートでできている（各階高の半ばほどに一本の白い線が入っている）。この充填パネルは平板ではなく、幅広い波形（そのひだには三フィート幅のものもある）があって、その突出部は屋根の下のプラント室から下階へ降りてくる空気ダクトや配管などの設備を収容するようになっている。典型的な空気調和用ダクトは、供給しようとする階の一つ上の床版の高さまで下りてきて、そこで、突き出た鋼製の蛇腹のうしろを通って建物の内側に曲がりこみ、蛇腹の下で「フリーズ」を形造っている一対の梁の上を過ぎ、平面の周縁にそって走る環状ダクトに供給するため下向きに曲がっている。そこから空気は天井のレジスタを通って下向きに分配されるのだが、この室内計画は、

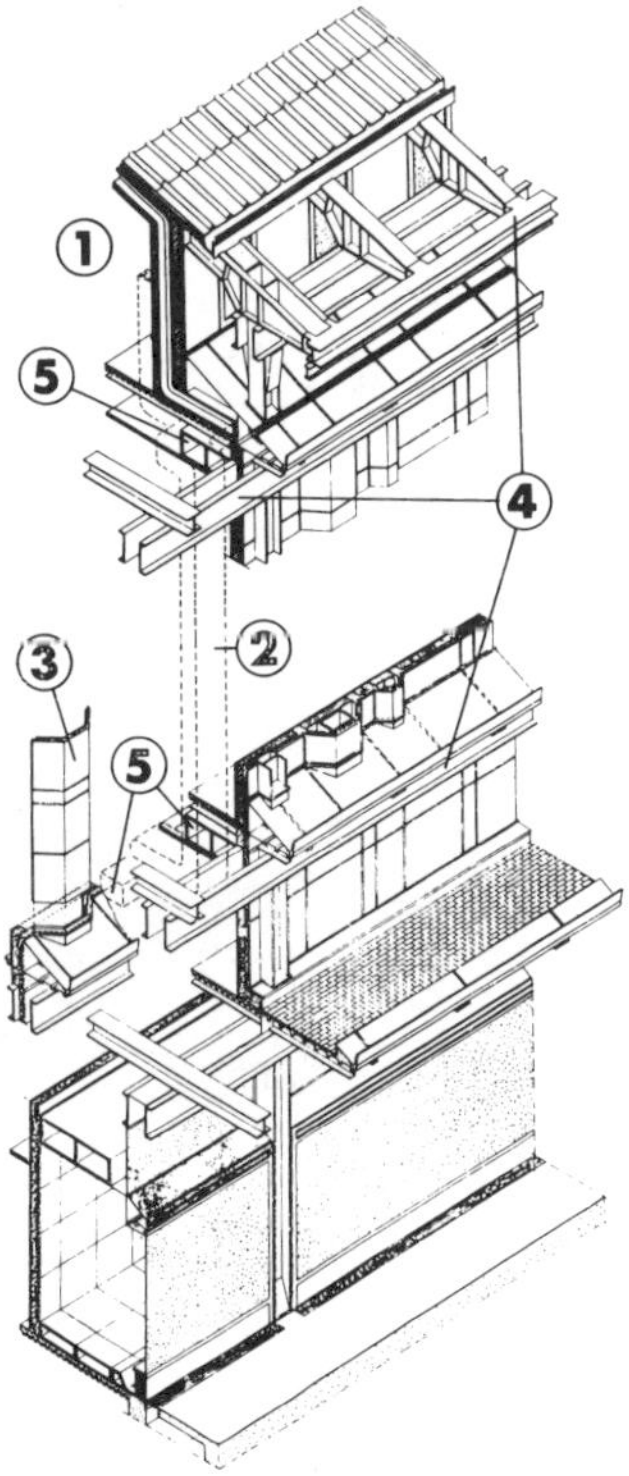

ラ・リナシェンテ百貨店、ローマ、1961、アルビニとヘルグ設計。
左　隅角部詳細。
右　外壁のダクトやサービスの配置を見せる断面見取図（カサベラより）。

1　屋根裏のプラント室
2　立てダクト
3　プレキャスト外壁
4　鋼製外構
5　売場への配分ダクト。

ラ・リナシェンテ百貨店。
上　全景。
下　壁詳細。

不運なことに、アルビニのデザインではない。

ダクトが建物の内側に曲がりこんでからは、蛇腹の下のプレキャスト壁にはダクトの収納部は不要になり、したがってそれを容れていた波形は消されてしまう。こうして、最上階の壁にはいちばん豊富に波形がつけられているが、一階にはほとんどそういう突出がない。ここには一つの皮肉がある。というのは、この直前の数年間のたくさんの空想的な計画が、下へ行くほど細くなり外部に露出しているダクト工事のシステムを、表現主義者の劇的に頭でっかちなシルエットに対する口実にしていたのに、ほとんどただ一つ建てられた、この種のサービス方式をもつ建物であるラ・リナシェンテは、サービス方式をあまりに固苦しい、そのくせ臆病な、古典化された型に押し込めたので、ほとんどそれと気がつかないほどになっているのである。

これは疑いなく残念至極、なぜならラ・リナシェンテは当然受けるべき量と型の論議をうけたことがないからである。概念的には、これは二重の役割において環境的に性能する建物の外被の、非常に明瞭なデモンストレーションとして重要である。すなわち、受動的には外気候の侵入または内気候の損失に対する静的な防壁として、能動的には調和空気と環境的力(パワー)の配分器としての役割である。しかしこういう巧みさは、現地でその建物に直面している注意深い観察者にはどれほどよく見えても、建築の論文があまりにしばしば基礎とする図像の表現には現われてこない。設備(サービス)は一階床高までは下りてこないため、一階平面図には外壁の波形は描かれていない。そのため、何人かの建築家がまじめな注意を向けるであろう唯一の文献にもそれは脱落しており、また並みの雑誌の写真やカラースライドにもそれを見せるように強調されることはなく、代りに歴史的に臆病なシルエットが強調される傾向にある。

リチャーズ記念研究所はそうではない。ここでは、ルイス・カーンの環境サービス設備に対する明白な用意は、平面にも立面にも直接顕著なプロフィルを与え、同じように直接理解され称賛されたのである。近年の建物では、これほど古い計画法の基礎の上に、これほど新奇な様相を見せたものはなかった――『ラルキテットゥラ』が、ラ・リナシェンテのためでなく、これのために「技術的懐古趣味(アルカイスモ・テクノロジコ)」という言葉を作り出したことは注目に値する[注2]。カーンのデザインは、ますますさし迫ったものとなりつつある問題――科学的な仕事の場に対する適当なサービス――に対

リチャーズ記念研究所、ペンシルベニア州
フィラデルフィア、1961、
ルイス・カーン設計。
上　空気取入用上向きダクト。
下　研究棟側面。

して、即座に理解しうるような解決法（すなわちある程度すでに馴れ親しんでいるもの）を提供した。敷地の制約――ペンシルベニア大学の医学部と動物学の建物と植物園との間――が、群立する塔の形を選ぶように強いたと想像されるが、この敷地のユニークさにもかかわらず、この解決法は普遍的で一般的であるととられ、模倣があまりに即時に普及したので、コリン・セントジョン・ウィルソンは「《召使い空間》は来たるべき装飾の形なのだろうか」（パースペクタ・VII）と尋ねなければならなかった。そしてそのデザインへの尊敬があまりに深くかつ不合理なので、崇拝者の幾人かは、デザインの欠陥が気にいっていると表明し、その建築的な価値の最終的な証拠として「役に立たない」という事実を主張するようになるだろう。

疑いもなくこのおおげさな反応は、合衆国の建築の技術と、批評であれ教育であれ、それが習慣的に論議される文化的な文脈との間の不安な関係に根ざしている。永遠の芸術であるとする建築の概念と、配管やダクト工事や配線が一時的なものと見なされる事実とは、しばしばうまく調和しない。このゆえにル・コルビュジエは、配管をうまく処理しなくてもよいルドゥーの幸運に文句を言い、また多分このゆえにカーンは、研究所のデザインを絶望的に説明している。

私はダクトが好きでないし、配管も好きでない。私は本当にそれらが徹底的に嫌いだが、私は徹底的に憎めばこそ、それらには場所が与えられなければならないと感じる。もし私がちょっとだけ嫌って注意をはらわなかったら、それらは建物に侵入してきて完全に破壊してしまうだろうと思う[注3]。

一方、建築家でない人は、この種の建物への投下資本の半分以上に対して、こうも徹底して共感をもたない男に、そのデザインを委託すべきだということが、どうしてありうるのかと不思議に思うにちがいないが、彼の共感の欠如の結果は素直にわかる。そんなに嫌いな配管やダクトが彼の建物を全滅させるのを止めるため、カーンは、彼が「建物」だと考えていたと思われるボリュームの外側に、それらの居場所を与えた。研究室空間（おそらく「建物」であろう）は、一辺四五フィートの正方形平面をもつ短い（七階建）塔の、いろいろに区分された各床を占める。いくつかの相に分けられたデザインの、最初の一つを形成する三本の研究塔は、補助空間のためのやや高くてほとんどガラスのなリチャーズ研究所。
第一期部分の配置模式図。
1　階段塔
2　設備塔
3　空気取入口
4　中央サービス棟
5　研究室塔。

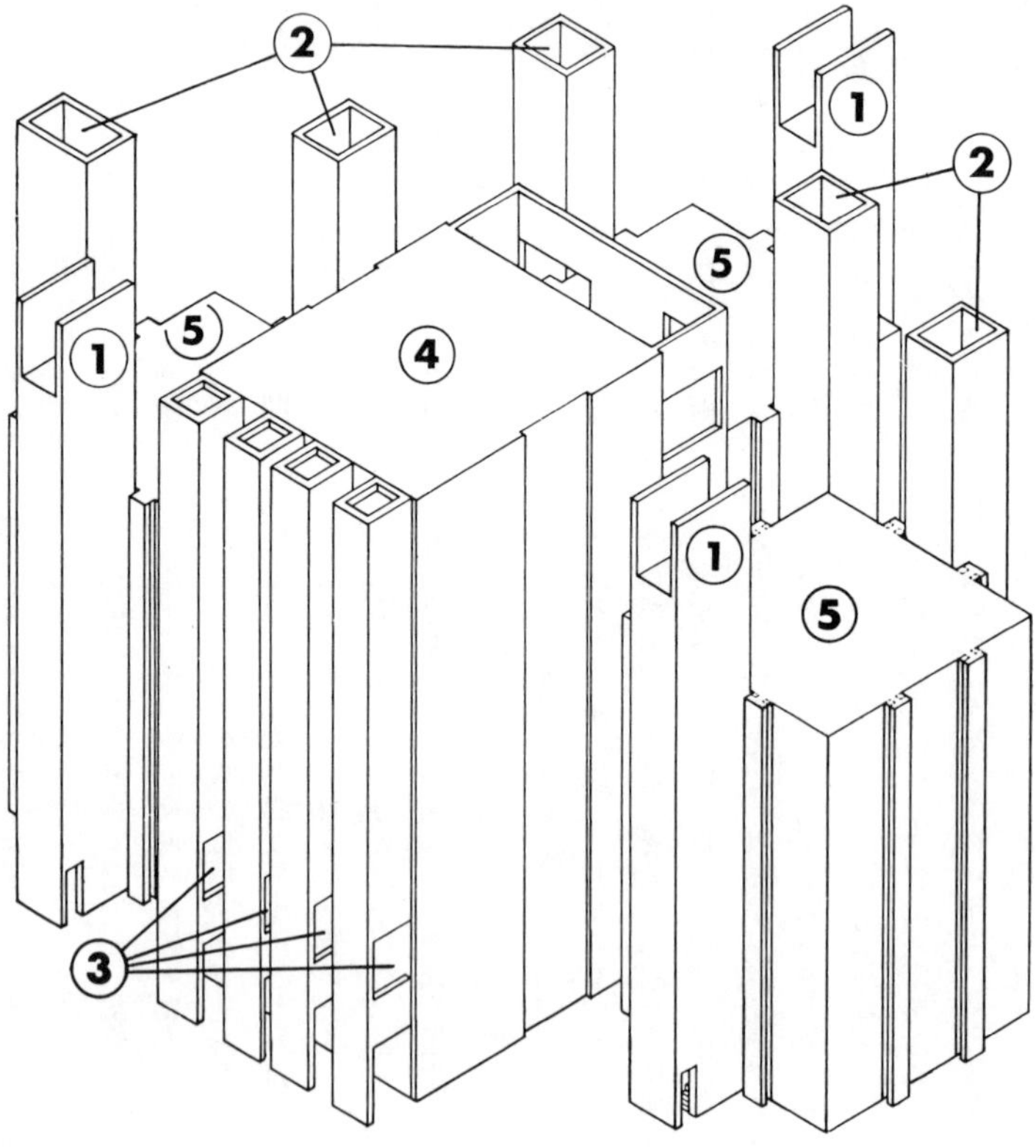

い中心塔の周囲に集められている。

換気用空気は中心塔のうしろに突出した四本の上向きダクトに入り（ちょうどラーキン・ビルディングの場合を逆にしたように）、頂部のプラント室へ引き上げられる。そこから調和空気は、中心塔の中に見えないように埋め込まれた二本のかさばった配分用立てダクトへ吹き下ろされ、作業空間へ吹き込む。汚れた空気は他の廃棄物と一緒に、研究塔の外側の中央にある窓のない煉瓦の小塔を通って引き出される。さて、機械設備(サービス)のいくらかは中心塔にもあるのだから、一般に信じられているように、その全部がこれら外部の小塔にあるのではないことが理解されるだろう。さらに、外部の目に見える「召使い空間」の小塔のすべてが設備(サービス)を収めているのではなく、各研究室塔につき一つは非常階段を収めている。初期のデザインの構想では、非常階段は円柱塔に入っていて、横筋のある四角い設備塔と形のうえで強い対照をなしていたが、最終的な形では、階段も設備も同じようにほとんど同形の四角い煉瓦の小塔に収納された。

そしてこの建物が強い印象で眼にうつるとおり、窓のない召使いの塔に囲まれたガラス張りのサービスされる塔からできていて、ほとんどボーザールの単純さと生硬さをもつ方策(パルティ)である。実効的には、カーンがやったことは、彼の憎んだ全ての設備(サービス)を忘れうるよう、「建物」の平面の外へ出すために、これらを入れる記念碑的な戸棚を研究室用としてしつらえたということである。これらの配管やダクトを外へ出しておくことができないところ、すなわちそのサービスを分配するために、それらが作業空間へ入りこんでくるところで、彼は同じやり方できちんと片付けることができないという困難にでくわしたが、それでも普通の常識的な方法で片付けたくはなかった。彼は下側に吊り天井をつけないで、床を支えるコンクリートトラスの部材の間にその設備を通すことを提案した。これは、彼がなお正直に彼の問題と取り組もうと試みていたことを示す。しかしこういう解決法が、研究室の使用者に気にいられるはずはなかった。彼らの通常の美的期待の中に、平らな天井が含まれていたというだけでなく、音響的なプライバシーや絶対的な清浄度に対する要求は、埃払いのできないむき出しのコンクリートトラス工事とは、合致させることができなかった。

しかしながら、こういうことは両者にとっていかに苦しいことであろうとも、純然たる局所的苦難であった。このデザインの世界的な重要性は、その外観と、設備（サービス）のさし迫った問題を造形と平面のありきたりの用語で論議できるようにしたその方法とのみに関係があった。歴史的には、仕上がった建物の機能的および環境的な質とその概念の不発（アーサー・ドレクスラーいわく、「もちろん研究室は堅固な煉瓦壁であるべきだったし、設備（サービス）塔は近づきやすさと取替えの点から軽量ガラス構造であるべきだった」）――歴史的には、これらのことは、問題に対して当座の解決を与えたことや、その問題を慣習的な建築的方法の範囲内にもちこんだことについての、全体の複合体の効果にくらべたら、取るに足らぬものとなるだろう――それはペーター・ベーレンスが一九〇八年に彼の「タービン工場」において、工場デザインについて行ったこと以上だったから。

　フィラデルフィア研究所から引き出された方法のあまりにも多数が、コリン・セントジョン・ウィルソンの危惧したように、全くの装飾で文字どおり空っぽでさえある。――公表された計画や競技設計の応募作品の、突き出た「召使い空間」は、しばしば階段さえも容れていないただの外壁の偽足であることを示している。カーンのデザインが、実際に研究所の建物として役立つことができたかどうかをもう一度見るため、止むを得ずそのデザインまで後もどりし、これを通して仕事をすべきだと考えた建築家さえほとんどいなかった。コーネル大学の農耕学研究室塔のためのウルリッヒ・フランツェンの計画は、見直す価値のある唯一の公表作であるだけでなく、実際にも唯一の公表作である。ハンガリーのデブレッツェンにあるゾルターン・グヤーシュと、イェノ・センドロイによる製薬工場の設計のなかの、明らかに同様な問題に対する明らかに同様な解決法は、見たところカーンに負うところが多いけれども、目に見える召使い塔の中には階段だけしか入っていない。空気ダクトのための立てシャフトは、床平面に対して名ばかり外へ出されてはいるが、外囲の渦巻の中にすっかり埋め込まれていて見えないのである。

　そしてこの逆説的な建物には、まだもう一つの歴史的結果がある。それは、ただたんに建てられるということだけで、言ってみれば、先に参照した学生の計画や、忘れられた設計競技応募作品の、あの地下世界に漂っていた露出設備（サービス）に関する数多くの思いつきを正統なものとしたことであった。これらの思いつきのいくらかは、この章の標準か

上右　農耕学研究室、コーネル大学、ニューヨーク、1965年案、ウルリッヒ・フランツェン設計。外観。
上左および中　製薬工場（案）デブレツェン、ハンガリー、1962、グヤーシュとセンドロイ設計。二つの外観。
下　シェフィールド大学拡張計画（競技設計案）、1953、アリソンとピーター・スミッソン設計。サービス塔を示す詳細。

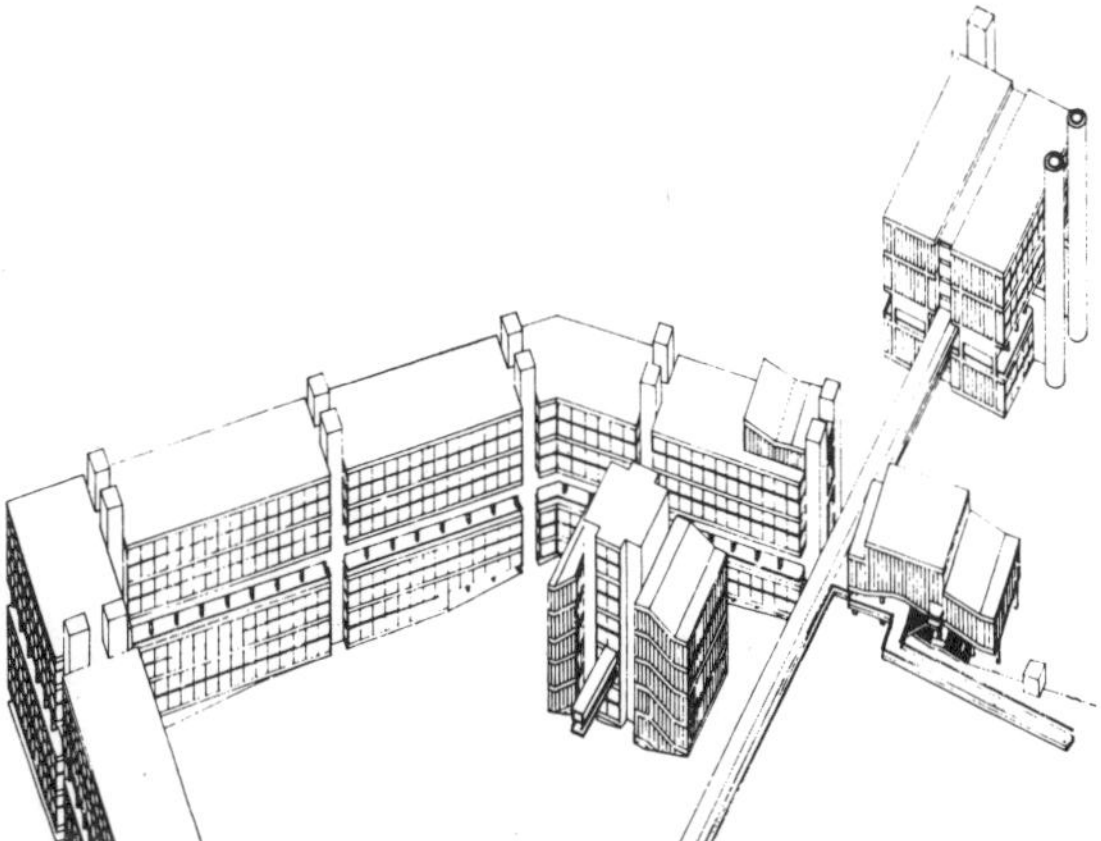

らすればかなり古くさいものである。早くも一九五三年には、リチャーズ研究所の建築らしきものが、アリソンとピーター・スミッソンによって、シェフィールド大学の競技設計において先鞭をつけられていた。事実、この計画はさらに進んでいたのだ。それは召使い塔の側面に立つ、少なくとも一つのガラス張りの塔を提案しているだけでなく、配管と人間とが建物から建物へと移動するため、上段は配管、下段は人間と、二段になったダクト通路として水平方向の外部設備(サービス)の概念をも発展させている。この計画はすでに一九五六年には公表されていたが、カーンに何かの影響を及ぼしたらしいところはない。そして、彼がフィラデルフィア研究所の仕事をしていた時までに、イギリスの地下の流れは進行して、マイケル・ウェブのうまく宣伝された学生作品「家具工業本部の建物」によって例証されるようなところまできていた。それは、人やダクトやその他のサービスを容れるものかそうでないかわからないが、外部にある円管でつながれ、露出した枠に吊り下げられた一連の自由な形のカプセルのように見えるものである。

この章が書かれている現在、未来主義的かつ機械主義的な夢をもつイギリスの地下の流れは、雑誌『アーキグラム』の名声のゆえに国際的な論評の材料となっている。この雑誌やこれに関連した発表物を作っているグループには、上記のマイケル・ウェブや、次に議論するはずの建物の、実力あるデザイナーたちも入っている。もっともこのデザインは、彼らの『アーキグラム』同人となる前ではあるが。実際、ロンドンのサウスバンクに建つクイーンエリザベス・ホールの複合建築は、『アーキグラム』の縁故が存在しなかったとしても、おそらく今あると同じに見えただろう。

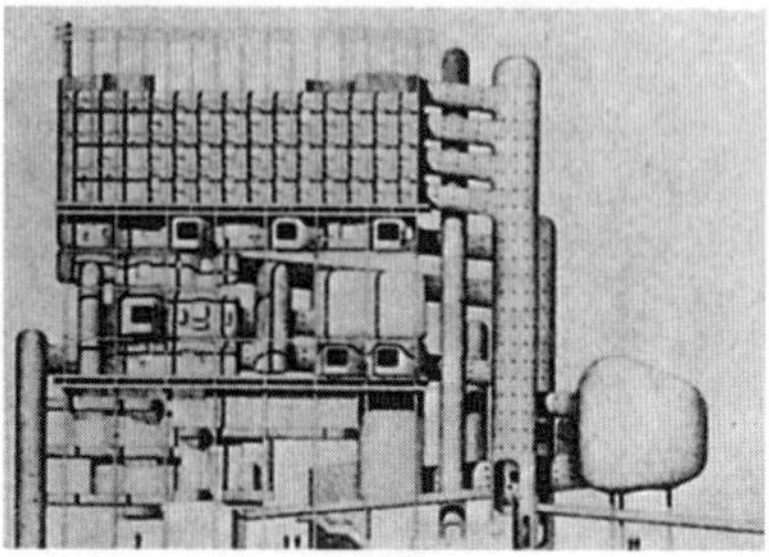
家具工業本部(学生作品)、1960、マイケル・ウェブ設計。立面図。

それは一九六〇年代初期に、ＬＣＣ（ロンドン州会）建築家局特別作業課の設計チームによって設計され、市の議定書では、その設計の栄誉が、州会の建築家ヒューバート・ベネットから「計画のグループリーダー」であったノーマン・エンジェルバックにいたる階級組織に、配分されることを要求している。しかし「本当のデザイナー」（都合のよいルーズな言葉だ）は、ロン・ヘロンとウォレン・チョークと、後にはデニス・クロンプトン——三人とも『アーキグラム』の最も活動的な夢想家となる——であったことは広く知られている。

この複合建築のコンサートホール部分が完成した一九六七年には、それまでによく知られていた『アーキグラム』の「差込み式（プラグイン）」美学の諸徴候について、当然ながら相当綿密に十分な精査がなされたが、それに反し、数年前にこの模型が公表された時には、外部の打放しコンクリートの使用といったような、いわゆるコルビュジエ風と称される要素に注意が集中したのであった。本当は、コルビュジエ風要素とプラグイン要素とは、一つになって現われるもので、同一物だということができよう。すなわち、主な設備ダクトの外部配置から建物に生まれるシルエットである。そのシルエットは、ありふれた日常的な語意での「ロマンチック」なものであり、デザインの全体的な外観の表現は、明らかに、カーンの研究所の図式的明快さをも、またラ・リナシェンテの形になる前の簡潔さをも欠いている。

その建築群は四つの主要部分からなる——二つの演奏室、両者のための一つのフォワイエ、およびその三つに奉仕するプラント室である。見た目には、最初これらの部分を見分けるのは非常にむずかしい。それらは、絵画的な意図と、配管やダクト（および設備（サービス）一般）に対して、カーンやアルビニよりはもっとずっとくつろいだ態度とを示すやり方で、混合され重ね合わされている。このより快適な技術的な構え（ならびに親組織の中にいる知的な技術者たちの支持と）を得て、建築家たちは、二つのことを果たすであろう建築的解決を提示することができた。その二つとは、内部的機能の苛酷な環境的要求を満たすことと、それを満たすために必要な用意から建築を創り出すこととである。こうして、自由な形のフォワイエは、大部分ガラス張りの周壁をもつのに対し、事実上互いに直角位置にあってきちんと納まっている二つの演奏室は、その一五インチ厚の密実なコンクリート壁から最大限の遮音性能をひき出した

クイーンエリザベス・ホール（サウスバンク・アートセンター）、ロンドン、1967、ロンドン州会（後に大ロンドン市会）建築家局設計。
上　全景、上部右よりに機械室。
下右　プレナム供給ダクト。
下左　外部に突出したダクト外箱。

め、全面的に窓のない外観になっている。

演奏室は最少数の扉開口があるだけの閉じた箱なので、完全に人工的な空気管理をしなければならない。これは、独立した柱構造の上にのっかって小さいほうの演奏室にまたがった、機械室から供給される。空気取入口のグリルと上向きの排気口は、機械室の外観に著しい特徴を与え、調和空気のためのダクトも同様である――もっとも実際に外から見えるのは、これら取入口やダクトその他を収めたコンクリートの外箱だけなのだが。このような外箱の一つは、機械室の上部を巨大な軒蛇腹のようにとりまいて、小さいほうの演奏室からの排出ダクトを納めており、その分岐ダクトがちょうどリナシェンテ百貨店のように外壁に波型をつけている。二番目の大きいほうのダクトは、二つの演奏室の間に橋をかけ、大演奏室の上部を向う側まで横切って、そこで分かれてやはり軒蛇腹のような外箱に入って演奏室の全周をとりまいている。

三番目のよく目立つ分配用立てダクトは、機械室の頂部から取り出されて、そこからフォワイエとの間に架る空中の橋となり、次に下向きに曲がって、フォワイエの内壁上部を大部分とりまいて走るかなり大きなダクト外箱の上につながるが、これは建物群のうちのこの部分の換気をするプレナム・システムに空気を分配するためである。二つの演奏室の、座席の下の排気口からの返りダクトの大部分は、建物の大容量の中に自然に埋まってしまい、同じように外から認めることは困難だろうけれども、主たる一次空気分配がこれほどレトリカルに表明されている公共建築はほとんどありえない。

「修辞的に（レトリカル）」という言葉は熟慮のうえで使っているので、なぜなら、明らさまにすること自身の中に、象徴主義の大きな要素があるからである。外部から見える外箱は（通常はその上品な現場打ちの打ち放しコンクリートによって、プレキャストのパネルで覆われた居住部と区別される）、事実、まさに動く空気を収納しているのではあるが、外から見えるものが、必然的にその空気の通っているダクトの形のままだと、通常はとるべきでなかろう。最も普通には、見える形のコンクリート工事は、その中の金属ダクトの本当の形のおおよその感じだけを与えるもので、たいていの場合その内側はごくゆったり合わせてあって、保守工が這って通る余地のあるものなのだ。それでもなお、一般的な外形はかなり直接にその中の空気の流れという事実にな

クイーンエリザベス・ホール
上　空気調和プラント室見取図。
1　新鮮空気室
2　主オーディトリウム QEH のための分離外気供給
3　フォワイエのプレナムシステムのための空気供給
4　パーセル・ルーム用空気供給
5　プラント室用空気供給
6　QEH への主スプリッタ・ダクト
7　フォワイエへの下り
8　パーセル・ルーム供給、
プラント室を横切り下の天井へ
9　QEH 排気
10　QEH 再循環
11　パーセル・ルーム排気
12　プラント室排気。

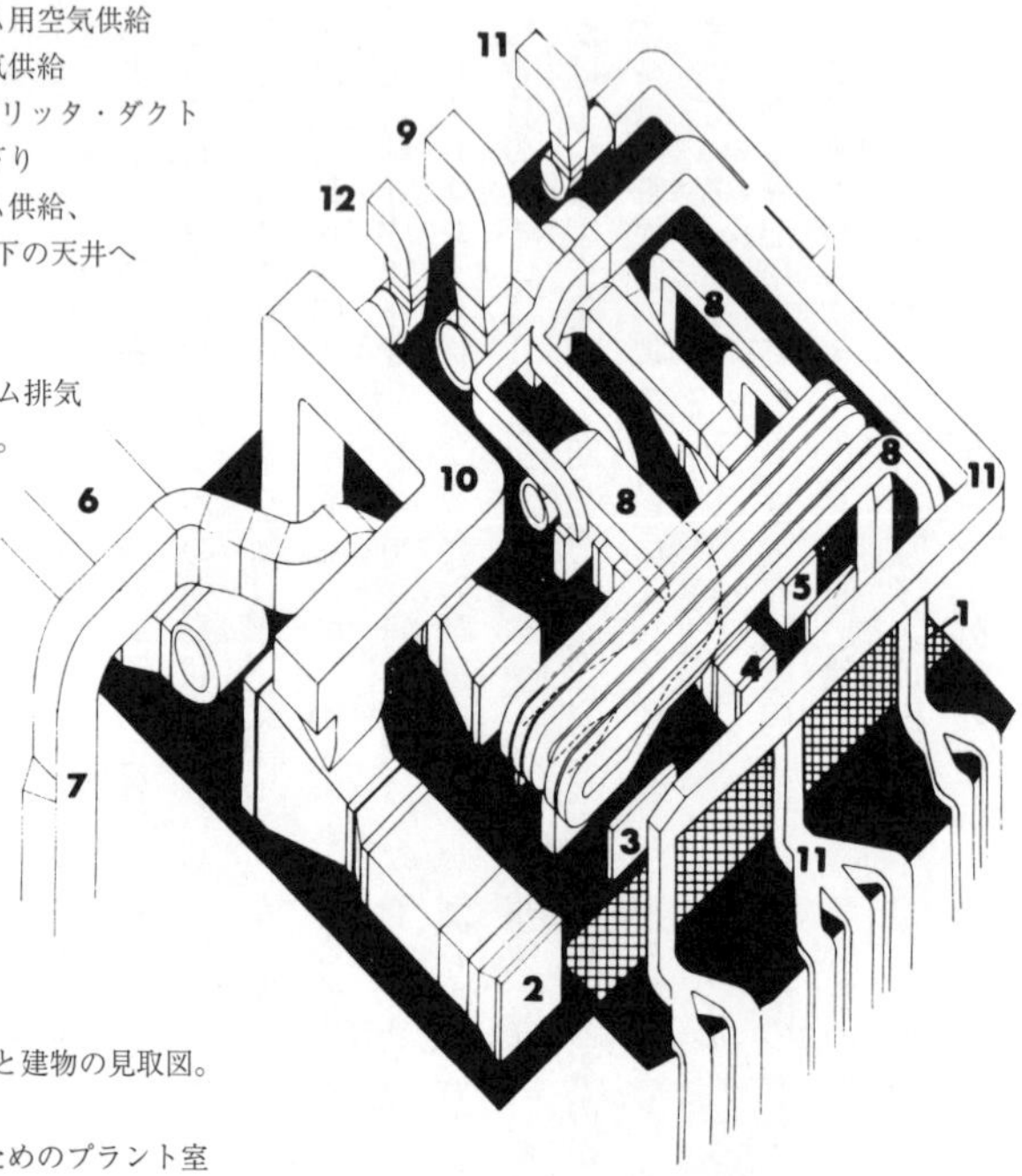

下　全換気システムと建物の見取図。
1　主入口
2　バーと入口部のためのプラント室
3　フォワイエ屋根
4　プレナム供給ダクトの外箱
5　QEH の後壁
6　主スプリッタ・ダクト
7　QEH オーディトリウムの空間
8　主オーディトリウムへの分配ダクト
9　プラント室
10　パーセル・ルームの後壁。

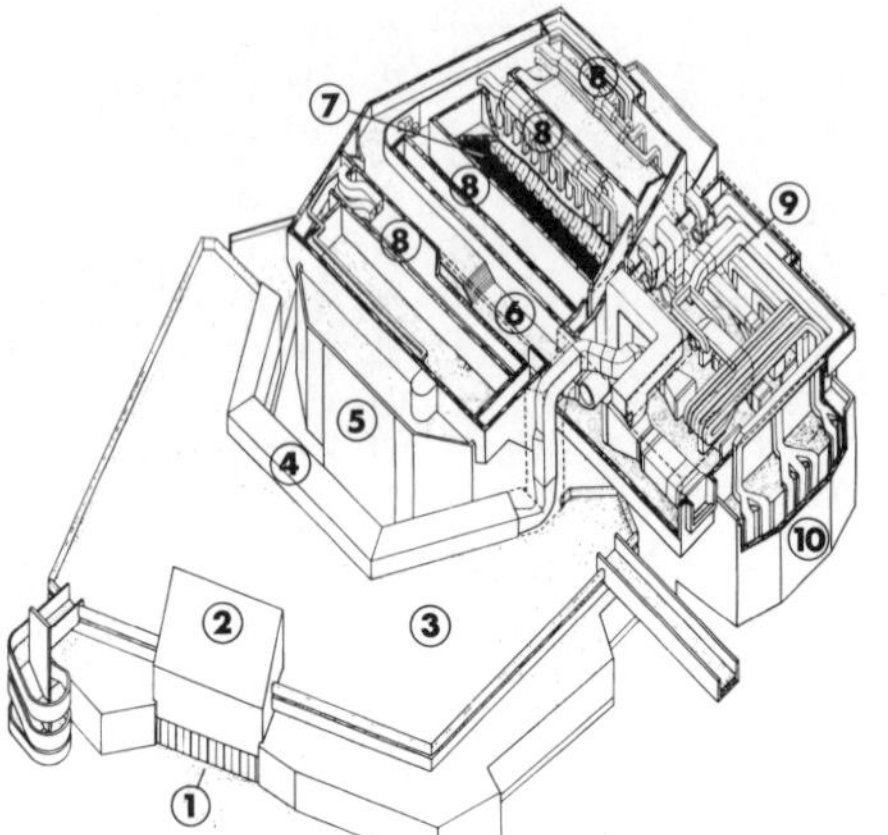

クイーンエリザベス・ホール。
二つとも主演奏室の内部で、天井の
空気吹出しダクトを示す。

らうものである。

調和された空気は、たとえば大きいほうの演奏室でいえば、天井を横切って並んだ吹出し口から吹き出してくるが、その吹出し口は、ダクトを収めている上部の通廊に対応したコンクリートパネルに取り付けられている。その吹出し口は、換気をしていることが明らかに見られるよう、ホールの後方に向いた非常によくわかる換気用エルボの形をしている。一方、巧妙なローラー・シャッターのシステムによって、ステージの後壁にある拡散用グリルが、いろいろな公演のタイプにあわせてステージと共に上下できるようになっている。ステージ部の照明もまた明白な視覚的手段によってなされ、ステージの上方全体を横切る角材にのせたスタジオ型のランプでできている。これはきどってそうしているのではなく、ステージをテレビスタジオとして使用できるようにしているからなのだが、視覚的な全価値は、この水準の照明が備えられねばならぬという事実から引き出されていたのである。

イギリスの批評家たちが、基本的な良識にもかかわらず、このような取扱い方を「ひねくれた」もののように――内部についてよりもなおいっそう外部のほうが多いが――書いているのを見ると、建築的な論説の一般的主体が、「設備(サービス)の建築」と折合いがつくにいたるには、どれほど遠いかがわかる。このことは、建物が「役に立つ」かどうかとは必ずしも関係がない――批評家たちは、初期のころの環境的な障害については、当惑のため寛大な傾向があったのである。そのころには、重厚なコンクリート構造を暖めるのにたいへん長い時間を要し、その露出した表面は、手に余る下向きドラフトなどの障害を起こしたのだが、これは冷たいコンクリート露出面の少ないオーディトリウムでは起こらなかっただろうし、どんな新しいオーディトリウムにもまき起こる音響上の例の論争も起こらなかっただろうが、しかしこのような音響的および環境的性能の考慮は、建物についてのどのような決定的判断にも入っていなければならない。ここで問題となっているのは、全く違ったやり方で問題の解決にとりかかった建物に、視察にもとづく期待と組合わされて、ただ視察することのみの基礎にたって、決定的判断を下そうという傾向である。現在のわれわれの経験と期待の大部分は、全面的に機械的環境を展開しているのではない建物(こういった装置はまだ稀なので)に由来しているために、われわれはまだこれらに対して自信のある判決を申しわたす立場にはいない。それらは建築史上先例のない、環境管理における革命の産物であり、その革命はあまりに最近のことなので、まだ十分に吸収されていないないし理解されてもいない。また次章で示されるように、なお思いがけない可能性を生じつつある革命なのである。

〔注〕

1 *Architectural Review*, October 1962, p.270.

2 *l'Architettura*, October 1960, p.410.

3 *World Architecture 1*, London, 1964, p.35.

第十二章　方法の範囲

これまでの章のなかで素描してきた前例のない歴史は、二通りに要約できる。構造という底荷からの建築の最終的な解放として、または機械的設備（サービス）という突き上げに対する全面的な屈従としてである。この情勢の解釈は二つとも、だいたい子供くさい誤信のために広く流布されているが、その誤信とは、建築が必然的に機能と形態とに分かちうるものであり、芸術の機械的な部分と文化的な部分とは、本質的に対立するものだという考えである。この区別が、やはりまた建築家の世代間の分裂を典型化している——今日および二十世紀をさかのぼって、ひとりの建築家が「大人になり」成功したというしるしは、黙々としてか、鳴物入りでか、進歩した科学を応用することから象徴的価値や文化的演技を引き出す試みを、放棄したということであった。——ル・コルビュジエはその試みを一九三三年ごろに放棄したが、『アーキグラム』の同人は今も試みている。実際彼らは『アーキグラム7』の終りでおどしをかけた。

……『アーキグラム8』の中には建物はいっさいないかもしれない。

このように、記念碑的な構築物への再保証や心理的支持を進んで放棄するのは、稀なことである——たとえばこの一般則の顕著な例外はバックミンスター・フラーであって、彼が「シェルター産業」と呼んでいたものにおける正味の量（マス）に対して、いつも敵意を表明していた。今ではフラーはその産業の長老市民の一人であるけれども、彼の出生が一八九五年だということは、彼が、家庭用電灯の導入と産業用空気調和の導入とのちょうど真中にあった世界に登場したことを意味する。その時代の熱心な子供の一人として、彼はこの二つの画期的な革新が変容させてしまった世界に、いつも我が家のように気楽にしていたのだ。

建築職というものは（フラーは「仲間になれば叩きのめすわけにゆかぬ」というわけでその名誉会員の一人にすぎないが）、人間的活動の連続体としては、その時代の嫡子ではない。意識的な知的訓練としてのその伝統は、イタリアのルネッサンスまでさかのぼるし、実技としては、ほとんど人類文化の夜明けまでさかのぼるものである。二千年以上も建っている建造物を称賛するよう教えこまれ、社会的習慣によって世紀を超える設計を要求されたあげく、建築職は、その心を変えその態度を再び明確にしなおすのに、重々しくゆっくりしてきたのであって、技術革新に直面したとき、他の技能や訓練が苦もなく切りぬけているのに、それはより大きな革命の陣痛の中で自分自身を信じこむ傾向があった。この違いを実証するには、ポール・ヴァレリーの、建築家ユウパリノス（同名の彼のプラトニックな対話から）と船大工トリドンとの間の対比を思い出すとよい。前者は、彼の天職において、割り当てられた仕事を果たす正しい方法と、公認された方法を展開することとに心を奪われていて、実務的決定のたびごとに哲学的問題を見出しているように思われる。他方、トリドンは、それが造船の伝統の一部であろうとなかろうと、都合よく手に入った技術なら何でも適用し、哲学者の話を、実用的な問題の直接解決法に対する先々の教訓として扱ったのである。

たんに歴史的な吟味として、造船と建築とに起こったことに対して同様な比較を用いてみると、近代的技術の出現以来、一七八三年の蒸気船から今日の進歩したホーバークラフトまで、絶え間ない革新と拡大する方法の選択の過程があるのに比較して、学校で教わる建築は、グラスファイバー製の船体とアルミニウム製のマストと、その他改良された構造材料をもつ洗練されたヨット――非常の際に（大困惑の状態で）用いる舷外モーターもあるが――に類似した状態までやっと到達したことがわかる。もし航海法としてこのほかに可能性がないということであれば、われわれはこのような美しいボートを芸術と技術の統合として評価しただろう。しかしそれはまさにその統合というわけではなく、ただ統合のうちの一つにすぎない。なぜというに、形の美しい進んだ飛行艇や、動きを見れば感嘆せずにおれぬ水中翼船や、浅海でも手ごろで安全な空気クッション船や、ヨットの行けない所、あるいは行けてもどうすることもできない所へ行くことのできる全種類の水中船などがあるからである。

さて、次のような議論がでるかもしれない。陸上での条件は、海上ほど極端なものではないと、そして大洋の激浪を乗り切らねばならぬ船舶の設計にははっきり現われている不断の革新と同種のものに建築家を駆り立てるような、同じ物理的生存への厳しい強要は存在しないと。このような論議は――建築を擁護する際にしばしば進展した種類の論議なのだが――、一つの衝撃的事実を無視している。その事実とは、建築の学校で教えられ建築の識者によって論じられているものが文化的に保護されているサークルの外には、船舶の設計の場合に十分匹敵するような環境管理の革新の、ほぼ一世紀にわたる潮流があったということである。

これまでの章で示そうとしてきたように、その潮流の流れと大きさとが、否応なしに建築を引きずってきたのであるが、技能主体としての建築は、ずっと以前からその制御を失っていた——組織された専門職としての建築家たちは、構造以外のあらゆる形の環境管理を、よろこんで他の専門家（電気と機械の技術者、暖房と換気の専門家、交通やシステム工学、通信や制御のコンサルタントなど）にわたしてしまい、義務に対するこの明白な怠慢を続行するように若い建築家を教えてきた。大部分の三年目の建築の学生は、簡単なコンクリートのラーメン構造の計算はできるが、日射熱の負荷計算をどうやって始めるのか知っている者はほとんどいない。

こういう事態があるという事実について、建築家をとがめようとするのは、今日では明らかに遅すぎる。特に、どんなに体裁がよくても、役に立たぬ環境的彫刻の創造者であること以上を建築家に要求しなかったということで、世間一般にも責任があるからだ。しかしわれわれの現在知っている建築家は、主として構造的解法の御用を承るものであり、競いあう環境主義者の多数のうちの一人にすぎず、彼の提供せねばならぬものは、もはや必要性についてもまた独自の文化的認可についても権威をもっていない、という事実にわれわれは直面しなければならない。昔なら建物を建てることだけが解決すると思われていたような状況の増加する中で、技術的前提が多用になったおかげで、今はそれに代わる有効な方法が使用可能になってきた。最もよく引用される明らかな例はドライブイン映画館であるが、これは建物ではない。観衆は自動車という形で自分の環境用包装を持ち込むので、恒久的な囲いの構造物の必要は消え、設計者（建築家かもしれないし、そうでないかもしれないが）の仕事は、造園、交通工学、電子工学、光学の組合わせに加えて、映写装置のためのわずかな雨除けを工夫することである。

これは特別の場合だと言っても、ホーバークラフトの場合にくらべればそんなに特殊ではないし、今なら誰の頭にもうかぶ環境管理のお手本、すなわち宇宙カプセルにくらべれば特別の場合とはほど遠い。そして、これが特殊な場合だとして、建築家の念頭から全く追い払われうるという事実は、世界中で、機能というものに対する彼らの構想（ビジョン）が、その機能を遂行するための有効手段に関して如何に絶望的なほど狭くなってしまったかを示すものである。アイザック・ウェアの『建築の完全体（Isaac Ware, Complete Body of Architecture, 1750）』は、一七五〇年に手に入った環境管理技術のほとんど全てを網羅しているが、ガデの『建築の諸要素と諸理論（Julien Guadet, Eléments et Theories, 1900）』の実用編はウェアの著作の約三倍の量であるにもかかわらず、その収録しているのは一九〇〇年に入手しうる環境技術の半分よりよほど少ない。それはただ、ガデもウェアと同様、環境技術の構造的部分だけをほとんど専一に論じていたからで、その部分はすでに全体の半分以下だった。

　おそらく、建築文化の確立された擁護者に対してなしうる最も衝撃的な批判は、彼らが一般的な論説主体に環境管理の新しい様相をもちこむことはめったになくて、彼らの注意をうながすのはむしろ局外者だということである。この最も目覚ましい最近の例は、夜間環境の大規模な操作と、容認されている建築主体とを関連させうるような、比較の言葉を提案するために、一般に認められている「文化」のきわどい縁辺に作用を及ぼしている、一人の文士を必要としたその方法であった。もしも、ラス・ヴェガスとヴェルサイユ宮殿とをトム・ウルフが比較したことが[注1]、建築的な見解に衝撃を与えるとすれば、それがびっくりするようなことだからというよりも、この二つの実体が比較しうるものだったということを、どんな建築批評家も（著者自身も含まれることを認めねばならない）、決して思いつかなかっただろうと思われるからである。そして太陽王（ル・ロワ・ソレイユ）のためにヴェルサイユで創られたものと、バグシー・シーゲルの指図でラス・ヴェガスに創られたものとの比較を思いつくことのむずかしさは、主として用いられた手段の対比に基づくもので、その創造の背後にある意図が殊勝なことかどうかのためではない。

　手段の違いとは次のことである。ヴェルサイユでは、どっしりした構造で空間を囲うことが最高で、こうして創造された慣用法が、植樹や水などのような他の手段によって空間をもてあそぶ手がかりを設定する。一方、ラス・ヴェガスでは、象徴的空間の限定において、構造は最も支配的でない要素である。ラス・ヴェガスの象徴的な場所や空間――ザ・ストリップのスーパーホテルやフレモント街のカジノ地帯――を限定するものは、極彩色の光として表明されたまじりけなしの環境力（パワー）である。この力（パワー）を用いることが、ヴェルサイユでの構造物による使い方と同様、象徴的に適

フレモント街、ネヴァダ州ラス・ヴェガス。
人工照明で限定された環境。

切であるということに、人が賛同しようがしまいが、空間を限定することの有効性が圧倒的であり、うわべの構造を用いないで事実上の空間を創造することがその土地にぴったりであり、また照明技術の変化や巧みさが百科事典的であるという事実は残っている。そしてその操作の規模は、たとえばフォース橋のような十九世紀の構築物や、あるいはヴェルサイユやローマのシスティン礼拝堂のようなバロックの計画など、公式に賛美されている記念建造物の規模と同じほど圧倒的である。そして環境管理の完璧な技法を包括する建築的教育という観点ならば、ラス・ヴェガスを訪れることは、カラカラ浴場やラ・サント・シャペルを訪れるのと同様の指令であってよい。

結局、ラス・ヴェガスを学ぶことの要点は、建築術の文化、訓練、および趣味の伝統に（良くも悪しくも）抑制されていない設計家によって、環境技術が建築の実務の限界を越えてどこまで駆り立てられうるか、という例を見ることなのだろう。しかしこれは、建築家自身が、特に展示デザインの分野では、その天職の通常の限界をこえて侵略をしていなかったというのではない。それでもやはり、彼らの光の使用法は、ラス・ヴェガスの実景やパウル・シェールバルトの理論に見合った基準からすれば、かなり臆病なままであった――光の中で組み合わされる造形から、造形の中で組み合わされる光への変遷は、まだ彼らの大部分にとって大きすぎる。しかしながら環境的力（パワー）の応用の他の面では、建築家の想像力と技術の約束とがうまく一致するようないくつかの展示環境を指摘することができる。

かなりよく知られているが十分には研究されていない一つの例は、合衆国原子エネルギー委員会（AEC）のために、建築家ヴィクター・ランディと、この形式の空気構造の専門家であるバード・エア社のウォルター・バードとが設計した取りはずしのできるパヴィリオンである。この計画は、まずそれが早い時期だったことが注意をひく［注2］――空気構造は（一部はその造形的な特質のため、一部はその主唱者フライ・オットの名声のため）、六〇年代半ば以来、表面には出ない学生たちの間でかなりの人気を獲得していたが、AECのパヴィリオンは早くも一九五九年にリオ・デ・ジャネイロで公開され、引き続き十年ほど世界各地でずっと使用されていた。

その耐久性はさておき、これは空気構造の中でも、その大きさ、複雑さおよび平面の開放形式は特筆すべきである。たいていの空気構造は、依然として平面では閉鎖系を保持する単純なドーム形か、引き延したドーム形をとる傾向があるのに対し、AECパヴィリオンは端部の開いた円天井または半円筒というほうがあてはまる形で、中央の頸部で接合された二つのほぼ半球状の空間を作り出すよう変形され、両端には頸部と同じくらいの直径をもつアーチ形のポーチがあって、そこから入るようになっている。内部には原子炉模型を容れる小さな空気膜ドームと、空気膜でない固い間仕切と映写スクリーンその他種々雑多なものがある。ランディ、バードおよび顧問技術者の間で、設計の栄誉を正確に配分することは容易に決められないが、その結果は、建築的洗練さに対して何らかの自負をもつ、事実上唯一の空気構造として現在まで残っている。

それはまた技術的にも洗練され、複雑であって――最も初歩的な空気ドーム以外は全てそうしなければならないが――、構造的安定性を確保するため多数の技巧をこらしている。すなわち、開放されたポーチは、全体を支える内部圧力を保つためのエアロックとして働く回転扉の外側にあるため、何か他の手段で支持しなければならず、実際には空気のクッションで支えられているというよりも、内部圧力で固くなった風船のような、純然たる膨らまし構造*である。主要空間——長さ約二三〇フィート、最高所で五〇フィート、最も幅広い所で一〇〇フィート以上——は、しかし、大気圧より四九ミリ高い支持圧を封じ込めるエアロックをもつ、真の空気支持構造**である。しかし、これが真の空気支持構造であるなら、それは単純なものではなく、多少は膨らまし構造の性質も同様に分けもっている——それは二重膜になっていて、二枚の膜の間にもいくらかの圧力が保持されているのである。これは、事故（すべての単層膜空気構造に伴う危険）や、破壊行為（低開発国における全ての合衆国建造物に対する危険）による突然の倒壊に対する保護となっている。

当研究の文脈において、この建物の真の重点および名分は、それが新しい技術の開発からまぎれもない建築を作り出したということであって、それが新しい材料でできているとか、または構成要素が新しい方法で製造されたというような意味ではない（この二つの命題は多くの建築の議論において技術革新の概念を枯渇させているようにみえる）。そうでなくて、これが自立する能力のない耐候性の膜でできていて、別個の剛な骨組で支えられた——テントの膜のような——ものや、張力構造ではないということである。これを支えている空気のクッションは、絶え間のない環境力（パワー）の助力、すなわち小さな空気ポンプ装置の操作——この場合は空気調和装置——によってのみ存在する。このようにして、それはわれわれに、建築と環境管理との伝統的役割の全くの逆転を提示している。環境的不備を是正するために力（パワー）を適用しなければならない、剛体で建てられた空間の代りに、ここには環境力（パワー）を適用するまでは建ちもしないし剛にもならない空間か、または製造された環境（調和空気）とそれを入れる袋がある。どちらにしても、これはドライブイン映画館の場合のような、全く造られた囲いをもたない単純な行為よりは、さらに破壊的な提案だと主張されるだろうが、どのような基準に照らしてもこれは一つの発展であり、その発展のかたわらだと、最近の純粋に建築的な革命の大部分は、それらをかちとるのがどれほど困難だったにせよ、むしろ取るに足らぬものと見えるにちがいない。

空気構造建築を作る能力をかちとるのが、いくらかでも楽だったわけではない。空気構造をうまく支えているのは、膜と、空気を操作する装置とを製造するのに要する技術だ

合衆国原子力委員会移動展示場、1959、
ヴィクター・ランディとウォルター・バード設計。
上　外観。
下　入口の回転扉。

けでなく、操作すべき空気を制御するための、知識と実技とのかなりな資源をも含んでいる。空気構造に供給される空気量は莫大であるが、内包圧力は一般常識に反して低いものである。多くの点でこの空気操作の要件は、われわれが自動車のタイヤをふくらませたり、噴霧器で吹付塗装するような機械の経験で出合ったことのある高圧空気技術よりも、むしろ普通の換気の要件により近い。しかしこの種の環境管理にどれほど繊細な知識が含まれているかを悟るには、ほんの少しの間でも空気構造の中に在室してみて、これが太陽熱やそよ風や室内暖房や、翼扉が一インチ開きすぎたか半インチ閉じすぎたか、などのせいで起こるわずかな圧力変化を受け、またこれに抵抗しているのを見たり聞いたりすることだけは欠かせない。

このような知識とそれを用いる技能とは、今世紀になって以来ずっと蓄積されてきた──実際にそれはますます増加する環境的力(パワー)の使用には基本的なものであり、その力はふり向けられた仕事を成就するため、十分精密な制御をうけなければならないからである。調節されない力は、補助設備をもたない構築物と同様、人間の状況を改善するのに少しも役立たないだろう。こういう制御を達成するには、二重の知識が必要である──配備される動力装置の動作についてのものと、それを適用する環境の行動についてのものと。そして第三には、これら二つの性格の組が相互に修正しあうことである。われわれが実際にこの相互修正関係を理解してゆく歴史の中で、ただ一つの転換点があるとすれば、それには一九〇七年が最もふさわしいと思われる。その年、ウィリス・キャリアは、ニューヨーク州ウェイランドのヒューゲット絹織工場のために最初の性能保証を申し出た。すなわち、空気調和プラントを構造物のもう一翼として扱ったり、材料や職能の質を保証したりすることの代りに、彼は、依頼主が彼に求めているのはある種の雰囲気を確実に届けてもらうことであるという事実に直面して、代りとしての環境の質の保証を申し出たのであった。こうするには、彼は空気を処理するプラントの能力や、工場の機械と労働力によって促進される環境的な危険性についてのみならず、第一に建物の構造に対する夏の太陽の影響からくる熱取得をも知らねばならなかった。

正確な計算に耐えるほど、十分精密な情報を手に入れるのが困難なことはわかっていたが(この技術の初期を通じてキャリアの主要な労作の一つは、全ての種類の大気計算のため何組かの標準表を作り出すことであった)、努力の結果、彼は次のように精密な文書を作ることができた。

ここに備え付けるよう提案する装置は、外気温が華氏零下一〇度以上のとき工場を華氏七〇度に暖房する能力のあることを保証する。

また、調節の効く自動制御の方法によって、温度変化に応じて湿度を変えることができ、冬期工場内が華氏七〇度のとき、八五パーセントまでの湿度が得られることを保証する。

夏期には、工場内の温度を外気温より高くすることなく、七五パーセント湿度が得られることを保証する。あるいは、工場内温度を外気温より約華氏五度高くすることによって、八五パーセントとすることができるであろう[注3]。

これは絶対的な制御(任意の温度における任意の湿度)を約束してはいないが、かかわりのある情況に対しては十分な制御をきちょうめんに約束しているし、関連のある許容限度の大分部についても述べてある。絶対的制御というものは、許容値の知られているところではめったに必要でないし、この本の扱っている時代に、増えつつある情況の中の許容限度とは、ただたんに、人間が耐えうるだろうということだけである。ヒューゲット工場のような産業的装置によってもともと演じられた役割が何であろうと、改善された環境制御の一般化は、性能の最終的な試験が人間個人の主観的反応であったことを意味していた。もし換気の科学が人間の鼻の信号から始まったとしたら、全面的な環境制御の最終的な結果は、まるごと一人の人間の信号から見出されるにちがいない。しかしまるごとの人間といっても、理想的人間ではないし、平均的人間でもなく、何か他の方法で固定され標準化された人間でもない。この三十年の間に盛況になった環境科学の、生長しつつある砲列の目標は、ル・コルビュジエの摂氏一八度のような、世界中に強制するための不必要な基準を定めることよりは、むしろ何が許容変数の範囲であるのか、これらの変数が互いにどう関連しているのか、またそれらの支持しようとするもっと変化に富んだ存在とどう関連しているかを知ることである[注4]。

生きているまるごとの人間の環境的要求は、病気か健康か、若いか年寄りかによって、また、教育と文化および物理的ならびに社会的情況によって変わる。アデンの英国軍隊が、尋問中のアラブ人抑留者に対して、「故意に空気調和を全冷で運転する」というずるい拷問を行なったというかどで最近告発された時には、なるほど空気調和器のダイヤルを全冷にセットしたのが故意であり、結果的にアラブ人が、巧妙に拷問されたと感じたという場合であったかもしれないが、英軍の動機がただたんに自分たちの気持のよいようにしたまでで、地方的な文化や気候の中で育った人々にそれがどう作用するか、を悟るのに必要な教養的環境的洞察力をもっていなかっただけかもしれない。その同じ英国人かその身近な兄弟たちは、アメリカ人が、建物から外へ出るとき着物を脱がなきゃならないほど冷えるまで空気調和器をまわすといって、その「ばかげたやり方」に文句をつけるだろうが、それは、テキサスや南カリフォルニアでは、社会的な階級標識として通用するミンクの肩掛や何かを、室内でも着ていられるためにはそうするしかない、ということを悟るだけの文化的環境的洞察力をもっていないからである。

人間には絶対的環境基準などないという認識は、環境科学に対して、性能と必要との評価方法を発展させることを要求した。それは、人間への妥当性を損わないで主観的反応を定量化する試みや、評価されているものと、研究されていない他の環境要素との相互作用を斟酌する試みや、また一方では疲労により、他方では意識的あるいは無意識的な順応によって、時間的にも変化することを考慮に入れる、というような企てに依存している——人は強すぎる光の眩しさにあうと、照明の光量を減らすとか、サングラスをかけるとか、目を細めたり、またはただ補償作用で虹彩が収縮するに任せるとかするであろう。これらはどれも、状況に応じた、特に眩しさに曝露された人間の時系列関数として正しい一連の行為であろう。なぜなら、極端な条件が、変数の流れの中で偶然の尖頭値としてのみ起こるようなところでは、全ての許容値はより大きいと思われるからである。

この状況の組合せは、シェルター産業にとっては幸運なことであって、その理由は、時間が経過すると、許容度の拡がりが、全体的にも局部的にも、定量化できる実験室試験が示すより実際上さらに広くなっていることを意味するからである。時間的変化が与えられたとき、人間の体は短期の変化に適応する。環境制御システムは、大気や居住者の一度ごとの温度変化に即座に応じる必要はないし、やか

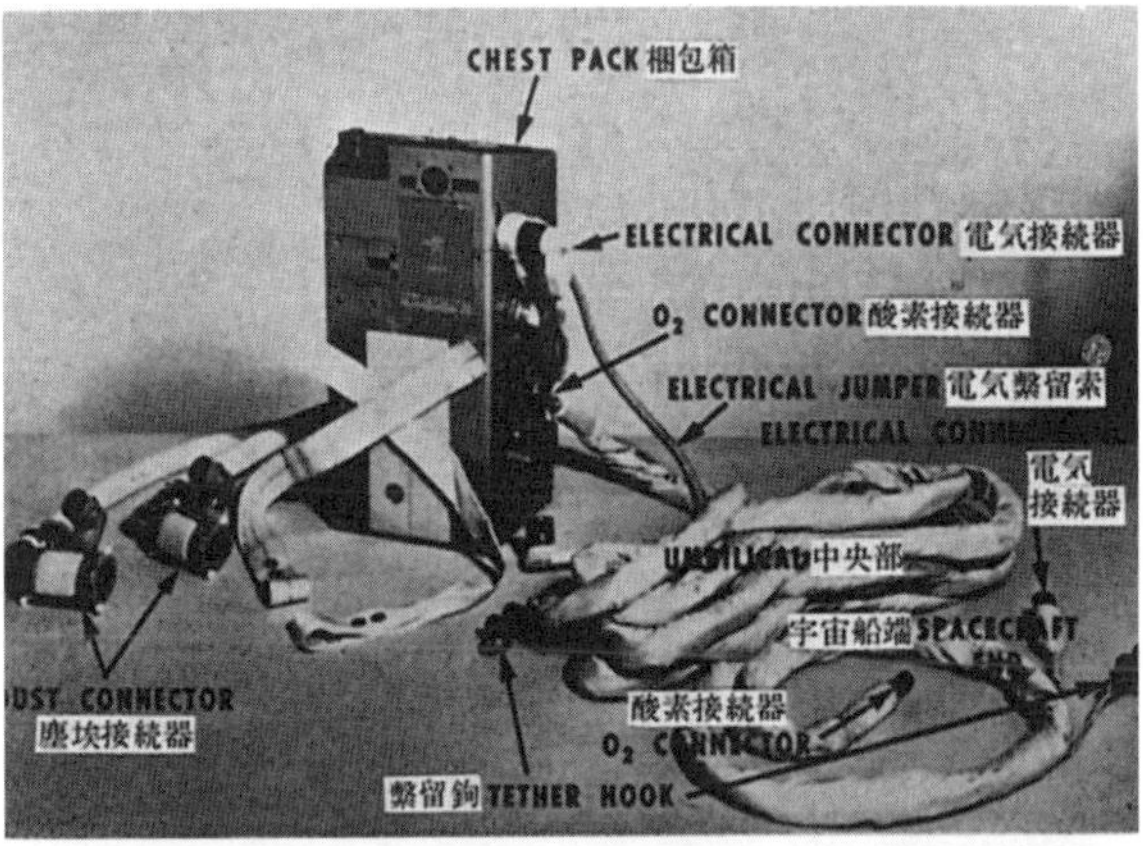

上　宇宙遊泳者の生命維持装置、1966。
下　宇宙服および地上用空気調和器、1965。

んを沸騰させたり、冷蔵庫の扉を開いたりした影響まで、予知する必要もない。多くの厳しい致命的な情況でも、椅子から立ち上がって窓のところまで歩いて行って、それを開けるに要する時間は、生死にかかわる問題ではない。汚染や危険の状態がそれほど急激でなければ、誰か他の人がその問題に気がついて、あなたのために窓を開けてくれるのを待っていても致命的ではないだろう。情容赦のない真空中での高度に危険な条件では、宇宙カプセルの生命維持システムの、即時反応と全権行使とが絶対必要なことがありうるし、船室の温度が制御なしに上昇していることを遠隔測定したとき、どんな真の生命劇がひきおこされるかも承知のことである。しかしこの地上では、窓のブラインドを下ろすとか、何か他の似たような簡単な制御をすることくらいが、必要な全てであることがしばしば証明されるだろう。正しい情況では、人間＝環境系に対する真の洗練されたアプローチは、複雑な機構を全く含まないものであろう。

これまでにも起こったように（十分なほどしばしばではなかったにしても）、われわれの知識がだんだん精妙になり、それを用いるのがより巧みになることは、もう潜在力が尽きたと思われるような使い古された方法から、再び新しく性能の増加を引き出すことを可能にした。遅かれ早かれ、新しい技術の（必ずや実験的な）応用に由来する人間＝環境相互関係の蓄積された知識は、伝統的方法の再評価を容易にし、それによって啓示された潜在力の、想像力に富む再展開を示唆するに足るものとなる。しかし知識のある人は（その何人かは自分でも認めるであろうように）、必要な想像力をも併せもつことはめったにない。これから考察しようとする例については、それを任せてもよいような信任された環境専門家のどの顔ぶれでも、それを非実用的だとしてとり上げないにきまっているだろうと言われていたのであった。しかし時間の仕返しは甘いもので、一本立ちの専門家たちは、それがどういう働きをするかを見きわめようとして、原設計者がそれに使ったよりなお多くの時間と労力を使ったと見なされている。

この問題の建物は、ウォラシー（英国チェシャー州）のセント・ジョージ州立中学校の第二棟である。一九六一年に完成されているので、前章で論じた実験的環境論と同一世代に属するが、それらとは違って、世界的に報道されはしなかった。それは疑いもなく、ウォラシー市建築士の先任助手であった設計者エムスリー・モーガンが有名でなかったせいである。この建物が、英国の環境主義者たちの間で、一種の伝説または有名事件(コーズ・セレブル)となったため、彼は今や確固たる名声をもっているけれども、その彼は、彼の考えや方法を記録しようにも、今その跡をたどれるような文書を何一つ残さないで、名声が確立されるまえに死んでしまった。自筆の文書もなく、彼の生前には建築に関する出版物のどれも知的興味をもたなかったのだから、この研究は、その構造が建っているまま機能しているままを視察した結果だけによるものであることを意味している——こうした視察はますます頻繁に行なわれるようになっている[注5]。

「構造」という言葉は強調されるべきである。なぜなら、セント・ジョージ校においてエムスリー・モーガンが提出したのは、人類の知っている最古の環境制御の一つ、すなわち熱を保存するよう機能する重厚な構造に、全ての環境力(パワー)のうち最古で最終的源泉である太陽の、改善された開発の試みを加えて、想像力豊かに再評価するものだからである。その構造は、現在通用している英国学校建築の標準からすれば、ほとんど滑稽なほど重い——九インチの煉瓦壁と七インチのコンクリート屋根の全部が、五インチの発泡ポリスチレン断熱材で外側から包まれ、さらに種々な目的の外装材の層がある。平面では、この棟は細長くて、一点でわずかに曲がっており、ほぼ正しく東西に横たわっている。内容は、全長の大部分が教室と科学実験室からなるが、曲がったところから先は体育館とその付属室である。片流れの屋根は、建物の北側では普通の二階建にようやくの高さであるが、南側では四〇フィート以上にせり上って、太陽に向う膨大なガラス面を備えている。

設計者の心の中では、この「太陽壁」が疑いもなく建物全体の機能の要であったし、また一般の好みをとらえた外観でもあった。この壁は、二四インチの中空層を隔てた二重ガラスでできており、外側は透明だが、内側のは、教室へ拡散光を入れるためほとんど全体にすりガラスである。しかし内側のいくらかは透明ガ

セント・ジョージ校、チェシャー州ウォラシー、1961、エムスリー・モーガン設計。太陽壁。

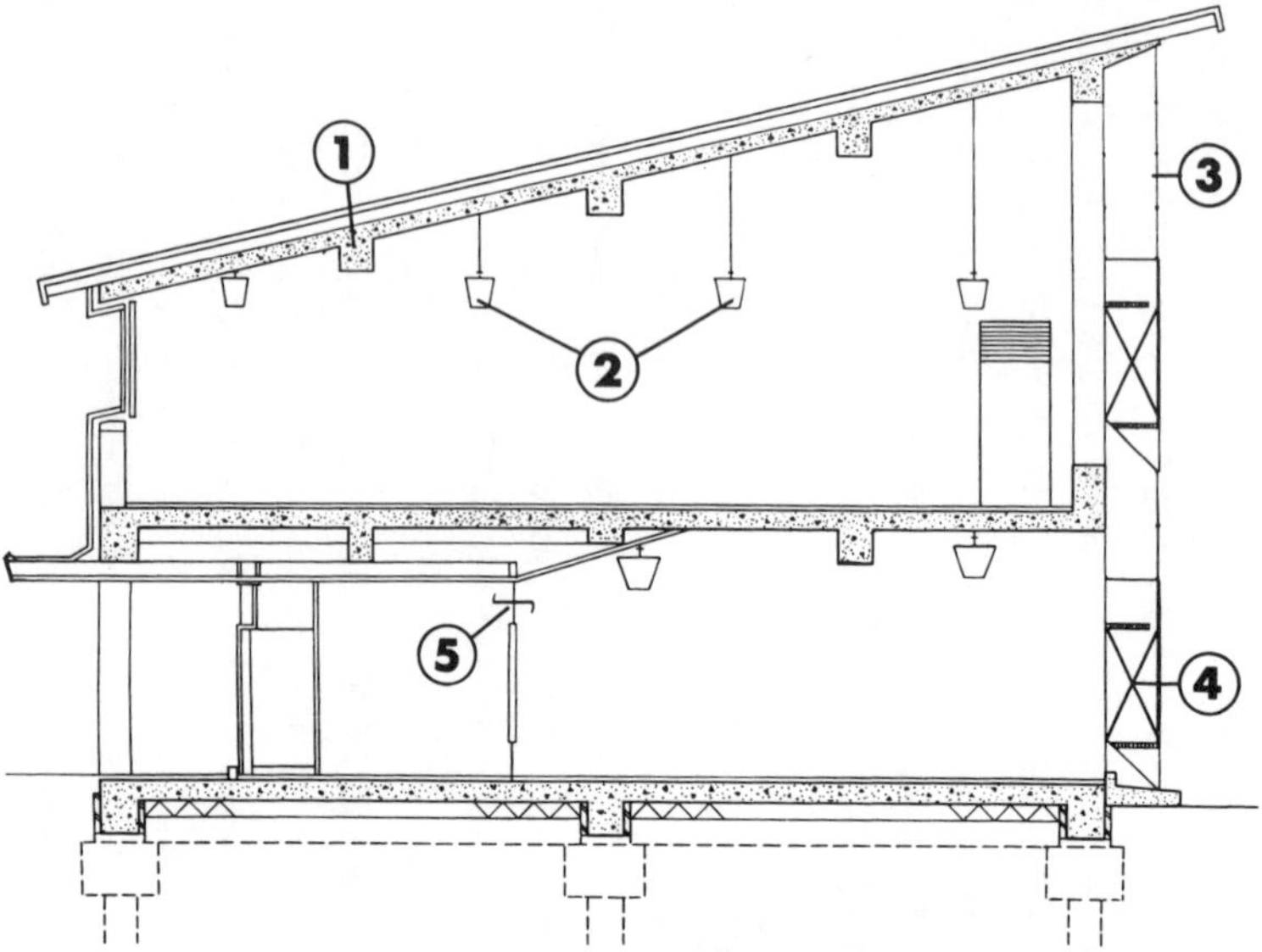

セント・ジョージ校。
上　環境装置を示す断面。
1　熱絶縁屋根構造
2　照明器具
3　二重膜太陽壁
4　調節用換気窓
5　教室背後の換気窓。
下　太陽壁の近景。

ラスで、そこの裏側には、一面は黒く塗り他面は磨きアルミ貼りの不透明なパネルがあるが、これは季節によって裏返しでき、太陽熱の吸収と反射によってある程度の温度制御ができるよう意図されている。同じように講堂と体育館にも、内側のガラスの代りに黒塗りの石積み壁を置いた部分があって、太陽熱の吸収を減らすため、その上に吊されるようになっている白塗りの木製シャッターが、熱的な性能を調節している。

　モーガンのガラスの使用法は、伝統的なガラス窓の機能――外を眺めるため透明にする――を避けていることが注目をひくだろう。実際には、ファサードの各階にところどころある蝶番付換気窓には透明ガラスがはめられているが、それとてごくわずかに外が見えるだけである。このこととと、教室の窓側が全体的に眩しい傾向があることのため、この学校の視環境はいくらかの批判を受けている。しかしその熱環境については、もはや疑いが残っていないようであって、記憶に新しい最悪の冬（一九六二―六三年）を送った後で、非常用の温水暖房システムを一度も使用しないで、今は取り除いてしまった。

　重厚な構造にたいそう効率よく蓄えられ管理される熱は、三つの主な熱源をもっている。すなわち太陽壁と電灯照明と在室者とである。このうち太陽壁は、一年の大部分は熱生産が最少であり、冬の寒さに対しては学校の熱絶縁装備の弱点であることがわかるだろう。次に重要な熱源は、普通は照明だとされ、生徒が登校する前に教室を暖めておくよう、早くからスイッチが入れられるので、保守的な心情の技術者には、これを電気で暖房された建物だと言う人もいる。しかし事実は、最大の熱源は在室者自身であって、平常どおり生徒のいる教室では、冬季の一時間当り熱入力の約半分を供給する。ここで重要なのは、熱収支の全面的な管理であるとしても、バーバー・コールマン社のデイブライト（照明の熱を用いて吹出し口のところで供給空気を暖める）のようなシステムが市販されるよりかなり前に、照明の排熱を用いようとした企画は、どの環境の歴史にも書き留めておく価値がある。

　しかしながら、印象的なのは、完全な人間―構造―照明―換気システムの熱環境に対する全体的見通しであり、その制御法の単純さも同様印象的である。それは、昼間の熱収支に対する照明の寄与のためのタイムスイッチと、季節変動のための反転パネルと、短時間の温度上昇と下降を処理するため換気を（窓の開閉によって）どう調節すべきかを書いた、各教室ごとの指示カードとである。

これを以て学ぶべき有用な教訓とするには、あまりに変則で幸運な場合であると異議を唱えることもできよう。変則だというのは、それがうまく働いているようには見えるが、設計者のこう働くべしという意図とは必ずしも一致していない（太陽壁の場合のように）からであり、幸運だというのは、この提案に見事に合致した敷地があり、英国の同じ地域にあってさえ、他の多くのものよりも局地気候がぎりぎりいっぱいその働きを助けているからである。これは特別な問題に対する特別な解答であり、その点で完全とはいかぬことは疑いないだろう――盛夏における強い日射と無風を伴う幾日かには暖かくなりすぎるという難事は、モーガンが設計にとり入れた直達日射よりも、むしろやわらかな微風のある気候が必要であることを示している。しかし一年のうち幾日かくらい環境的難事をもたない建物がどこにあろう――現行の環境的判断からすれば、セント・ジョージ校はこの本で論じられている他の建物のどれとも同じくらい成功しており、多数のものより優れていることが明らかである。

そのよく出来た性能が、ここで論じられる権利を保証しているが、それはここまでである。それを論じる理由は、それが役に立っているということよりは、それが環境力（パワー）およびその他全ての力（パワー）の究極的な形――知識――の応用によって役に立っているからなのである。仮にもしモーガンが細部で過誤を犯していることがわかったとしても、彼の行なった全体的な提案は、何を省略すべきかを判断しうるほど完全な全システムの知識を前提としていた――暖房システムは、予想できない機能上の失敗に対する防壁でしかなかったので、決して使うつもりもなく使われたこともなかった。環境管理方法をこれほど根本的に再評価しようと試みる専門家の勇気は、次のような場合にのみ現われることができる。すなわち、経験や統制された実験から演繹された定量的な技術知識が、土着文化において環境を管理していた経験則（親指の法則）の蓄積と同じような完全性と権威とを獲得したときである。

このような、ほぼ一世紀にわたる意識的な、また意識的に統御された、環境的方法の機械化のあとでは、われわれは建築家の側にこの種の自信を求める権利がある。すなわち、彼らがもっと良い方法を知っているからというので、明らかな機械的解決法を拒絶する自信である——彼らが機械的方法について正しいものを選ぶほどよく知らないからとか、建築の外観がこうあるべしと予見しているアイデアと、うまく一致するものを見つけることができないからとかいったありふれた理由からでなく。そして建築家は、今や彼等の前に開かれた環境的方法の選択範囲を会得しようとするなら、必ずやこの種の自信を必要とするであろう。

その範囲を要約するため、この章に引用した例を簡単にふりかえってみよう。少々古めかしいドライブ・イン映画館を除けば、すべて一九六〇年代のものであり、その表は次のようになる。

ラス・ヴェガス＝何ら重要な可視的構造物を伴わず、光によって規定された環境。

ドライブ・イン映画館＝光と音とで規定された空間中における可動な環境的構造の集合。

AEC可動劇場＝空気クッションの支える膜によって囲われた空間。

宇宙カプセル＝完全かつ不断に造り出される生命維持環境を内蔵する剛な構造。

セント・ジョージ校＝内包する活動の環境的出力を保存する重厚な構造。

この範囲の両極端は、ここに代表したものとしては、全く何らの囲いなしの純然たる力（パワー）の応用からわずか一歩のところにあるAEC劇場と、全く力（パワー）を付加しない純然たる構造からわずか一歩のところにあるセント・ジョージ校とである。両極端とも、明らかに建築家が職業的にとりこむことのできる範囲内にある——そしてこれは、建築家が将来果たさねばならぬものに対する空想的提案の問題ではなく、この章はすでに何人かがそれを果たしていることを示している。これらの極端は、どちらもたんに特殊な問題に対する独自の解決として忘れてしまうようなものではあるまい。なぜなら、全ての通常の建物は、特定の問題に対する独自の解決であり、建物が地上の一カ所に固定されている間はそのとおりであろうし、これから先も長く建物の大部分は固定されているであろう。この固定の場所が与えられれば、どの建物も、ある独自の特徴を示す外部微気候にさらされるだろうから、どの建物も、多かれ少なかれ独自の環境制御システムとなるわけだ。

もちろん、独自性の程度がそれほどでなく、上に論じた人間の恕限度が与えられていれば、ときには非常に大きい領域内の環境的要求を一般化することが可能であり、その全領域にわたってかなりうまく機能する建物の型を生むことができる。過去の多くの民家は、かなりはっきり定まった地域に対するこの種の一般化された適応を示している——コッツウォルズ、ノルウェー西部、日本の中央部、ニューオリンズなど。しかしこの一般化された適応は、ときには人間的および社会的不便という犠牲によってのみ達成される——たとえば、非常に厳しい時候には、日本の住宅における暖房の支度というものは、床に掘りこんだ小さな箱にちょっぴり炭火を入れて、そのまわりに厚着をした住人を動けなくしてしまう。さらにまた、この一般化された適応は、自己領域内においても特別不利な情況を処理するにはまだ不十分であろう。先祖代々の慣例とか、地位をあさることや商業的惰性などの理由から、この地方的な型があまりにもかたくなに用いられるところでは、このことは特に真実となる。

古典的な事例は、オーストラリアのシドニーにおける十九世紀に発達したテラスハウスの型である。その前面は、突き出した二階のバルコニーと、二階の窓の上にうまく下りている屋根によって、高い位置の太陽から保護され、バルコニーと屋根の両方を支えている突き出した袖壁によって、傾いた太陽から保護されているので、この都市の極端な気候においてはこれ以上優れたものはめったにないだろう。しかし前面が真昼の太陽に向って北面している時に限る。なぜなら、シドニーの民俗は、背後の立面に対してはうまく適合するような解決を決して発達させなかったからであって、後面が太陽に向く側では、裏の部屋と壁に囲ま

テラスハウス、シドニー、オーストラリア。
街路側前面の構造的な日除け。

れた小さな中庭とは太陽熱の天火のようになることがある。この環境上の失敗はあまりにわかりきったことだったので、テラスの人気の失墜に重要な役を果たしたが、今はそれが、まとまった都会風の小粋さのためまた好まれるようになって、建築家たちはその暑い裏側の問題を解決せねばならなくなっている。

この解決法はこれまでのところ相当の変化があるが、それも当然のことである。民家とは明らかに区別されるよう意識した建築は、特定の問題に対して独自の解決を考えだすことができなければなるまい。われわれは、二〇年代の巨匠たちによって作られた条件反射をくつがえし、規範、標準、住宅型（メゾン・ティプ）というような概念の過大評価を止めるために、機械部品の基本的なひとそろいをもって（一九一〇年にフランク・ロイド・ライトが気楽にしていたのと同じくらい）、十分気楽にしているべきである。われわれは、どんな古い標準や規範や型であろうとも、世界中のどこでも住みうるようにするに十分な技術をもっているのだから、なおさらそうである。ガラスの摩天楼は熱帯でも住めるように造ることができるし、牧場スタイルの段違い建物は、合衆国のどこでも住めるように造ることができる。しかしこのことは、カリフォルニア山荘がカリフォルニアにおける一つのかけがえとして明らかに住みうるものであり、またプレイリー住宅がシカゴにおいて望ましい住みやすい一つのかけがえとなっているという事実を変えるものではない。時流の住宅型（メゾン・ティプ）の公式に対するこのような他所者の存在は、環境的方法のより広い選択の自由を与えているのである。

しかしながら、選択の自由を与えるのは、構造的なものよりは機械的なかけがえのほうがむしろ一般的である。構造的なかけがえは、通常祖先から伝わった拘束的な土着のもので、われわれは機械の助けをかりて、それをもっと要求に適合した、機能を拘束することの少ない解決法に修正もしくは置き換えをするのである。こうして、高温多湿気候において構造的解決に用いるための、そよ風に対する方位選定と平面構成の法則や、通風や冷房に対する断面構成の法則が、ガラス張りの高層事務所建築の密封され必然的に機械化された外壁を非常に魅力的な解決に見せるような、圧制となりかねないし、高温乾燥の砂漠気候では、清浄に保つ必要のある人間活動の場から、風に運ばれる砂塵を締め出す能力が、やはりそのような建物の魅力をほとんど同じくらい強制的にすることができる。熱帯建築専門家の今の世代は、死にかかっている植民地主義体制の経験に偏向されて、開発途上国に出現したガラスの摩天楼を、たんなる地位の象徴で「シルクハットをかぶった無知な先住民族の首長」の建築化だとしか見ていないようだ。そしてアフリカ人がやっているほど大胆に、われわれの西欧文明も祖先伝来の民俗と縁を切ることができればよかったと望んでいる温帯建築の専門家の世代に、それが引き継がれるかもしれない。

われわれの祖先伝来の民俗と、われわれの地位の象徴であるシルクハットとは同じもの——歴史に記録されるものとしての建築——である。その伝統は、環境管理技術の中の新しい敵手にまさる一つの目立った利点をもっているが、それは今なお文化的な地位や権力を賦与することのできる象徴的な形——壁、屋根、アーチ、柱、円天井など——のレパートリーをもっているということである。しかし、補助をもたない構造という技法が、環境問題に対する独自の必然的な解決法ではなくなった今日、これら象徴のもつ無類の力は衰えはじめた。これが、ル・コルビュジエから一九六〇年代の幻想家や夢想家にいたる現代主義者たちが、他の技術から造形を盗みとったその熱望の理由であり、また、これらの造形が、古い構造技術の与えたものを越えた環境的また機能的に重要な改良を、保証もしなければ指示さえもしないとわかったときの、その必然的な失望の理由でもあった。なぜなら、これはたんに古い技術が借衣装でめかしこんだにすぎなかったからだ。しかし、この本の中で論じられた建物のいくつか、おそらく大部分のものは、その提案がランディの空気構造パヴィリオンと同じほど機械的に進歩したものにせよ、モーガンの学校と同じほど、最良の意味で、保守的なものにせよ、遠く離れた技術から借りた華美な装いではなく、提出された環境的提案にふさわしい造形を発展させている、あるいは発展させはじめている、建築家たちを示しているのである。こういうふさわしい造形が、一般に手近なものとなったときはじめて、調整環境の建築が過去の一千年の建築と同じように得心のいくものとなるであろう。

〔注〕

1 Tom Wolfe, *The Kandykolored Tangerine Flake Streamline Baby*, New York, 1965, pp.xvi-xvii.
比較について特定の点は、ヴェルサイユとラス・ヴェガスとの建築的一貫性であったが、著者全体を通じ、ウルフのラス・ヴェガスに対する観察の一般的な調子は、比較がさらにずっと先まで行なわれるだろうことを暗示している。

2　この日付は、空気構造の純然たる発明としてでなく、実用的技術という意味で早いものである。イギリスの愛国者は一九一七年に登録されたランチェスター博士の空気構造の特許を重視しがちであるが、この種の実用的構造が作られ市販されうるまでに、ほぼ四十年もの間があった。——ウォルター・バードの会社は一九五六年に設立されたが、彼による最初の例は、初めて成功した実験模型から約十年後である。

3　インゲルスの前掲書より引用。pp.31-32.

4　生理学的環境の研究——熱・光および音に対する人間の反応——の歴史はまだ書かれていない。それらの開拓者の生きた記録はまだ手に入るが、それを書く必要が切迫している、ということは開拓者たち自身の幾人かが（たとえばR・G・ホプキンソンのように）認めているけれども、とても手に負える仕事でないだろう。

5　リヴァプール大学、建築科学学科、建築気候研究室は、この学校に対し数多くの不断の注目を続けてきた。ここに用いた多くの情報は、その予備報告（*Journal of the IHVE*, January 1960, pp.325ff）から採り、またはそれによって確認したものである。

〔訳注〕

*　マット形式。

**　膜形式。内部空間の圧力で膜を押し上げて形を保つものを膜形式といい、マット形の中の空気圧で形を保ち自立させるものをマット形式という。共に空気構造の一形式。

***　英国グロスター州の丘陵地。

可能な範囲で、調べた全ての著作と情報源とは、テキスト中または頭注に明らかにした。

そして話題をさらに追跡したい読者は（多数の方がそうして下さることを望むが）、これらの情報源に進まれるがよい。背景となる読物によって、ただ理解を強化したいと望まれる方々にとっては、主題についての一般的な著作が欠如しているので、状況は幸運とはいえないが、これについての不安は第一章で述べている。しかし次の著書は助けになるだろう。

A Short History of Technology, by Derry and Williams, Oxford, 1960. 特に十四・十七および二十二章は給排水・石炭ガスおよび電力について記述されている。

Home Fires Burning, by Lawrence Wright, London, 1964. これは、（彼の初期の著書 Clean and Decent と共に）環境的歴史の諸相の、知的な大衆的概観を与えている。

さらに無視できない Mechanisation Takes Command, by Sigfried Giedion, London and Cambridge, Mass., 1950. がある。これは、電灯照明の歴史を攻略するのに全く失敗しているという顕著な欠点にもかかわらず、なお、間違って配列されているとはいえ有用な情報を多数もっている。

そして最後に、一般的な読者を意図していたが、今は入手しにくい著作がある。

Willis Carrier, Father of Air-Conditioning, by Margaret Ingels, Garden City, 1952. はルネサンスから一九五〇年にいたる換気と冷凍との発明と発達について、計り知れぬ価値のある一覧表的年代記を含み、この研究が深く恩恵をうけたものである。

訳者あとがき

この本は Reyner Banham: The architecture of the well-tempered environment; The Architectural Press, London, 1969. の訳書である。

著者自身が書いているように、この本はこれまでに類を見ないユニークな内容をもっており、既成の近代建築史・近代建築論に対する明らさまな挑戦でもあるので、刊行されて以来十余年、その反響とともに名著としての評判も高い。建築の学問と教育の中における環境工学の分野は、諸外国よりもむしろわが国で定着し程度も高いと思われるが、それでも建築家によって設計される建物の環境的性能が、往々にして甚だしく不満であり、この分野を専門とするわれわれの間で、建築家の環境技術に対する認識の不足を嘆く声が多かった。それゆえ、私が本書を初版直後に入手したときは、これこそ待望の書であると膝を打ってよろこんだものである。

環境工学と建築設計との間に橋をかける試みは何度かなされたが、大した効果はまだないようであるし、最近は国際学会等でもとり上げられるようになった。私自身はこの十年余り、大学院生の輪読会テキストとして本書を使用したところ大変評判がよく、それらの粗訳を相良和伸君（現在名古屋大学助手）が纏めてくれたのと、あちこちで本書の話をしても案外読んだ人が少ないのを知ったので、鹿島出版会に刊行の相談を持ちかけたのがきっかけとなった。しかし、いざ翻訳を始めてみると、原著の名文に圧倒されて筆が進まず、生来の怠け癖が加わって脱稿予定がいつまでも延引し、出版社には大変御迷惑をかけてしまった。

訳注を入れるときりがないため、原則的にはこれを止めることにしたが、機械設備などにあまりなじみのない一部の読者には不親切だったかも知れない。この一冊に濃縮された内容の一層の理解のためにも、著者の注意書にある通り、ギーディオンの『機械化の文化史』（鹿島出版会・一九七七）を参照されることをおすすめしたい。バンハムは第一章でこれに対し手ひどい批判を加えているものの、やはり名著であることを認めている。これらを通じて、環境的技術の発展と建築デザインとの関係の歴史について、少しでも興味を増して頂くことができれば幸いである。

終りに相良君と輪読会に出席してくれた諸君に感謝の意を表すると共に、出版について終始お世話になった鹿島出版会の方々に心から御礼申し上げる。

昭和五十六年二月　　訳者

［著者］
レイナー・バンハム　Reyner Banham
建築史家、建築評論家。一九二二年生まれ。ロンドン大学コートールド美術研究所卒業。一九五八年博士号取得。『アーキテクチュラル・レビュー』誌の編集者、シカゴのグレアム財団研究員を経て、一九六九年よりロンドン大学教授。一九八八年逝去。主著の邦訳に『第一機械時代の理論とデザイン』『巨匠たちの時代』『建築とポップ・カルチュア』（いずれも鹿島出版会）など。

［訳者］
堀江悟郎（ほりえ・ごろう）
一九一七年大阪生まれ。一九四〇年京都帝国大学工学部建築学科卒業。建築設備学・建築環境工学を専攻し、北海道大学、京都大学、関西大学で教授を務め、京都建築専門学校校長、日本建築学会副会長などを歴任。一九九七年京都大学名誉教授。一九九九年逝去。

本書は一九八一年に刊行した同名書籍の新装版です。

SD選書 260
環境としての建築　建築デザインと環境技術

二〇一三年六月一五日　第一刷発行
二〇一八年四月一五日　第二刷

訳者　堀江悟郎
発行者　坪内文生
発行所　鹿島出版会
〒一〇四―〇〇二八　東京都中央区八重洲二―五―一四
電話〇三（六二〇二）五二〇〇
振替〇〇一六〇―二―一八〇八八三
印刷・製本　三美印刷

ISBN 978-4-306-05260-4 C1352

SD選書目録

四六判（*＝品切）

001 現代デザイン入門　勝見勝著
002* 現代建築12章　L・カーン他著　山本学治訳編
003* 都市とデザイン　栗田勇著
004* 江戸と江戸城　内藤昌著
005 日本デザイン論　伊藤ていじ著
006* ギリシア神話と壺絵　沢柳大五郎著
007 フランク・ロイド・ライト　谷川正己著
008 きもの文化史　河鰭実英著
009 素材と造形の歴史　山本学治著
010* 今日の装飾芸術　ル・コルビュジエ著　前川国男訳
011 コミュニティとプライバシイ　C・アレグザンダー著　岡田新一訳
012* 新桂離宮論　内藤昌著
013 日本の工匠　伊藤ていじ著
014 現代絵画の解剖　木村重信著
015 ユルバニスム　ル・コルビュジエ著　樋口清訳
016* デザインと心理学　穐山貞登著
017 私と日本建築　A・レーモンド著　三沢浩訳
018* 現代建築を創る人々　神代雄一郎編
019 芸術空間の系譜　高階秀爾著
020 日本美の特質　吉村貞司著
021 建築をめざして　ル・コルビュジエ著　吉阪隆正訳
022* メガロポリス　J・ゴットマン著　木内信蔵訳
023 日本の庭園　田中正大著
024* 明日の演劇空間　尾崎宏次著
025 都市形成の歴史　A・コーン著　星野芳久訳
026* 近代絵画　A・オザンファン他著　吉川逸治訳
027 イタリアの美術　A・ブラント著　中森義宗訳
028 明日の田園都市　E・ハワード著　長素連訳
029* 移動空間論　川添登著
030* 日本の近世住宅　平井聖著
031* 新しい都市交通　B・リチャーズ著　曽根幸一他訳
032* 人間環境の未来像　W・R・イーウォルド編　磯村英一他訳
033 輝く都市　ル・コルビュジエ著　坂倉準三訳
034 アルヴァ・アアルト　武藤章著
035* 幻想の建築　坂崎乙郎著
036* カテドラルを建てた人びと　J・ジャンペル著　飯田喜四郎訳
037 日本建築の空間　井上充夫著
038* 環境開発論　浅田孝著
039* 都市と娯楽　加藤秀俊著
040* 郊外都市論　H・カーヴァー著　志水英樹訳
041* 都市文明の源流と系譜　藤岡謙二郎著
042* 道具考　榮久庵憲司著
043 ヨーロッパの造園　岡崎文彬著
044* 未来の交通　H・ヘルマン著　岡寿麿訳
045* 古代技術　H・ディールス著　平田寛訳
046* キュビスムへの道　D・H・カーンワイラー著　千足伸行訳
047* 近代建築再考　藤井正一郎著
048* 古代科学　J・L・ハイベルク著　平田寛訳
049 住宅論　篠原一男著
050* ヨーロッパの住宅建築　S・カンタクシーノ著　山下和正訳
051* 都市の魅力　清水馨八郎、服部銈二郎著
052* 東照宮　大河直躬著
053 茶匠と建築　中村昌生著
054* 住居空間の人類学　石毛直道著
055 空間の生命 人間と建築　坂崎乙郎著
056* 環境とデザイン　G・エクボ著　久保貞訳
057* 日本美の意匠　水尾比呂志著
058* 新しい都市の人間像　R・イールズ他編　木内信蔵監訳
059 京の町家　島村昇他編
060* 都市問題とは何か　R・パーノン著　片桐達夫訳
061 住まいの原型Ⅰ　泉靖一編
062* コミュニティ計画の系譜　佐々木宏著
063* 近代建築　V・スカーリー著　長尾重武訳
064* SD海外建築情報Ⅰ　岡田新一編
065* SD海外建築情報Ⅱ　岡田新一編
066 天上の館　J・サマーソン著　鈴木博之訳
067 木の文化　小原二郎著
068* SD海外建築情報Ⅲ　岡田新一編
069* 地域・環境・計画　水谷穎介著
070* 都市虚構論　池田亮二著
071 現代建築事典　W・ペーント編　浜口隆一他日本語版監修
072* ヴィラール・ド・オヌクールの画帖　藤本康雄著
073* タウンスケープ　T・シャープ著　長素連他訳
074* 現代建築の源流と動向　L・ヒルベルザイマー著　渡辺明次訳
075* 部族社会の芸術家　M・W・スミス編　木村重信他訳
076 キモノ・マインド　B・ルドフスキー著　新庄哲夫訳
077 住まいの原型Ⅱ　吉阪隆正他著
078 実存・空間・建築　C・ノルベルグ＝シュルツ著　加藤邦男訳
079* SD海外建築情報Ⅳ　岡田新一編
080* 都市の開発と保存　上田篤、鳴海邦碩編
081* 爆発するメトロポリス　W・H・ホワイトJr.他著　小島将志訳
082* アメリカの建築とアーバニズム(上)　V・スカーリー著　香山壽夫訳
083* アメリカの建築とアーバニズム(下)　V・スカーリー著　香山壽夫訳
084* 海上都市　菊竹清訓著
085* アーバン・ゲーム　M・ケンツレン著　北原理雄訳

086* 建築2000　C・ジェンクス著　工藤国雄訳
087* 日本の公園　田中正大著
088* 現代芸術の冒険　O・ビハリメリン著　坂崎乙郎他訳
089* 江戸建築と本途帳　西和夫著
090* 大きな都市小さな部屋　渡辺武信著
091* イギリス建築の新傾向　R・ランダウ著　鈴木博之訳
092* SD海外建築情報V　岡田新一編
093* IDの世界　豊口協著
094* 交通圏の発見　有末武夫著
095 建築とは何か　B・タウト著　篠田英雄訳
096* 続住宅論　篠原一男著
097* 建築の現在　長谷川堯著
098* 都市の景観　G・カレン著　北原理雄訳
099* SD海外建築情報VI　岡田新一編
100* 都市空間と建築　U・コンラーツ著　伊藤哲夫訳
101* 環境ゲーム　T・クロスビイ著　松平誠訳
102* アテネ憲章　ル・コルビュジエ著　吉阪隆正訳
103* プライド・オブ・プレイス　シヴィック・トラスト著　井手久登他訳
104* 構造と空間の感覚　F・ウイルソン著　山本学治他訳
105* 現代民家と住環境体　大野勝彦著
106* 光の死　H・ゼーデルマイヤ著　森洋子訳
107* アメリカ建築の新方向　R・スターン著　鈴木一訳
108* 近代都市計画の起源　L・ベネヴォロ著　横山正訳
109* 中国の住宅　劉敦楨著　田中淡他訳
110* 現代のコートハウス　D・マッキントッシュ著　北原理雄訳
111 モデュロールI　ル・コルビュジエ著　吉阪隆正訳
112 モデュロールII　ル・コルビュジエ著　吉阪隆正訳
113* 建築の史的原型を探る　B・ゼーヴィ著　鈴木美治訳
114 西欧の芸術1 ロマネスク上　H・フォシヨン著　神沢栄三他訳
115 西欧の芸術1 ロマネスク下　H・フォシヨン著　神沢栄三他訳
116 西欧の芸術2 ゴシック上　H・フォシヨン著　神沢栄三他訳
117 西欧の芸術2 ゴシック下　H・フォシヨン著　神沢栄三他訳
118* アメリカ大都市の死と生　J・ジェイコブス著　黒川紀章訳
119* 遊び場の計画　R・ダットナー著　神谷五男他訳
120 人間の家　ル・コルビュジエ他著　西沢信弥訳
121* 街路の意味　竹山実著
122* パルテノンの建築家たち　R・カーペンター著　松島道也訳
123 ライトと日本　谷川正己著
124 空間としての建築(上)　B・ゼーヴィ著　栗田勇訳
125 空間としての建築(下)　B・ゼーヴィ著　栗田勇訳
126 かいわい[日本の都市空間]　材野博司著
127* 歩行者革命　S・プライネス他著　岡並木監訳
128 オレゴン大学の実験　C・アレグザンダー著　宮本雅明訳
129* 都市はふるさとか　F・レンツローマイス著　武基雄他訳
130* 建築空間[尺度について]　P・ブドン著　中村貴志訳
131* アメリカ住宅論　V・スカーリーJr.著　長尾重武訳
132* タリアセンへの道　谷川正己著
133* 建築VS.ハウジング　M・ポウリー著　山下和正訳
134* 思想としての建築　栗田勇著
135* 人間のための都市　P・ペータース著　河合正一訳
136* 都市憲章　磯村英一著
137* 巨匠たちの時代　R・バンハム著　山下泉訳
138 三つの人間機構　ル・コルビュジエ著　山口知之訳
139 インターナショナル・スタイル　H・R・ヒッチコック他著　武沢秀一訳
140 北欧の建築　S・E・ラスムッセン著　吉田鉄郎訳
141* 続建築とは何か　B・タウト著　篠田英雄訳
142* 四つの交通路　ル・コルビュジエ著　井田安弘訳
143 ラスベガス　R・ヴェンチューリ他著　石井和紘他訳
144 ル・コルビュジエ　C・ジェンクス著　佐々木宏訳
145* デザインの認識　R・ソマー著　加藤常雄訳
146* 鏡[虚構の空間]　由水常雄著
147* イタリア都市再生の論理　陣内秀信著
148 東方への旅　ル・コルビュジエ著　石井勉他訳
149 建築鑑賞入門　W・W・コーディル他著　六鹿正治訳
150* 近代建築の失敗　P・ブレイク著　星野郁美訳
151* 文化財と建築史　関野克著
152* 日本の近代建築(上)その成立過程　稲垣栄三著
153* 日本の近代建築(下)その成立過程　稲垣栄三著
154 住宅と宮殿　ル・コルビュジエ著　井田安弘訳
155* イタリアの現代建築　V・グレゴッティ著　松井宏方訳
156 バウハウス[その建築造形理念]　杉本俊多著
157 エスプリ・ヌーヴォー[近代建築名鑑]　ル・コルビュジエ著　山口知之訳
158* 建築について(上)　F・L・ライト著　谷川睦子他訳
159 建築について(下)　F・L・ライト著　谷川睦子他訳
160* 建築形態のダイナミクス(上)　R・アルンハイム著　乾正雄訳
161 建築形態のダイナミクス(下)　R・アルンハイム著　乾正雄訳
162 見えがくれする都市　槇文彦他著
163* 街の景観　G・バーク著　長素連他訳
164 環境計画論　田村明著
165* アドルフ・ロース　伊藤哲夫著
166* 空間と情緒　箱崎総一著
167 水空間の演出　鈴木信宏著
168* モラリティと建築　D・ワトキン著　榎本弘之訳
169* ペルシア建築　A・U・ポープ著　石井昭訳
170* ブルネッレスキ ルネサンス建築の開花　G・C・アルガン著　浅井朋子訳
171 装置としての都市　月尾嘉男著
172 建築家の発想　石井和紘著
173 日本の空間構造　吉村貞司著
174 建築の多様性と対立性　R・ヴェンチューリ著　伊藤公文訳
175 広場の造形　C・ジッテ著　大石敏雄訳
176 西洋建築様式史(上)　F・バウムガルト著　杉本俊多訳
177 西洋建築様式史(下)　F・バウムガルト著　杉本俊多訳
178 木のこころ 木匠回想記　G・ナカシマ著　神代雄一郎他訳

179* 風土に生きる建築　若山滋著
180* 金沢の町家　島村昇著
181* ジュゼッペ・テッラーニ　B・ゼーヴィ編　鵜沢隆訳
182* 水のデザイン　D・ベーミングハウス著　鈴木信宏訳
183* ゴシック建築の構造　R・マーク著　飯田喜四郎訳
184 建築家なしの建築　B・ルドフスキー著　渡辺武信訳
185 プレシジョン（上）　ル・コルビュジエ著　井田安弘他訳
186 プレシジョン（下）　ル・コルビュジエ著　井田安弘他訳
187* オットー・ワーグナー　H・ゲレツェッガー他著　伊藤哲夫他訳
188* 環境照明のデザイン　石井幹子著
189 ルイス・マンフォード　木原武一著
190 「いえ」と「まち」　鈴木成文他著
191 アルド・ロッシ自伝　A・ロッシ著　三宅理一訳
192 屋外彫刻　M・A・ロビネット著　千葉成夫訳
193 「作庭記」からみた造園　飛田範夫著
194 トーネット曲木家具　K・マンク著　宿輪吉之典訳
195 劇場の構図　清水裕之著
196 オーギュスト・ペレ　吉田鋼市著
197 アントニオ・ガウディ　鳥居徳敏著
198 インテリアデザインとは何か　三輪正弘著
199* 都市住居の空間構成　東孝光著
200 ヴェネツィア　陣内秀信著
201 自然な構造体　F・オットー著　岩村和夫訳
202 椅子のデザイン小史　大廣保行著
203* 都市の道具　GK研究所、榮久庵祥二著
204 ミース・ファン・デル・ローエ　D・スペース著　平野哲行訳
205 表現主義の建築（上）　W・ペーント著　長谷川章訳
206* 表現主義の建築（下）　W・ペーント著　長谷川章訳
207 カルロ・スカルパ　A・F・マルチャノ著　浜口オサミ訳
208* 都市の街割　材野博司著
209 日本の伝統工具　土田一郎著　秋山実写真

210 まちづくりの新しい理論　C・アレグザンダー他著　難波和彦監訳
211* 建築環境論　岩村和夫著
212 建築計画の展開　W・M・ペニャ著　本田邦夫訳
213 スペイン建築の特質　F・チュエッカ著　鳥居徳敏訳
214* アメリカ建築の巨匠たち　P・ブレイク他著　小林克弘他訳
215* 行動・文化とデザイン　清水忠男著
216 環境デザインの思想　三輪正弘著
217 ボッロミーニ　G・C・アルガン著　長谷川正允訳
218 ヴィオレ・ル・デュク　羽生修二著
219 トニー・ガルニエ　吉田鋼市著
220 住環境の都市形態　P・パヌレ他著　佐藤方俊訳
221 古典建築の失われた意味　G・ハーシー著　白井秀和訳
222 パラディオへの招待　長尾重武著
223* ディスプレイデザイン　魚成祥一郎監修　清家清序文
224 芸術としての建築　S・アバークロンビー著　白井秀和訳
225 フラクタル造形　三井秀樹著
226 ウイリアム・モリス　藤田治彦著
227 エーロ・サーリネン　穂積信夫著
228 都市デザインの系譜　相田武文、土屋和男著
229 サウンドスケープ　鳥越けい子著
230 風景のコスモロジー　吉村元男著
231 庭園から都市へ　材野博司著
232 都市・住宅論　東孝光著
233 ふれあい空間のデザイン　清水忠男著
234 さあ横になって食べよう　B・ルドフスキー著　多田道太郎監修
235 間（ま）——日本建築の意匠　神代雄一郎著
236 都市デザイン　J・バーネット著　兼田敏之訳
237 建築家・吉田鉄郎の『日本の住宅』　吉田鉄郎著
238 建築家・吉田鉄郎の『日本の建築』　吉田鉄郎著
239 建築家・吉田鉄郎の『日本の庭園』　吉田鉄郎著
240 建築史の基礎概念　P・フランクル著　香山壽夫監訳

241 アーツ・アンド・クラフツの建築　片木篤著
242 ミース再考　K・フランプトン他著　澤村明＋EAT訳
243 歴史と風土の中で　山本学治建築論集①
244 造型と構造と　山本学治建築論集②
245 創造するこころ　山本学治建築論集③
246 アントニン・レーモンドの建築　三沢浩著
247 神殿か獄舎か　長谷川堯著
248 ルイス・カーン建築論集　ルイス・カーン著　前田忠直編訳
249 映画に見る近代建築　D・アルブレヒト著　萩正勝訳
250 様式の上にあれ　村野藤吾著作選
251 コラージュ・シティ　C・ロウ、F・コッター著　渡辺真理著
252 記憶に残る場所　D・リンドン、C・W・ムーア著　有岡孝訳
253 エスノ・アーキテクチュア　太田邦夫著
254 時間の中の都市　K・リンチ著　東京大学大谷幸夫研究室訳
255 建築十字軍　ル・コルビュジエ著　井田安弘訳
256 機能主義理論の系譜　E・R・デ・ザーコ著　山本学治他訳
257 都市の原理　J・ジェイコブズ著　中江利忠他訳
258 建物のあいだのアクティビティ　J・ゲール著　北原理雄訳
259 人間主義の建築　G・スコット著　邉見浩久、坂牛卓監訳
260 環境としての建築　R・バンハム著　堀江悟郎訳
261 パタン・ランゲージによる住宅の生産　C・アレグザンダー他著　中埜博監訳
262 褐色の三十年　L・マンフォード著　富岡義人訳
263 形の合成に関するノート／都市はツリーではない　C・アレグザンダー著　稲葉武司、押野見邦英訳
264 建築美の世界　井上充夫著
265 劇場空間の源流　本杉省三著
266 日本の近代住宅　内田青藏著
267 個室の計画学　黒沢隆著
268 メタル建築史　難波和彦著
269 丹下健三と都市　豊川斎赫著